Für meinen Vater
Mohammad Osman
1951—1983

Lass den Himmel
sich auf der Erde widerspiegeln,
auf dass die Erde
zum Himmel werden möge.

Rumi

N
W — O
S

LIBANON

SYRIEN

Mittelmeer

Akko

Safed

*Golan-
höhen
von Israel
besetzt*

Haifa

Tiberias

See Genezareth

Kfar Kanna

Nazareth

Afula

Caesaria

Jordan

Jenin

Nablus

WEST-
JORDANLAND

Tel Aviv-Jaffa

Ramallah

Amman

Jericho

Jerusalem

Ashkelon

Bethlehem

Gaza-Stadt

Hebron

Totes Meer

GAZA-
STREIFEN

Be'er Sheva

ISRAEL

JORDANIEN

ÄGYPTEN

*Wüste
Negev*

Sinai

0 10 20 30 40 50 km

Inhalt

EINS

Traum

Alles was wir sehen oder zu sein scheinen
Ist nur ein Traum in einem Traum

Edgar Allan Poe, »Ein Traum in einem Traum«

Das letzte große Ereignis in der Stadt Kfar Jalah geschah Anfang der achtziger Jahre, als Ibrahim Marwadi seinen Bruder mit einem Olivenbaum tötete. Sie hatten sich um ein Stück Land gestritten, das sie gemeinsam bewirtschaften sollten, und eines Sonntags im Mai raste der eine Bruder wutentbrannt mit seinem Toyota gegen den morschen Stamm des Baumes, der umfiel und den anderen Bruder dabei so unglücklich am Kopf traf, dass er zu Boden ging und starb.

Die Stadtväter werteten den Vorfall als Unfall, doch die Einwohner meiden seither den Olivenhain und nehmen lieber den Umweg über die Hügel.

Normalerweise ist es hier ruhig. So ruhig, dass man hören kann, wie die reifen Aprikosen auf die Straße fallen, wo ihr Duft die Wespen anlockt. Tatsächlich ist Kfar Jalah eines der verschlafensten Örtchen des ganzen Landes, natürlich abgesehen von den regelmäßigen Scharmützeln, Demonstrationen und Ausschreitungen während des ein oder anderen Krieges, die aber, ob ihrer Häufigkeit, keiner mehr zählt.

Im Sommer kann es hier so heiß werden, dass der Lack auf

den Autos Blasen wirft, und der Himmel nimmt manchmal eine seltsame schwefelgelbe Farbe an. Die Einwohner sind überzeugt, dass Kfar Jalah der heißeste Ort an der Grenze zwischen Israel und den Palästinensergebieten ist und achten deswegen darauf, um die Mittagszeit kein Metall anzufassen, da es einem die Haut an den Fingern versengen kann.

Die Luft in dieser Stadt ist so feucht und drückend, dass manche Seelen den Ort nicht verlassen können. Anstatt zum Himmel aufzusteigen und das Licht zu suchen, klammern sie sich an einen Fremden, lassen sich direkt über ihm nieder und folgen den Spuren, die seine Schuhsohlen im Sand hinterlassen. Die Kreuzfahrer, die die Stadt im Mittelalter einnahmen, haben das am eigenen Leibe erlebt. Sie kamen in die Stadt, um so viele Unschuldige zu töten, wie sie nur konnten, doch dann wurden sie die Geister ihrer Opfer nicht los, die in ihre Herzen und ihre Köpfe krochen und sie verrückt machten. Seither wechselte die Stadt unzählige Male Namen und Besitzer, doch die Seelen all derer, die auf gewaltsame Weise zu Tode kamen, ob durch Olivenbäume, Säbel, Gewehrkugeln oder Granaten, wandern noch immer zwischen den Bananenbäumen umher, verbergen sich hinter den fächerartigen Blättern und seufzen beim Duft der frisch geernteten Früchte.

*　*　*

Layla Al-Riadh lebt seit ihrer Geburt vor siebenundzwanzig Jahren an diesem Ort. Gleich oben, im ersten Haus auf dem Hügel, das mit dem Zitronenbaum im Garten. Ihr Zimmer ist der heißeste Raum des Hauses, eine kleine Kammer, die nach Süden hinausgeht, dorthin, wo die Obstplantagen liegen. Den ganzen Tag über dringen Lärm und Staub und der Geruch von reifen Feigen in ihr Zimmer, sodass sie sich nicht konzentrieren kann, selbst wenn sie es mit aller Kraft versucht.

Layla wünschte, sie würde nicht träumen. Sie wünschte, sie wäre taub und blind, dann würden ihre Träume vielleicht nur vom warmen Wind handeln, oder vom Gefühl von Sand auf ihrer Haut, wenn die Lastwagen den Straßenstaub aufwirbeln.

Nach Mitternacht, wenn die Temperatur so weit gefallen ist, dass man anfangen könnte, an Schlaf zu denken, wäscht sie die Wäsche. Unten im Hof, wo die Eidechsen furchtlos über die Mosaikfliesen huschen, erhitzt sie einen Topf mit Wasser, lässt Waschmittel zulaufen und sieht zu, wie die Wolken aus Seifenlauge langsam bis auf den Grund sinken. Dann legt sie ihre Seidenschals und die bestickten Baumwolltücher hinein, die so fein sind, dass sie wie Luft durch ihre Finger gleiten. Zu fein, um sie in der Maschine zu waschen. Zu fein, um ihr Gewicht zu spüren.

Doch nachdem die Wäsche gewaschen und zum Trocknen auf die Leine gehängt wurde, kommen die Träume.

Eine Frau geht über das Bett, watet durch die gebleichten Laken. Sie ist in einen abgetragenen Mantel gehüllt, neben sich ein kleines Mädchen. Die kleinen Fußspuren gesellen sich zu den großen, die beiden gehen durch eine Stadt, ihre Füße hinterlassen Spuren im weißen Schnee. Die Frau hat die Hand auf den Kopf des kleinen Mädchens gelegt, der mit einer dicken Mütze bedeckt ist. »Halte meine Hand gut fest«, sagt die Frau in einer fremden Sprache. »Wir haben einen weiten Weg vor uns.« Das ist nicht die Stimme von Sabah, Laylas Mutter, und doch weiß Layla, dass die große Frau mit den braunen Augen ihre Mutter ist.

Laylas kleine weiße Hand, die schon fast blau vor Kälte ist,
wandert zu ihrer Brust, zupft und zerrt am Stoff des zu dünnen
Mantels. Und plötzlich bleibt die Mutter stehen.
»Lass das!«, sagt sie, und ihre Stimme ist hart vor Angst. Doch
in Laylas Hand liegt bereits ein Stern, zwei perfekte Dreiecke
aus gelbem Stoff.

Als Layla im hellen Tageslicht ihres palästinensischen Dorfes
aufwacht, sind ihre Hände eiskalt.

* * *

Es gab wohl einige Vorzeichen, die die Ereignisse ankündigten, man hat sie bloß nicht richtig gedeutet. Da war zum einen dieser merkwürdige trockene Wind im April, der von Süden her kam, über die Felder wehte und jeden noch so winzigen Tropfen Wasser aus dem Boden saugte, bis sich tiefe Risse durch die durstige Erde zogen. Dann war da die Errichtung eines neuen Checkpoints, genau an der Grenze zu Abu Hosseins Olivenhain. Abu Hossein, der wegen des Stacheldrahtes nicht mehr an seine Bäume kam, schrie und schimpfte wie ein Verrückter, aber sein Gebrüll stieß auf taube Ohren. Stattdessen wurde ihm unsanft ein Gewehrkolben in die Rippen gestoßen und man hieß ihn, nach Hause zu gehen und den Mund zu halten. Seither sieht er von ferne zu, wie seine Bäume langsam vertrocknen und murmelt eine Verwünschung nach der anderen.

Es war auch um diese Zeit, als eine fremde Frau im Dorf gesichtet wurde, eine Jüdin. Weil sie alt war und verwirrt, ließen die Dorfbewohner sie in Ruhe, obgleich es einige Kinder gab, die hinter ihr herliefen und ihre ausgestreckten Zeigefinger an die Köpfe hielten, als ob es Hörner wären und dazu unanständige Reime sangen. Der Verrückten schien das nicht aufzufallen oder vielleicht war es ihr auch egal, denn sie fuhr damit fort, die Leute zu fragen, ob sie einen Jungen namens Simon gesehen hätten, so groß, wobei sie die Hand etwa einen Meter über dem Boden schweben ließ. Am Ende verschwand die alte Frau über die Hügel, zurück in ihr Kibbuz, von wo sie gekommen war.

Mit Sicherheit waren das Zeichen, und sicher geschahen in anderen Gegenden noch viele weitere, doch dieses außer Rand und Band geratene Land liefert nun einmal so viele Zeichen, die alle auf das Ende der Welt hindeuten, dass niemand ihnen noch Beachtung schenkt.

Die schlichte Wahrheit ist, dass diese Geschichte, die mit ihren übernatürlichen Merkwürdigkeiten das Leben so vieler Menschen auf so seltsame Weise verändern sollte, an einem sehr normalen Montagmorgen begann.

* * *

Layla ist schlecht gelaunt aufgewacht, und als sie das Redaktionszimmer des Radiosenders *Al-Qamar* betritt, wo sie als Reporterin arbeitet, verschlechtert sich ihre Laune noch weiter. *Al-Qamar* ist der einzige arabische Radiosender in der Region Haifa, und Layla braucht über eine Stunde zur Arbeit, doch immerhin hat sie einen Job. Die Themen bei *Al-Qamar* wiederholen sich von Woche zu Woche, diese Woche ist es Fußball, dann gibt es noch eine Castingshow und natürlich die bevorstehende Wahl, bei der es ohnehin wieder nur Verlierer geben wird.

Layla weiß, ihr Chef wird sie zum Modelcasting schicken, bei dem sie magere junge Frauen mit Spatzenhirnen interviewen soll, deren einziger Lebenszweck darin besteht, in

Kleider zu passen, die für Zwölfjährige konzipiert wurden. Das sei ein Frauenthema, sagt ihr Chef, und wie jeder sehen kann, ist Layla eine Frau, und damit wäre dann ja alles klar. Dabei hätte es so viele interessantere, aktuelle Themen gegeben. Da war zum Beispiel die hitzige Debatte über den Mangel an Frauenrechten in der arabischen Gesellschaft, die vor allem von denjenigen geführt wurde, die davon nichts verstanden. Laylas Idee war es gewesen, investigativ nachzuforschen, wie viele der selbsternannten Feministen regelmäßig das örtliche Bordell besuchten, doch ihr Vorschlag wurde abgelehnt, vermutlich um die Privatsphäre derjenigen zu schützen, die in jenem Etablissement Stammgäste waren.

Als sie beim Radio anfing und ihre Eltern deswegen einen Anfall bekamen, wollte Layla unbedingt über Dinge berichten, die politisch relevant waren. Sie wollte Reportagen machen, die die Menschen aufrütteln, aber stattdessen geht sie nun in den Aufnahmeraum und spricht den Verkehrsfunk. Nach dem Wetter schaltet sie das Mikro aus und nimmt die Kopfhörer ab. Missmutig starrt sie durch die Scheibe in den Regieraum, wo Amir, ihr Boss, bereits ungeduldig wartet.

Amir el-Din ist der Chef des Radiosenders *Al-Qamar* – viel weiter nach oben kann man als Palästinenser in Israel nicht kommen. Sein Name bedeutet Prinz, und entsprechend seiner Bedeutung verhält er sich auch. Obwohl sich die Mitarbeiter viele phantasievolle Namen für ihn ausgedacht hatten, die sie hinter seinem Rücken benutzten, nennen ihn die meisten Leute in seiner Gegenwart doch nur beim Vornamen. Als Palästinenser mit israelischer Staatsbürgerschaft machte er in seiner Jugend einen beispiellosen Schritt und trat aus purem Opportunismus in die israelische Armee ein. Dort trainierte er sich, neben einer gewissen militärischen Härte, auch einen gewaltigen Bizeps an. Außerdem besitzt er seit dieser Zeit die Fähigkeit, große Mengen Bier zu trinken – auch eine Eigenschaft, die ihn in den Augen von Laylas Familie unmöglich macht. Sein Bauch hat sich dadurch entsprechend vergrößert, sodass ihm häufig ein Hemdzipfel aus der Hose hängt, wenn er seinen Mitarbeitern Vorträge hält, was, neben Bier trinken, zu seinen Lieblingsbeschäftigungen zählt. Und so kollert er jeden Morgen schwerfällig den Flur hinunter, um jemanden zur Schnecke zu machen. Amir ist normalerweise ein gutgelaunter Mensch, der seine berufliche Karriere dadurch erlangt hat, dass er gut gelaunt jedem seiner Konkurrenten und Kollegen in den Rücken gefallen ist. Doch heute hat er einen unzufriedenen Ausdruck im Gesicht, der ihm ein leicht froschartiges Aussehen verleiht.

Seufzend steht Layla auf. Sie weiß nur zu gut, dass es fast unmöglich ist, eine andere Festanstellung zu finden und dass sie schon alleine deswegen nicht kündigen wird, um sich vor ihrer Familie keine Blöße zu geben. Ein Teil des Problems besteht darin, dass ihr nie eine passende Erwiderung einfällt, wenn die Nachbarn fragen, wann sie endlich heiraten wird. Im nächsten Herbst wird sie achtundzwanzig, und so langsam gehen ihr die Argumente aus. Eine Karriere beim Radio, auch wenn sie nur mittelmäßige Reportagen über Schönheitswettbewerbe oder die derzeitige Wasserknappheit in Ramallah schreibt, ist immerhin etwas.

Die Kollegen in der Redaktion mögen Layla. Sie wirkt ernst, sogar wenn sie lacht, hat lange dunkle Haare, einen großen Mund und keine Ahnung davon, dass sie schön ist. Als sie in den Regieraum kommt, grinst Maroon, der Techniker, sie aufmunternd an. Entgegen seiner sonstigen Gewohnheit wünscht ihr Boss ihr einen guten Morgen und erwähnt die Castingshow mit keinem Wort. Stattdessen klopft er mit seinem Kugelschreiber gegen seine Handfläche und fängt an, im Zimmer auf und ab zu gehen.

»Fahr nach Galiläa, da hat es irgendein Wunder gegeben. Nimm Maroon mit, er soll die Aufnahmen machen.«

»Was denn für ein Wunder?«

»Was weiß denn ich, irgendein Wunder eben. Irgendjemand hat einen verdammten Engel gesehen oder so etwas. Jedenfalls brauche ich eine Reportage über ein Wunder, *Reshet Aleph* hat es auch schon gebracht.«

Natürlich ist Israel das Land mit den meisten Wundergläubigen der Welt, jedenfalls gemessen an der Einwohnerzahl. Andauernd versucht sich irgendwo jemand als Prophet, es gibt selbsternannte Heiler, die die Gebrechen der Gläubigen mittels Handauflegen lindern, am Jordan tunken Priester Kranke wie Gesunde ins Wasser, und jedes Jahr wird in Jerusalem mindestens ein Verrückter aufgegriffen, der, nur mit einer Stoffwindel und einer selbstgebastelten Dornenkrone bekleidet, ein Holzkreuz durch die Gassen schleppt oder vor der Klagemauer verkündet, er sei der Messias. Das ist ganz normal, immerhin ist das hier das Heilige Land, und die Bevölkerung, egal ob jüdisch, christlich oder muslimisch, kommt nicht ohne ihre tägliche Dosis Wahnsinn aus. Schon immer hat dieses Land das Monopol für Irrationalität und Übersinnliches besessen, doch wenn Amir ausgerechnet jetzt eine Reportage über ein Wunder haben möchte, dann nur deswegen, weil das Thema gerade so in ist. Einige Jahre zuvor erlebte das Land die jüngsten Auswüchse der New-Age-Welle mit ihren Propheten, Engelsflüsterern, Ufo-Gläubigen und Geistheilern, und überall eröffneten obskure Reiki-Praxen und Esoterik-Buchhandlungen, in denen entrückt aussehende Menschen ihre Heilsbotschaften erläuterten – und all das in einem Land, in dem sich Leute wegen Glaubensfragen regelmäßig an die Gurgel gehen. Layla würde lieber zum Schönheitswettbewerb gehen, als in Galiläa nach einem Wunder zu suchen, aber sie ist klug genug den Mund zu halten, ihre Anweisungen entgegenzunehmen und sich darauf zu beschränken, innerlich mit den Augen zu rollen.

»Hast du vielleicht irgendwelche Anhaltspunkte für mich? Einen Namen? Eine Adresse? Irgendwas?«

»Nein. Fahr doch einfach nach Tiberias und frag nach dem Wunder. Was weiß ich; wenn du einen Kerl mit Flügeln siehst, mach ein Interview, oder denk dir irgendwas aus. Aber beeil dich, in der Freitagssendung bringen wir es groß als Feature.«

Seit ihrem Uni-Abschluss vor vier Jahren hat Layla beim Radio gearbeitet. In all der Zeit hatte sie weniger als ein halbes Dutzend Verabredungen, da sie fast jeden Annäherungsversuch bereits im Keim erstickt. Inzwischen stellt Layla fest, dass sie oft müde und gereizt ist. In letzter Zeit ist sie so angespannt, dass sie stets ein dumpfes Pochen hinter der Stirn fühlt, und ihre Nackenmuskeln fühlen sich an wie Drahtseile. Wenn sie nachts schwitzend aus einem ihrer Albträume aufschreckt, weil ihr der Rücken wehtut, oder wenn sie sich einsam fühlt, dann ruft sie sich in Erinnerung, wie hart sie dafür gearbeitet hat, unabhängig zu sein. Sie verdient ihr eigenes Geld, sie sorgt dafür, dass ihre Familie das Haus abbezahlen kann, und auch wenn sie kaum etwas zurücklegen kann, so kommen sie doch über die Runden. In erster Linie deswegen hat sie studiert und den Job in der Redaktion angenommen. Sie ist vielleicht nicht wie alle anderen, aber was spielt das schon für eine Rolle? Wenigstens ist sie nicht verrückt. Zum Teufel, dann geht sie eben nach

Galiläa und sucht nach einem verdammten Wunder. Immerhin ist das besser, als zu Hause zu sitzen und darauf zu warten, dass eines geschieht.

* * *

Maroon fährt mit heruntergelassenen Scheiben und hat Iron Maiden auf volle Lautstärke gedreht. Er bezeichnet sich selbst als arabischen Anarchisten und träumt davon, mit seiner eigenen Band auf Tour zu gehen, aber hab erst mal die Kohle dafür, erklärt er Layla, die nicht zuhört. Seine Band nennt sich »The Living Dead«, und genauso fühlt sich Layla im Moment. Möglicherweise liegt es an dem Sound, der ihr in den Ohren schmerzt oder an der selbstgedrehten Zigarette von Maroon, deren Geruch sie verrückt macht. Sie hat schlecht geschlafen und dunkle Ringe unter den Augen, und das weiß sie auch. Sie hat wieder vom Schnee geträumt und von Krähen, die von Mauern auffliegen, hoch hinauf in den kalten weißen Himmel. Im Traum lief sie vorbei an langen Reihen maroder Backsteinhäuser, auf deren Dächern Schnee lag. Ihre nackten Füße tappten durch den Schnee, blau gefroren und taub vor Kälte. Sie war allein auf der Straße, gesäumt von schwarzen Baumgerippen, Stacheldraht und alten, abweisenden Gebäuden. Da hörte sie einen Schuss und dann noch einen und dann nichts mehr. Doch hinter einer Hausecke, vor einer schwarzen Wand färbte sich der weiße Schnee hellrot.

Noch immer spürt Layla Kälteschauer über ihre Haut rieseln, obwohl es draußen sicher mehr als dreißig Grad sind. Sie hasst diese Träume, aus denen sie mit klopfendem Herzen und zusammengebissenen Zähnen aufwacht. Sie hasst den Sog, in den sie gezogen wird, unfähig aufzuwachen, unfähig sich zu bewegen. Wenn sie in solchen Nächten einschläft, dann hört sie ein Rauschen in den Ohren, laut und monoton, und sie kann sich nicht daraus befreien. In diesem Zustand zwischen Wachen und Schlafen kann sie sich nicht rühren, nicht mal den kleinen Finger. Sie kann nur daliegen, bewegungslos auf dem Rücken, und ist diesem Rauschen ausgeliefert, das sich anhört wie tausend fallende Steine. Und dann fällt auch sie, tiefer und tiefer, mit bewegungslosen Gliedern, fällt mitten hinein in den Albtraum aus Schnee und Blut.

Die Sonne scheint unbarmherzig auf die Landstraße und hat die Hügel Galiläas gelbbraun gebrannt wie Tongefäße. Als sie in Tiberias ankommen, ist es Mittag geworden. Die Sandsteinhäuser reflektieren die Hitze, und vom See her weht eine schwülheiße Brise. Auf den Straßen ist nicht viel los, nur ein paar fliegende Händler sind unterwegs und natürlich die üblichen Touristengruppen, die sich Vorträge über den See Genezareth auf Spanisch, Englisch und Russisch anhören. Maroon und Layla parken in einer Seitenstraße vor einem Geschäft, das Zubehör für Wassersport verkauft. Über dem Eingang hängen bunte Schwimmreifen und aufblasbare Delfine, denen ein dümmliches Grinsen aufgemalt wurde. Der Laden daneben verkauft religiöse Devotionalien, ein Stapel Kippas liegt auf einem Regal, und daneben baumeln Rosenkränze an einem Gestell und klimpern leise im Wind. Layla steigt aus dem Wagen und streicht sich die Haare aus dem Gesicht. Sie weiß schon jetzt, dass dieser Ausflug ein fruchtloses Unterfangen sein wird, es wird ewig dauern, und am Ende werden sie doch mit leeren Händen zurück in die Redaktion kommen. Trotzdem überprüft sie ihre Notizen und befestigt ihren Presseausweis an ihrer Bluse.

Maroon hat sich schon das Aufnahmegerät über die Schulter gehängt und ist bereit. Gemeinsam laufen sie die Straße hinunter in Richtung See, dort wo die Boote am Hafen anlegen und wo es nach Fisch und gebratenen Maiskolben riecht.

***

Die Menschen im Nahen Osten sind Hitze gewohnt, die einem die Schuhe versengt und wie heißer Atem ins Gesicht weht. Aber diesmal war es anders.

Es war das richtige Wetter für Waldbrände, Sandstürme und Krieg, und alle wussten das. Als die Temperatur bei vierzig Grad angelangt war, verschmolzen die Stunden, bis man nicht mehr sagen konnte, welche Tageszeit es war oder welcher Tag. Wer morgens aus dem Haus ging, musste feststellen, dass der Asphalt unter den Füßen schmolz, und wer sich mittags ins Freie wagte, dem konnte binnen Sekunden schwarz vor Augen werden.

Es war eine Zeit, in der so ziemlich alles schiefging, was schiefgehen konnte. Liebende stritten sich in überhitzten Schlafzimmern, wildfremde Menschen beschimpften sich auf Parkplätzen, Messer wurden gezückt und Steine wurden geworfen. Freundschaften, von denen man dachte, sie würden die Zeit überdauern, wurden mit einem einzigen unbedachten Wort zerstört. Die wenigen Leute, die schlafen konnten, wurden von schlimmen Albträumen geplagt, und alle anderen tranken eisgekühlten Kaffee und starrten trübsinnig in den gleißenden Himmel.

Bei einem solchen Wetter waren Halluzinationen wirklich nichts Ungewöhnliches. Lior Orly, der noch nie in seinem Leben Visionen gehabt hatte, nicht einmal in den wilden Jahren seiner Jugend, als Drogen zum Alltag gehörten, fing an, Dinge auf den Straßen von Tel Aviv zu sehen. Ein Paar rote Damenschuhe mitten in der Bograshov Street, eine Rolle Stacheldraht auf dem Rothschild Boulevard, und einmal erblickte er sich selbst einige Hundert Meter entfernt auf dem Highway, ein gespenstisches Aufleuchten seiner eigenen Gestalt. Er erschrak zu Tode und wäre beinahe in einen entgegenkommenden Laster gerast, wäre dessen Fahrer nicht so geistesgegenwärtig gewesen auszuweichen. Danach musste Lior am Straßenrand halten und in eine Papiertüte atmen, damit er nicht hyperventilierte. Es war nicht nur die Hitze, die allen so zusetzte, es war auch dieser seltsame schwefelige Geruch in der Luft, der durch die Straßen zog und das Atmen schwer machte.

Lior ist kein Träumer, das ist er nie gewesen. Er ist auch kein Mensch, der unbedachte Äußerungen fallen lässt und gewiss ist er niemand, der abergläubisch ist. Im Grunde genommen ist er nicht mal sicher, ob er überhaupt gläubig ist und vermutlich ist genau das das Problem, denkt er, als er sein Auto abschließt und in Richtung Hafen geht. Es ist so furchtbar heiß, dass ihm der Schweiß aus allen Poren rinnt, obwohl er nichts weiter trägt als Shorts und ein ausgeblichenes T-Shirt mit einem Aufdruck von den Ramones.

Lior hat den Sommer nie gemocht, und wenn es etwas wie eine Sommerdepression gibt, dann hat er das. Außerdem hasst er Tiberias, er hasst die ganze nach Fisch stinkende Stadt mit ihren uralten Gräbern und mitsamt ihren Bewohnern. Als er am Hafen ankommt, erblickt er nacheinander einen schwarzen Hund, der ihn anstarrt, ein kleines Mädchen, das mit Mantel und Fäustlingen an der Straßenecke steht (das kann mit Sicherheit nicht real sein, so viel ist ihm klar) und einen kleinen blauen Vogel, der vor ihm in der Luft schwebt. Lior versucht nicht, das Ding anzufassen, er wendet den Kopf ab und hofft, dass wenigstens der Hund echt ist. Er ist es. Sein Bellen folgt Lior, als er die abgetretenen Stufen zur Wohnung seines Vaters hinaufsteigt, der in einem recht heruntergekommenen Haus mit Blick auf den See wohnt.

Als er die Wohnung betritt, steht sein Vater Mordechai am Fenster und starrt missmutig nach draußen. Sein Bart ist längst ergraut, und in sein Gesicht haben sich tiefe Linien eingegraben, obwohl seine Schläfen noch immer schwarz sind. Seltsam, denkt Lior, bei ihm selbst ist es genau umgekehrt. Mit dreißig bekommt Lior büschelweise graue Haare, die so wenig zu bändigen sind, dass sie nach allen Seiten hin abstehen, doch sein Gesicht ist faltenlos und sieht aus wie das seiner Studenten. Sein bester Freund Dror hat ihm gesagt, dass die Frauen auf so einen Look stehen, doch Lior fühlt sich einfach nur alt damit.

Die Sache mit den Haaren ist nicht das Einzige, was Lior von seinem Vater unterscheidet. Der alte Herr verlässt selten sein Zimmer, und wenn, dann nur, um in die Synagoge zu gehen. Manchmal besucht er auch den Markt, um Äpfel und Datteln zu kaufen, doch größere Menschenansammlungen meidet er. Lior hingegen verbringt so wenig Zeit in seiner Wohnung in Tel Aviv, die er sich mit Dror teilt, dass er sich mitunter fragt, ob sich die exorbitante Miete überhaupt lohnt, und zum Essen besucht er meist den Imbiss an der Ecke, wo es frische Falafel und Zwiebelringe gibt, die in heißem Fett ausgebacken werden.

Während Mordechai sich bereit macht, um zu beten, geht Lior in die Küche, die spartanisch eingerichtet ist, genau wie der Rest der Wohnung. Auf dem Herd steht ein Topf mit kalter Suppe, auf der weißliche Fettaugen schwimmen, und an der Wand hängt ein noch tropfendes Nudelsieb an einem Haken. Zweimal im Monat besucht Lior seinen Vater, um ihm Essen zu bringen und ihm Gesellschaft zu leisten, und jeden Monat ist Mordechai abweisender und mürrischer als den davor. Seit sich seine Eltern vor siebzehn Jahren getrennt haben, hat sich sein Vater voll und ganz dem Studium der Thora gewidmet und wurde in dem Maße wunderlicher und mürrischer, wie sein Bart länger wurde. »Dein Vater hasst die Menschen im Grunde nicht«, pflegt seine Mutter zu sagen, »er kann sie nur nicht leiden.« Daraufhin backt sie für gewöhnlich einen Strudel oder ein paar Honigkuchen, die sie sorgfältig in Papier einwickelt, damit sie saftig bleiben. Als Lior heute den Kuchen auspackt, um ihn auf den einzigen intakten Teller zu legen, bemerkt er, dass die Luft sich verändert hat. Noch immer ist es heiß und so trocken, dass ihm die Augen tränen, doch nun ist da ein zuckriger Duft, der selbst den Geruch von Staub und Einsamkeit verdrängt, der sich in der Wohnung festgesetzt hat. Lior hat den Kuchen im Verdacht, der mit Honig und Sirup gesüßt ist, doch als er das Fenster öffnet, wird der Duft intensiver, so als hätte jemand eine Handvoll Zimt in den Wind gestreut.

Als das Gemurmel aus dem Wohnzimmer verstummt ist, bringt Lior seinem Vater ein Tablett mit seinem Imbiss, doch Mordechai rührt das Essen nicht an. Stattdessen sitzt er angespannt auf seinem Sessel und knetet die Hände im Schoß.

»Keinen Hunger heute, *Aba*?«, fragt Lior, und dann erst scheint Mordechai ihn wirklich wahrzunehmen. Er fasst seinen Sohn ins Auge und bemerkt, wie gut er aussieht. Schlank und sehnig wie er selbst in dem Alter. Aber das spielt keine allzu große Rolle, denn die Zeiten sind schlecht, und das sagt er seinem Sohn auch.

»Die Zeiten sind schlecht, mein Sohn«, sagt er. »Aber das wird sich bald ändern, die Zeichen stehen günstig. Du musst endlich anfangen, dein Leben in den Griff zu bekommen. Lebe nach der Schrift. Besuche die Synagoge. Und hör endlich auf, diese albernen Klamotten zu tragen, du siehst vollkommen *meschugge* aus.«

Mürrisch wendet Mordechai den Blick ab und starrt aus dem Fenster in den blauen Himmel, als erwartete er, dort Scharen von Cherubim zu sehen. Als sein Sohn sich schließlich verabschiedet und die Wohnung verlässt, steht Mordechai noch immer an derselben Stelle, den Blick fest auf den Himmel gerichtet.

* * *

Als Lior, erschöpft von diesem Besuch, nach draußen auf die Straße tritt, ist die Hitze fast mit Händen zu greifen. Augenblicklich bilden sich Schweißflecken unter seinen Achseln, und weiße Flecken tanzen vor seinen Augen. Im ersten Augenblick ist er von der Sonne derart geblendet, dass er die vielen Menschen nicht bemerkt, die sich auf der Hafenpromenade drängen. Ein Gewirr von Stimmen hängt in der Luft. Der Hund, der ihn noch immer verfolgt, fängt an zu bellen. Lior hat keine Ahnung, was eigentlich vor sich geht, aber da er von allen Seiten angerempelt wird, beschließt er, sich einfach treiben zu lassen. Am Ende der Straße, da wo die Mauern grün vor Algen sind und alte Boote in den Wellen dümpeln, hat sich eine Menschenmenge gebildet.

»Was ist denn hier los?«, fragt Lior einen alten Mann in einem gestreiften Hemd, der am Straßenrand steht.

»Eine Schlägerei!«

»Eine Schlägerei?«

»Ja, das sagte ich doch. Hören Sie nicht zu, Mann?« Unwirsch wendet der Mann sich ab und reckt den Hals, um besser sehen zu können.

»Nein, ein Wunder ist passiert!«, mischt sich eine dicke Frau in einem blauen Kleid ein.

»Was denn für ein Wunder? Ist der *Likud* zurückgetreten oder was?«, der Mann tippt sich an die Stirn.

»Sehr witzig, Sie Komiker«, antwortet die Frau ungehalten. »Ein Engel ist gesehen worden. Schon mehrmals!«

Lior fragt sich langsam, ob Wahnsinn womöglich ansteckend ist. »Für mich persönlich ist es ja schon ein Wunder, dass ich es heute Morgen überhaupt aus dem Bett geschafft habe, aber das meinen Sie wohl nicht, oder? Vielleicht war's ja ein Scherz oder ein Werbegag, dieser Engel«, schlägt er hilfreich vor.

»Das hätte man doch gemerkt, Sie Trottel, denken Sie nicht, dass man das gemerkt hätte? Schauen Sie sich doch nur um! Hören Sie doch!«

»Ich höre nichts.«

»Eben!«

Da erst bemerkt es Lior. Anders als bei einer solchen Menschenmenge zu erwarten, herrscht eine nahezu andächtige Stille. Die Wellen schlagen leise an die Kaimauer und von ferne ist Verkehrslärm zu hören, doch ansonsten ist die Straße so ruhig, wie es nur Orte sein können, an denen es kurz zuvor hoch hergegangen ist. Ein paar Touristen filmen die Szene und wirken dabei mehr gelangweilt denn interessiert. Lior bemerkt einige Soldaten, die leise und vorsichtig patrouillieren. Auf ihren Gesichtern liegt eine Anspannung, als ob sie erwarteten, jeden Augenblick von einem Stein im Genick getroffen zu werden, doch in den Gesichtern vieler Umstehender spiegelt sich Entrücktheit wider. In ihren Augen liegt eine Sanftheit, die Lior noch nie zuvor an Menschen gesehen hat. Sie sehen aus, als hätte man ihre Seelen besänftigt.

***

Als Layla und Maroon am Hafen ankommen, ist die Menge gerade dabei, sich zu zerstreuen. Im Schatten der Häuser stehen Gruppen von Leuten, die sich leise unterhalten.

»Und wo ist jetzt dein Engel?«, fragt Maroon, während er umständlich an seinem Aufnahmegerät herumfummelt.

»Ich weiß es doch auch nicht«, sagt Layla und klingt dabei ungehaltener als beabsichtigt. Sie ist erschöpft, obwohl es gerade erst Mittag ist.

In der Luft hängt eine angespannte Ruhe, die die Aufregung der vorigen Stunden nur mühsam überdeckt. Layla erblickt einen Trupp Soldaten, die mit Gewehren im Anschlag die Straße beobachten.

»Hier ist etwas sehr Merkwürdiges passiert«, stellt sie fest.

Maroon und Layla sehen sich um. Vor ihnen geht ein kleiner Junge über die Straße – vorsichtig, als fürchtete er, mit seinen Schritten Lärm zu verursachen.

»He, du da!« Maroons Stimme durchbricht die Stille. Der Junge dreht sich um und geht treuherzig auf die beiden Journalisten zu. Bei näherem Hinsehen entpuppt er sich als ein mageres Kerlchen von etwa zehn Jahren mit einem lebensklugen Blick und großen schwarzen Augen wie ein Kalb. Die Hitze hatte beträchtlich zugenommen, doch dem Jungen schien sie nichts auszumachen.

»Möchten Sie ein Interview?«, fragt er auf Hebräisch und entblößt grinsend eine Zahnlücke. »Ich kann Ihnen eins geben, wenn Sie wollen, kostet auch nix. Aber ich will namentlich erwähnt werden, ich heiße Omar. Sind Sie von der Zeitung?«

»Vom Radio«, antwortet Layla auf Arabisch, während Maroon mit den Augen rollt.

Omar, dem der Sprachwechsel keinerlei Probleme zu bereiten scheint, nickt gut gelaunt und deutet auf den Pier. »Sehen Sie die Soldaten da? Die sind hier, weil es gerade fast eine Messerstecherei gab.«

»Eine Messerstecherei?«

»Ja, das sagte ich doch gerade.«

Layla, die beschlossen hat, dass ein Interview mit einem kaugummikauenden Knirps ihrem Boss gerade recht geschieht, bedeutet Maroon, das Aufnahmegerät einzuschalten.

Kaum hat Omar das Mikrophon unter der Nase, platzt die Geschichte wie ein Wasserfall aus ihm heraus. »Also alles fing damit an, dass Ahmed von der Tankstelle, er kommt übrigens aus Afula, aber seine Eltern leben nicht mehr, also Ahmed geriet mit einem Soldaten in Streit, weil er ihn einen dreckigen Besatzer genannt hat, aber das darf man Ahmed nicht übel nehmen, der ist manchmal so. Und dann wurde der Soldat wütend und stieg aus dem Wagen, mit gezücktem Gewehr müssen Sie wissen, und auf einmal waren da richtig viele Leute und schwupp, da flog schon ein Stein und dann ging es erst richtig los. Das mit dem Stein, das war einer von Ahmeds Brüdern oder Cousins oder so. Jedenfalls zogen die von der *IDF* ihre Knarren, ich dachte, jetzt knallt's gleich. Und dann war da plötzlich so ein Kerl, der hatte ein Messer und rannte damit auf den Soldaten zu, so richtig wütend, aber wissen Sie was? Wissen Sie was dann passierte?«

»Nein, was denn?«

»Nix. Auf einmal wurde alles ganz still. Haben Sie mal eine Muschel an Ihr Ohr gehalten? So eine aus dem Meer?«

»Ja, erzähl weiter.«

»Also ich war erst einmal unten am Meer, aber so hörte sich das an, wenn man nix mehr hört, außer den Wellen. Na und der Mann mit dem Messer, der wurde plötzlich ganz ruhig. Wissen Sie, er guckte den Soldaten ganz seltsam an und warf dann das Messer weg. Und das Komischste war der Soldat, ich meine diese Typen sind ja immer irgendwie komisch, aber der war noch ganz jung und so, und auf einmal fängt der fast an zu flennen und macht so zwei Schritte auf den anderen zu. Und dann haben sie sich umarmt.«

»Sie haben sich *umarmt*?«

»Jawohl, *Sayeda*. Das haben sie getan und dann saßen sie auf der Straße wie zwei Schwule und klammerten sich aneinander fest. Nee, das stimmt nicht, da war nichts Verliebtes dran. Das war richtig – wie sagt man – heilig, wissen Sie?«

»Heilig?«

»Ja, wie ein Wunder. Haben Sie schon mal einen Soldaten einen Palästinenser umarmen sehen? Ich nicht. Also vorhin, das war das erste Mal, dass ich so was sah. Fast hätte ich auch geheult, aber ich bin nicht schwul.« Omar steckt sich geschäftig den Saum seines abgetragenen T-Shirts in die Hose.

»War das das Wunder, von dem alle reden?«

»Glaub schon.«

»Aber wurde nicht angeblich ein Engel gesichtet?«

»Ein Engel? Ja, klar. Schon mehrmals.«

»Und wie sieht er aus?«

»Weiß nicht, hab ihn nie gesehen.«

Mit diesen Worten dreht sich Omar um und schickt sich an zu gehen. »Ich muss los«, ruft er über seine mageren Schultern zurück, »man sieht sich!«

Nachdenklich blickt Layla ihm nach.

»Das war das nutzloseste Interview, das wir je geführt haben«, stellt Maroon fest und steckt sich eine Zigarette an. »Der Bursche hat uns doch vollkommen verarscht.«

»Irgendwas ist hier aber vorgefallen«, sagt Layla, noch immer gedankenverloren. »Etwas sehr Merkwürdiges.«

* * *

Als Lior die beiden Journalisten sieht, die unschlüssig herumstehen, beschließt er, sich aus dem Staub zu machen. Ihm liegt nichts daran, sich interviewen zu lassen, außerdem möchte er endlich raus aus der Hitze. Aber da dreht sich die Frau um, und Lior kann nicht anders, er muss sie einfach anstarren. Es ist wie verhext, aber er glaubt, sie zu kennen. Etwas in seiner Wahrnehmung hat sich verändert, er hört die Stimmen der Menschen um ihn herum nicht mehr und fühlt nicht mehr die Hitze auf seiner Haut. Alles, was er wahrnimmt, ist sein eigener Herzschlag und das Rauschen seines Blutes in den Ohren. Mit einem Mal wird er sich seines eigenen Körpers unangenehm bewusst, er spürt, wie der klebrige Schweiß in seinen Achselhöhlen juckt und wie sich Speichel im Mund sammelt. Er versucht zu schlucken, doch seine Kehle ist von der Hitze so ausgetrocknet, dass er ebenso gut Sand schlucken könnte. Er hat diese Frau nie zuvor gesehen, doch als sich ihre Blicke für den Bruchteil einer Sekunde treffen, ist es, als würde plötzlich alles an seinen Platz rücken. Das Gefühl währt nur einen kurzen Augenblick, doch als sie sich umdreht und geht, fühlt sich Lior einsamer, als er es je zuvor in seinem Leben war.

* * *

Seine Mutter ist in der Wohnung. Er weiß es, noch ehe er ihre Stimme hört, die wie eine Maschinengewehrsalve durch die Räume dringt. Sein Mitbewohner wirft ihm einen hilfesuchenden Blick zu, doch Lior weiß, wenn seine Mutter einmal in Fahrt ist, ist sie nicht so schnell zu bremsen.

»Ich musste sie reinlassen«, flüstert Dror ihm zu, »sie hätte sonst den ganzen Tag lang draußen gestanden und die Nachbarn belästigt.« Dror kennt sich mit älteren Damen aus, schließlich ist seine eigene Großmutter Maryam bald neunzig Jahre alt und wirr wie ein Albatros, doch Liors Mutter ist ein besonderer Fall.

Lior kann sehen, dass sein Mitbewohner die Wohnung aufgeräumt hat. Der übliche Berg Wäsche ist von der Mitte des Zimmers in eine Ecke gewandert, und das schmutzige Geschirr ist aus der Spüle verschwunden. Lior fragt seine Mutter, ob sie etwas trinken möchte und natürlich möchte sie. Tee. Zwei Löffel Zucker. Als er den Küchenschrank öffnet, dämmert ihm, wohin das schmutzige Geschirr verschwunden ist.

»Ich musste improvisieren«, raunt Dror entschuldigend. »Sie stand schon vor der Tür, als ich sie gehört habe.«

Das ist das Problem mit seiner Mutter, sie kündigt ihre Besuche nie an, und dann steht sie plötzlich da, ehe man auch nur die Zeit gehabt hat, das Geschirr zu spülen oder sich eine gute Entschuldigung einfallen zu lassen.

Er schiebt einige klebrige Kaffeebecher und Schalen voll eingetrockneter Cornflakes zur Seite und tastet blind nach der Packung Beuteltee. Als das Teewasser aufgesetzt ist, macht sich Lior ein Bier auf, was seine Mutter dazu bringt, missbilligend mit der Zunge zu schnalzen.

»Soso, jetzt fängst du also auch schon an. Genau wie dein Vater früher.«

»Womit fange ich an?«

»Du trinkst! Mitten am Tag!«

»Es ist doch nur ein Bier, Mama.«

»*Oh vey!* Nur ein Bier. Das sagen sie alle. Ich weiß ganz genau, wohin das führen wird. Genau damit fängt es immer an. Nur ein Bier und danach noch eines, und ehe man sich's versieht, fangt ihr an herumzuhopsen, singt Lieder und weckt die Kinder auf.«

»Hier gibt es überhaupt keine Kinder.«

»Und warum nicht, möchte ich wissen? Das hier ist auch kein geeigneter Ort für ein Kind. Viel zu klein. Und überall liegt Schmutz. Schmutz!«

Das letzte Wort sagt sie so laut, dass Lior die Augen schließt.

»Warum heiratest du nicht, Junge?«

Lior macht die Augen wieder auf und betrachtet die Kondenstropfen auf der Flasche so eingehend, als wären sie seine guten Freunde.

»Ich sage es dir, du jüdischste aller Mütter. Weißt du, es ist so: Ich gucke zu gerne den Mädchen auf den Hintern. Und wenn man erst einmal verheiratet ist, ist es damit aus und vorbei.«

Seine Mutter starrt ihn eine Weile aus zusammengekniffenen Augen an. »Du bist so ein seltsamer Junge«, sagt sie. »Ich wünschte nur, du würdest endlich hier sauber machen.«

Lior lehnt sich zurück und faltet die Hände über der Brust, obwohl er sich lieber die Faust in den Mund stecken würde, um nicht laut zu schreien. »Mutter«, sagt er, »das ist so, als würdest du Noah bitten, die Fensterläden seiner Arche zu schließen, weil es regnet.«

»Werden Sie nicht frech, junger Mann«, gibt seine Mutter zurück. »Ich mache mir Sorgen wegen deines Vaters. Falls es dich interessiert.«

»Was ist mit unserem alten Eremiten?«, will Lior wissen. »Vorhin machte er mir einen ganz munteren Eindruck. Wir haben über Mode geplaudert und ein wenig über die Unwägbarkeiten der Politik. Er wirkte durchaus optimistisch, was ich daran festmache, dass er mich nur einmal beschimpft hat.«

»Lass doch die dummen Witze, Lior. Du weißt doch, wie er ist. Aber ich bin tatsächlich in Sorge.«

»Das sagtest du schon. Und weswegen bist du in Sorge?«

»Engel.«

»Was?«

»Engel. Dein Vater glaubt neuerdings an Engel.«

»Ist der Glaube an Engel nicht Teil des ganzen religiösen Getues?«, fragt Lior. »Ich meine, er glaubt ja auch daran, dass Gott nicht will, dass wir uns am Sabbat die Hände schmutzig machen. Wusstest du beispielsweise, dass er sich am Freitagmorgen das Klopapier für den Sabbat bereitlegt, weil Papier abreißen als *Arbeit* gilt? Wusstest du das?«

»Nur weil dein Vater die Thoragesetze befolgt, heißt das nicht, dass er verrückt ist. Aber die Sache mit diesem Engel ist was anderes.«

»Wieso ist das was anderes?«

»Weil es nicht um Engel an sich geht«, sagt seine Mutter, »sondern um einen bestimmten Engel. Dein Vater denkt, der Messias wird kommen.«

»Was ist daran neu?«

»Er denkt, er wird bald kommen. Jetzt sofort.«

»Und was hat dieser Engel damit zu tun?«

»Dein Vater denkt, er ist der Vorbote. Hat er was gegessen?«

»Ob er was gegessen hat? Warum ist es wichtig, ob er was gegessen hat, wenn er doch dabei ist, den kümmerlichen Rest seines Verstandes zu verlieren?«

»Werd nicht frech. Du weißt doch, wie er ist. Er lebt eben in seiner eigenen Welt. Willst du wissen, was ich denke? Willst du's wissen?«

»Du wirst es mir doch sowieso erzählen, was macht es da also für einen Unterschied, ob ich …«

»Ich glaube wirklich – und das meine ich ernst – dass dein Vater nach diesem Engel sucht. Er sucht ja ständig nach all diesen Zeichen. Er ist so schrecklich empfänglich für solche Dinge. Ich habe nicht die geringste Ahnung, was mit ihm nicht stimmen könnte.«

»Was mit ihm nicht stimmt? Du liebe Güte, wo soll ich anfangen?«

»Du kennst deinen Vater so gut wie ich ihn kenne. Das solltest du jedenfalls, er ist immerhin dein Vater. Von mir nimmt er ja keinen Ratschlag an. Ich bin für jeden in dieser Familie nur eine Last.«

Liors Mutter nimmt einen Schluck Tee, wobei sie das Kunststück fertigbringt, zugleich vorwurfsvoll und resigniert auszusehen.

»Was also willst du, dass ich tue?«, fragt Lior.

»Alles, was ich will ist, dass du ein Auge auf ihn hast«, gibt seine Mutter zurück und streicht sich würdevoll eine Haarsträhne aus der Stirn. »Falls du dafür Zeit erübrigen kannst.« Sie klopft mit einem langen, rot lackierten Fingernagel gegen Liors Bierflasche und zieht die Augenbrauen hoch. »Bei all dem *Stress* den du hast.«

»Ein Auge, zwei Augen – ich werfe so viele Augen auf ihn, wie du willst«, seufzt Lior.

»Engel«, schnaubt seine Mutter, als sie sich anschickt zu gehen. »Ausgerechnet Engel.«

* * *

»Mein Bruder lebt noch, aber vor dem *Ramadan* bringen sie ihn um«, versichert Omar dem Polizisten, der ihn verständnislos anstarrt.

»Woher hast du denn diesen Scheiß?«

»Von Yvonne, und die hat es aus den Teeblättern.«

»Und wer zur Hölle ist Yvonne?«

»Na, Yvonne eben. Sie kommt aus Jaffa. Sie ist gut. Wenn Sie wollen, bringe ich Sie mal hin, die liest Ihnen die Zukunft, da schlackern Ihnen nur so die Ohren!«

Der Polizist, dem nichts ferner liegt, als eine arabische Möchtegern-Hexe aufzusuchen, schnaubt unwillig und bringt dann sein Gesicht ganz nah an das von Omar. »Hör mal, Kleiner, wenn du mir nicht sofort sagst, wer diesen Aufstand angezettelt hat, dann landest du schneller bei deinem Bruder, als dir lieb ist. Und wer weiß, vielleicht könnt ihr dann euren *Ramadan* zusammen feiern. Im Knast kommt sicher die richtige Stimmung auf, meinst du nicht?«

Der Polizist lacht kehlig über seinen eigenen Witz, doch Omar verzieht keine Miene.

»Ich hab euch doch gesagt, ich weiß es nicht. Wann lasst ihr meinen Bruder frei?«

»*B'chaim lo!* Wenn dir die Sonne aus dem Arsch scheint, du kleiner Scheißer. Und jetzt hau ab!«

Chaim Levy wischt sich mit einem Taschentuch den Schweiß vom Nacken und steckt sich dann eine Zigarette an. Er ist seit über dreißig Jahren im Dienst, und nie war es ein schlimmeres Elend mit diesen verfluchten Arabern. Die machen, was sie wollen. Solange sie sich einfach in ihren kleinen Terrorzellen zusammenrotteten, waren sie irgendwie noch kontrollierbar, aber gegen diese spontanen Ausbrüche von Gewalt ist selbst der *Shin Bet* machtlos. Kein

Mensch weiß, wann einem von ihnen wieder die Sicherung durchbrennt, und dann gibt es wieder Witwen und Mütter, die heulen, weil einer ihre Ehemänner, Söhne oder Töchter erstochen hat. Und da nützt es auch nichts, wenn einer von ihnen zusammenbricht und sein wertloses Leben bereut, die Zeiten sind schlecht und die nächste *Intifada* nur eine Frage der Zeit.

Als Chaim achtzehn Jahre alt war, joggte er jeden Morgen zehn Kilometer und stemmte Gewichte, bis sein Oberkörper so gestählt war, dass sich die Muskeln an seinem Bauch wölbten wie Panzerketten. Seine Fäuste waren so hart, dass er damit gegen Eisen schlagen konnte, ohne sich zu verletzen, aber trotzdem ging er eines Abends los und kaufte sich ein Bowie-Messer. Eines mit einer guten stählernen Klinge, die auch heute noch so scharf ist, dass er sie in einem metallenen Futteral aufbewahren muss. Er säubert das Messer mit Spiritus und einem weichen Baumwolltuch, und jedes Mal wenn er das tut, gibt ihm das ein grimmiges Gefühl der Zufriedenheit. Es gibt genau zwei Dinge, die ihm heilig sind. Das eine ist sein Land, das andere ist sein Hund Loretta, ein Dobermann-Mischling mit schlechtem Charakter und ebenso schlechtem Atem. Für diese beiden würde er töten, was wahrscheinlich auch der Grund ist, warum er nach seinem Wehrdienst in der Armee geblieben ist. In seiner Grundausbildung war Chaim der disziplinierteste von allen, und bis heute macht ihm im Messerwerfen niemand etwas vor. Er kann mit seinem Messer auf zwanzig Schritt Entfernung den winzigen Docht einer Kerze durchtrennen, und das Herz eines Gegners bei Dunkelheit zu treffen, würde ihm keinerlei Probleme bereiten. Er empfindet es als persönliche Beleidigung, dass dieser verdammte Araber einen seiner Männer ausgerechnet mit einem Bowie-Messer angreifen wollte. Wenn er ihn verletzt oder getötet hätte – all das wäre zu verschmerzen gewesen. Aber offensichtlich hat dieser vereitelte Angriff seinem Soldaten den Verstand geraubt, denn er behauptet seither, der Angreifer habe ihm nichts tun wollen und sei in Wahrheit ein Engel gewesen, ein Engel mit dem Zorn eines Heiligen. Alleine der Gedanke an das schwachsinnige Geschwätz des Soldaten lässt in Chaim die Wut hochkochen.

Verärgert schließt er seinen Streifenwagen auf und lässt seinen massigen Leib auf den Fahrersitz fallen. Am liebsten würde er sie alle in Vorbeugehaft nehmen, all die gemeingefährlichen arabischen Terroristen und ihre kleinen naseweisen Brüder, doch schon jetzt sind die Gefängnisse übervoll. Aber er soll verdammt sein, wenn in seiner Amtszeit und in seinem Revier der nächste Aufstand ausbräche. Bei Gott, das würde er zu verhindern wissen.

**

Omar ist so arm, dass er sich nicht mal einen Nachnamen leisten kann, jedenfalls sagt ihm das jeder. Seit sein Bruder verhaftet wurde, schläft Omar mal bei diesem, mal bei jenem Verwandten, isst, was ihm angeboten wird und stiehlt, was er sonst so braucht. Ab und zu ergattert er einen Job und hilft bei der Obsternte, pflückt Oliven und sortiert Mangos und Bananen für ein paar Groschen oder ein Abendessen. Einmal hat er einen Sommer lang Granatäpfel ausgepresst, bis seine Finger eine dunkle, fast schwarze Farbe angenommen hatten und aussahen, als wären sie von getrocknetem Blut bedeckt. In letzter Zeit aber arbeitete er als Laufbursche für einen mürrischen Sesamkringelbäcker aus Tiberias. Es ist ein Job, den er bereits satthat, seit er ihn begonnen hat, was auch der Grund dafür ist, warum er lieber am Hafen herumhängt und mit den Füßen über der Kaimauer baumelt, anstatt die Kringel zu verkaufen. Trotz seiner zehn Jahre ist Omar es gewohnt, sich um sich selbst zu kümmern. Und so wundert sich niemand, als er an jenem Abend, dem Abend des Wunders, einfach verschwindet. Eigentlich hat er nicht vorgehabt, das Weite zu suchen, denn in der nächsten Woche hätte er einen lukrativen Job in einer Gärtnerei in Aussicht gehabt, doch das Verhör mit dem Polizisten macht ihm zu schaffen. Mit der Polizei kommt Omar schlecht klar, so viel steht fest. Zwar ist er so abgebrüht, dass er sich mit einem Messer in die Hand stechen könnte, ohne auch nur zu zucken, und wenn ihm eine schwere Obstkiste auf die nackten Zehen fällt, sagt er nicht einmal aua, doch vor Kerlen in Uniform muss man sich in Acht nehmen, das ist ihm klar. Im Alter von vier Jahren hat Omar beide Eltern verloren. Sein Vater, ein Autohändler aus Kfar Kanna, starb bei einer Razzia. Es war ein Unfall, sagten die Soldaten. Seine Mutter, von Natur aus mit keiner guten Konstitution gesegnet, starb nur wenige Monate später. Sie ist an gebrochenem Herzen gestorben, dessen ist sich Omar sicher. Am Ende waren nur noch sie beide da, er und Majed, sein Bruder, der zwölf Jahre älter ist als er. Majed war einer der Leute, zu denen alle aufsehen. Ein echter Anführer, klug und charmant, und Omar betete ihn an. Als Majed das erste Mal verhaftet wurde, zwei Wochen nach seinem siebzehnten Geburtstag, hatte er eine Brechstange, fünfzig Gramm Marihuana und dreihundertfünfzig Schekel in bar bei sich, was ihn auch dann verdächtig gemacht hätte, wenn nicht gerade ein Kiosk auf der Hauptstraße von Tiberias aufgebrochen worden wäre. Mit der Verhaftung seines Bruders begann Omars mühsame Reise durch seine weitverzweigte Verwandtschaft, während Majed seine Zeit abwechselnd auf der Straße und im Gefängnis zubrachte. In den nächsten Jahren sollte er noch zwei weitere Male wegen kleinerer Diebstahldelikte verhaftet werden, doch bei seiner letzten Verhaftung ging es um mehr. Sie schleppten ihn fort in ein Gefängnis für potenzielle Terroristen und schlossen die Tür hinter ihm, womöglich für immer. Das war vor vier Monaten, und seither hat Omar beschlossen, er sei nun erwachsen und in der Lage, für sich selbst zu sorgen. Dieser Selbsterhaltungstrieb hat ihn auch an diesem Nachmittag dazu gebracht, den nächstbesten Lastwagenfahrer um eine Mitfahrgelegenheit nach Jerusalem zu bitten, wohin er nun auf dem Weg ist, eingezwängt zwischen Kisten voller Äpfel und grüner Paprika.

Als Omar in Jerusalem von der Ladefläche des Lasters springt, ist es dunkel geworden. In der Dämmerung kann er die Mauern der Altstadt ausmachen und über ihm die Zinnen des Damaskustors. Die Besucherströme sind verebbt, die Stufen vor dem Tor sind, bis auf ein paar Tauben und Katzen, die ihnen auflauern, leer. Die Stadt, die sich über ihm erhebt, leuchtet im Licht der funzeligen Laternen so majestätisch wie eh und je, nur hat sie in letzter Zeit ein wenig an Glanz verloren, durch allzu viele Touristen und allzu große historische Ernüchterung.

Omar hat den Mann nicht kommen hören, und als er seinen Griff im Nacken spürt, reißt ihn der Schreck in die Wirklichkeit zurück, sodass er im ersten Moment nicht weiß, wo er ist.

»Hab ich dich, du kleine Ratte. Rück sofort meine Geldbörse raus, sonst rufe ich die Polizei, du elender verdammter Dieb!«

»Ich hab Ihre scheiß Geldbörse nicht, Sie Penner, nehmen Sie Ihre Hände von mir!«

»Das kann jeder sagen, aber von euch Schmarotzern lasse ich mich nicht beklauen!«

»Ich bin Tourist!«

»Tourist, dass ich nicht lache! Ich rufe jetzt die Polizei, du kleiner Mistkerl!«

Doch Omar hat sich bereits aus dem eisernen Griff gewunden, und eine ohnmächtige, blinde Wut erfüllt ihn. Er wirft sich nach vorne, schlägt in die Dunkelheit und plötzlich kollert der Mann die Stufen hinunter, fluchend und zeternd, und Omar rennt davon, so schnell ihn seine mageren Beine tragen. Nach wenigen Metern hat er das Tor erreicht und stürzt so schnell durch die spärlich beleuchteten Gassen, dass ihm erst nach einiger Zeit klar wird, dass er die Kippa des Mannes noch immer in der Hand hat. Er muss sie ihm versehentlich vom Kopf gerissen haben. Schnell schüttelt er das zerquetschte Ding ab und wirft es in den nächsten Rinnstein.

Die Schwüle des Tages ist von den dicken Mauern aufgesogen worden und nun, in der Nacht, strahlen die uralten Steine eine erstickende Mischung aus Hitze und Vergangenheit ab, die das Atmen und das Herz schwer macht. Eine Weile folgt Omar zwei beseelten Pilgern, die die späte Stunde für einen romantischen Spaziergang nutzen, und hält sich unauffällig in deren Windschatten bis ihn die Müdigkeit übermannt und er einfach stehen bleibt und sich die Augen reibt. Aus den wenigen Cafés, die er passiert, riecht es nach Abendessen, doch Omar hat kein Geld und keine Lust, sich etwas zu stehlen. So hockt er sich einfach in einen Hauseingang, fischt eine Zigarette aus seiner hinteren Hosentasche und fängt an, Rauchringe zu blasen. Er ist so vertieft in diese Tätigkeit, dass er den Mann nicht bemerkt, der sich neben ihn gestellt hat, und als er angesprochen wird, reißt Omar den Kopf hoch.

»Was ist los mit dir?« Der Mann trägt eine *Galabiya* und eine Brille mit Goldrand und hat freundliche Augen.

»Sie haben meinen Bruder eingesperrt, und mich werden sie sicher auch bald einsperren.«

»Wie alt bist du?«

»Zehn.«

»Dann dürfen sie dich nicht einsperren, du bist minderjährig. Da sind die Menschenrechtsorganisationen ziemlich strikt dagegen. Obwohl man nie weiß, was denen so einfällt, nicht wahr?«

»Ich habe einen Mann die Treppe runtergeschmissen.«

»Wie das?«

»Mit voller Wucht.«

Der Mann setzt sich neben ihn und betrachtet ihn von der Seite, während er seine Brille poliert. »Für einen so kleinen Bengel bist du ziemlich gerissen, weißt du das?«

»Ich weiß«, sagt Omar. »Haben Sie vielleicht noch eine Zigarette?«

»Bist du nicht ein bisschen jung zum Rauchen?«

»Glaub ich nicht.«

»Was ist mit deinen Eltern?«

»Die sind tot.«

»*Inna L'illahi wa inna illeyih rajun* – Wir gehören Allah und zu Allah kehren wir zurück. Mögen sie in Frieden ruhen. Dann bist du also ganz alleine?«

»Ja, aber das macht mir nix.«

»Ich heiße Youssef Aboud, mir gehört der Teppichladen dort vorne.«

»Ich heiße Omar, mir gehört fast nix, aber wenn Sie mich bei sich schlafen lassen, dann klopfe ich Ihnen alle Teppiche aus und fege den Laden und mache alles, was Sie sonst noch erledigt haben wollen. Ich bin handwerklich echt gut, kann super mit dem Hammer und so umgehen, wissen Sie. Also was sagen Sie? Deal?«

»Wenn du auch nur einen meiner Teppiche anrührst, werde ich dir deinen Hintern versohlen, bis du nicht mehr sitzen kannst und von Hämmern und sonstigem Werkzeug lässt du gefälligst die Finger, ich verkaufe da drinnen nämlich auch Geschirr. Ich brauche aber einen Laufburschen, der der Kundschaft Tee serviert und die Warenlieferungen vom Parkplatz in den Laden trägt. Wenn du deine Sache gut machst, bist du engagiert. Gegen Kost und Logis. Einverstanden?«

»*Tamam*, alles klar!«, sagt Omar und schlägt ein.

* * *

Nun, da Layla, barfuß und erhitzt, auf ihrer Dachterrasse sitzt, ist die Vergangenheit so nah wie die Gegenwart. Den ganzen Tag über, während sie in Tiberias war, hat sie das Gefühl gehabt, unter einer Glaskuppel zu leben. Die Hitze, die Soldaten, selbst der kleine Junge – all das nahm sie wie durch einen dicht gewobenen Schleier wahr; ein Schleier, so dick wie eine Wand aus Panzerglas. Sie hörte und sah alles, tat ihre Arbeit, doch bei alledem war sie nie richtig anwesend. Ihre Sinne waren auf etwas anderes gerichtet, auf einen anderen, weit entfernten Ort, wo der Schnee in dicken Flocken fällt, um Asche und Blut zu überdecken. Sie ist auch jetzt an diesem Ort, obwohl sie eigentlich Gemüse fürs Abendessen putzen sollte. Es gibt *Sheikh el Mahshi*, mit Reis gefüllte Auberginen, aber so wie es aussieht, wird das Essen noch eine Weile auf sich warten lassen, denn unten vor dem Haus steht eine kleine gebeugte Frau mit einem Rollator und starrt zu ihr hinauf. Die Frau schiebt ihren Wagen noch näher an das Haus heran, und Layla kann sehen, dass sie ein altmodisches geblümtes Baumwollkleid und weiße Frotteeslipper trägt und viel älter ist, als es von weitem den Anschein hatte. Ihre weißen Haare sind mit irgendetwas gefärbt, womöglich Henna, was aber nur zur Folge hat, dass sie eine merkwürdige rosa Farbe angenommen haben, so wie die Wolken, die jetzt im Sonnenuntergang purpurn leuchten. Die Frau parkt ihre Gehhilfe sorgfältig neben den Eingangsstufen und blickt angestrengt nach oben. Layla stutzt. Sie kennt jeden aus dem Dorf, doch diese Frau hat sie nie zuvor gesehen. Sie hat keine Ahnung, woher sie gekommen ist, womöglich ist sie aus irgendeinem Heim ausgebüxt und findet den Weg zurück nicht mehr. Aller Wahrscheinlichkeit nach kommt sie aus dem Kibbuz unten am Hang, dort wo die hohen Mauern einem jegliche Sicht versperren. Seufzend steht Layla auf und beugt sich über die Brüstung.

»Shalom! Efshar la'azor lach? Wie kann ich Ihnen helfen?«, ruft sie hinunter. Ihr Hebräisch ist perfekt und poliert wie ein Flusskiesel, schließlich hat sie lange genug zwischen Israelis studiert, und trotzdem schleicht sich, wie immer wenn sie die Sprache spricht, ein bitterer Geschmack in ihren Mund. Doch die alte Frau scheint wie am Boden festgeklebt. Ihre arthritischen Finger umklammern die Griffe ihres kleinen Wägelchens, und sie macht keine Anstalten, sich zu rühren.

Mit einem weiteren Seufzer macht Layla kehrt und hastet die Treppen hinunter. Die Frau ist Jüdin und alt, und obwohl Layla keinem ihrer Nachbarn zutrauen würde, einer alten Frau etwas zuleide zu tun, so ist ihr kleines arabisches Dorf kaum ein geeigneter Ort für eine verwirrte Lady aus einem Kibbuz. Außerdem hat sie keine Lust auf die misstrauischen Fragen der Dorfbewohner, wenn diese bemerken, dass eine komische kleine Jüdin bei ihnen vor der Tür steht.

Als Layla vor ihr steht, bemerkt sie, dass die Frau klare wasserblaue Augen hat, die unschuldig und leicht entrückt in die Welt blicken.

»Haben Sie meinen Mann gesehen?«, fragt die Frau, und Layla ist überrascht, wie hoch und kindlich ihre Stimme klingt.

»Ihren Mann? Nein, wie sieht er denn aus?«

»Wir wollten heute nämlich tanzen gehen, wissen Sie? Mein Mann führt mich jedes Wochenende zum Tanzen aus.«

Layla, die bezweifelt, dass ihre Besucherin auch nur zu einem langsamen Walzer imstande wäre, fasst die Frau am Arm, um sie zu stützen. Ihre Haut fühlt sich an wie knisterndes Seidenpapier, dünn und trocken. Sie muss mindestens achtzig Jahre alt sein.

»Ich habe Ihren Mann nicht gesehen, setzen Sie sich doch einen Augenblick.«

»Und Simon? Haben Sie Simon gesehen? Er ist noch klein …«

»Ich habe ehrlich keine Ahnung, wovon Sie sprechen, aber wenn Sie mir sagen, woher Sie kommen, werde ich Sie zurückbringen, okay?«

»Sie sind ein nettes Mädchen, können Sie auch tanzen?«

»Ja, ja, ich tanze jeden Tag. Wie ein Derwisch. Aber kommen Sie, ich bringe Sie besser nach Hause.«

»Ich kann tanzen wie Judy Garland. Jedenfalls sagt das mein Mann Hubert. Er ist ein großer Tänzer. Wie Judy Garland. Haben Sie ihn zufällig gesehen?«

Den ganzen Weg zurück über die Hügel plappert die Frau mit ihrer Kleinmädchenstimme und klammert sich dabei an ihr Wägelchen, das bei jedem Schlagloch scheppert wie ein Besteckkasten. Als sie das Ende der Straße erreichen und die Zäune des Kibbuz in Sichtweite kommen, bleibt die alte Frau stehen und sieht Layla direkt ins Gesicht. »Ich konnte Zäune nie leiden, wissen Sie. Vor allem die mit den spitzen Stacheln. Mögen Sie Zäune?«

Layla möchte antworten, doch ehe sie den Mund öffnen kann, spürt sie den Sog, und vor ihre Augen schieben sich die Bilder, ehe sie auch nur die Chance hatte zu blinzeln. Sie wundert sich noch, wie schwer die Luft plötzlich geworden ist, so zäh und dick, dass sie kaum atmen kann. Ihre Nasenlöcher blähen sich, doch die Luft ist wie bleierner Dampf. Dann beginnen ihre Trommelfelle zu vibrieren, ein Rauschen und Wispern erfüllt ihre Ohren, dringt in ihre Gedanken wie Nebel. Die Stimme der alten Frau vermischt sich mit diesem Rauschen, das eine Mauer zwischen Layla und der Wirklichkeit schafft.

Sie steht auf einem Bahnsteig, und der schneidend kalte Wind dringt durch das dünne Futter ihres Mantels. Männer in schweren Stiefeln schreien die Frauen und Kinder an, die sich ängstlich aneinanderdrücken. Ihre Mutter schließt ihre eiskalten Finger hart um ihr Handgelenk und zieht sie zu sich. Doch diesmal ist ihre Umarmung nicht tröstlich und warm, sondern hart und verzweifelt. Die Angst ist überall. Sie kriecht durch die Ritzen der Zugwaggons, sie ist in der kalten Luft, die nach süßlichem Rauch riecht und sie ist in den Gesichtern der Menschen, die mit großen Augen auf das Tor hinter den Bahngleisen blicken, das sich langsam schließt. Als Layla aufsieht, ist die Landschaft hinter einer Mauer aus Stacheldraht verschwunden.

Von allen Kindern Kfar Jalas war die Tochter von Mahmoud und Sabah Al-Riadh die merkwürdigste, das jedenfalls versicherten sich die Nachbarn. Es spielte keine Rolle, wie oft Laylas Eltern ihnen auch erklären, ihre Tochter habe keine speziellen Kräfte und könne weder Geister noch die Zukunft sehen. Von dem Augenblick an, als Layla in die Mittelstufe kam, begannen die Gerüchte, was Sabah dazu veranlasste spöttisch zu erklären, die einzige Besonderheit, die ihre Tochter hätte, sei die Fähigkeit, blitzschnell zu verschwinden, wenn es Arbeit gäbe. Irgendwann jedoch verloren auch die Neugierigsten das Interesse und hörten auf, über den Vorfall zu spekulieren, der die ganze Aufregung überhaupt erst ausgelöst hatte. Der Vorfall, den weder Layla, noch ihre Eltern jemals erwähnten, ereignete sich zwei Tage nach Laylas zwölftem Geburtstag. Layla war auf dem Heimweg von der Schule, als sie plötzlich wie vom Blitz getroffen stehen blieb und, kreidebleich im Gesicht, auf die Straße vor sich zeigte. Dann fiel sie ohnmächtig um. Es war purer Zufall, dass sich an derselben Stelle, auf die sie gezeigt hatte, am nächsten Tag ein Unfall ereignete, der zwei Tote forderte, denn was Layla eigentlich gesehen hatte, bevor sie wie ein gefällter Baum zu Boden ging, war ein kleines Mädchen mit traurigen Augen und einem abgetragenen Wintermantel. Ein Mädchen, das außer ihr niemand sehen konnte, wie sich bald herausstellte, denn in jener Nacht fingen die Träume an. Erst spärlich, fast sachte. Später, als Layla älter wurde, wurden auch die Träume intensiver, plastischer und auf eine merkwürdige Art realistischer als andere Träume. Sie kamen selten, doch wenn sie kamen, dann mit der vollen Wucht ihrer Eindrücklichkeit, sodass Layla oft schweißgebadet und mit klopfendem Herzen aufwachte. Doch bis zu diesem Abend kamen die Träume nur nachts, niemals wieder tagsüber, niemals wenn sie, so wie jetzt, hellwach war. Während Layla mühsam in die Wirklichkeit zurückkehrt, sieht sie gerade noch, wie die kleine alte Frau ihr von ferne zuwinkt, und dann beherzt die Straße zum Kibbuz entlangmarschiert, wobei sie die wilden Kaninchen aufschreckt, die hier in den Hügeln leben. Layla sieht ihr nach, bis sie hinter den Toren verschwunden ist, die den Kibbuz vor der Außenwelt beschützen. Noch immer ist ihr kalt, obwohl der Abend mild ist und die Luft nach wildem Hibiskus und Ozon riecht. Der Stoff ihrer dünnen Bluse scheuert unangenehm auf der Haut ihrer Arme, und ihre Muskeln fühlen sich steif an und schmerzen. Doch das, was ihr wirklich zu schaffen macht, ist nicht so sehr die Tatsache, dass ihre Träume offenbar beschlossen haben, nun auch bei hellem Tageslicht zu erscheinen, sondern vielmehr, dass sie sicher ist, dass die alte Frau nicht auf Hebräisch über ihre Zaunphobie lamentiert hat, sondern in einer fremden Sprache. Eine Sprache, die Layla nie zuvor gehört hat, und doch hat sie jedes Wort verstanden.

* * *

Der Engel liegt auf dem Rücken unter einem Baum und sieht einer *El-Al*-Maschine nach, die in nördlicher Richtung unterwegs ist. Durch die dichten Zweige sieht er nur einen kleinen Ausschnitt des blauen Himmels, doch der genügt ihm. Auf der Erde hat der Engel wenig, wofür es sich zu existieren lohnt, und er sehnt sich nach der Luft, die sich über ihm spannt wie ein Betttuch aus feinster blauer Seide. Er ist schon sehr lange neunzehn Jahre alt, und obwohl er sich immer noch blitzschnell bewegen kann, hinterlassen seine Füße keine Spuren mehr im Sand. Hier, am Boden des Himmels, hat er sich immer fremd gefühlt. Selbst als er noch ein Mensch war, haftete ihm etwas Übernatürliches an. Als er ein Kind war, war seine Haut so zart und weiß wie Butter, und sein Haar war nachtschwarz. Mit zwei Wochen hat er jedem, der vorbeikam, die Hände entgegengestreckt und gelächelt. Alle nannten ihn nur »das süße Kind«, alle außer seiner Mutter, die ihn ihr Gottesgeschenk nannte. Während er unter dem Baum liegt, hat er das Gefühl, so leicht wie eine Dunstwolke zu sein. Er verhält sich vollkommen still, um die Vögel nicht aufzuschrecken, die in der Platane nisten. Das Gras unter dem Baum ist so weich, als hätte es noch nie jemand betreten, und der Engel fühlt die feuchten Halme an seinem Nacken kitzeln, als ihm die Polizisten die Schultern tiefer in den Boden drücken und ihn herumrollen, um ihm Handschellen anzulegen.

ZWEI

Manifestation

Was, wenn du schliefest?
Und was, wenn du in deinem Schlafe träumtest?
Und was, wenn du in deinem Traume
zum Himmel stiegest
und dort eine seltsame
und wunderschöne Blume pflücktest?
Und was, wenn du,
nachdem du erwachtest,
die Blume in deiner Hand hieltest?
Ah, was dann?

Samuel Taylor Coleridge, »Anima Poetae«

Über Hunderte von Jahren schob man die Schuld an allem, was im Land schiefging, auf das Schicksal. Wenn es im Winter zu wenig regnete und die Ernte schlecht war, wenn Kinder an einer unbekannten Seuche starben oder ein Öltanker auf dem Meer verunglückte und die Wellen rotbraune Schlieren an den Strand spülten, dann riefen alle *Kismet* und glaubten, das Unglück sei auf eine Anomalie der Kräfte zurückzuführen, die die Welt lenkten. Man glaubte, die Probleme seien eine Strafe Gottes. Es spielte keine Rolle, worin die Schwierigkeiten bestanden, ob es sich um Krieg, Naturkatastrophen oder Krankheiten handelte. Es war auch völlig egal, ob sich die Situation logisch erklären ließ, oder ob es einfach nur Pech war. Wann immer jemandem ein

Missgeschick passierte, fingen die Leute an zu beten und mit dem Finger auf diejenigen zu zeigen, von denen man glaubte, sie hätten Gott herausgefordert.

Youssef Aboud hält das für Blödsinn. Er ist davon überzeugt, die Juden seien an allem Schuld. Waren es nicht die Juden, die das Land erobert hatten, sich einfach alles unter den Nagel rissen? Waren es nicht die Juden, die ununterbrochen unbescholtene Leute von den Straßen klaubten und sie auf Nimmerwiedersehen ins Gefängnis steckten? Waren es nicht die Juden, die überall Lügen verbreiteten, um sich alles nehmen zu können, was sie wollten? Ist es da nicht naheliegend, dass die Juden auch für diese unsägliche Hitze verantwortlich sind?

Es ist erst neun Uhr morgens, und schon jetzt herrschen in Jerusalem beinahe dreißig Grad. Auf dem Parkplatz vor dem Geschäft von Youssef Aboud ist Omar gerade dabei, sich einen Teppich auf die mageren Schultern zu laden.

»Hör mal, Junge, wehe du schwitzt mir auf die Teppiche. Den Schaden ziehe ich dir vom Lohn ab!«

»Welcher Lohn denn, *Ammo*?«, gibt Omar zurück und grinst. »Heiß heute, nicht wahr?«

»Ja, es ist heiß. Verdammte Juden.«

Omar hat sich an die Launen des mürrischen Teppichhändlers gewöhnt und hüpft fröhlich von der Ladefläche des Lasters, der Teppich wippt auf seinen Schultern. Seit er hier arbeitet, hat er ganze drei Kilo zugenommen, und sein kleines Gesicht sieht voller aus, obwohl man unter seinem abgetragenen T-Shirt immer noch die Rippen zählen könnte.

Der Teppichhändler hat es sich mit seinem Kaffeebecher und der Zeitung im Schatten bequem gemacht und blinzelt träge in die Sonne.

»Werden wir langsam alt, *Ammo*?«, scherzt Omar.

»Was heißt hier alt? Ich bin immer noch leichtfüßig wie ein Tänzer!«, erwidert Youssef Aboud. Er steht auf und versucht sich probeweise an ein paar *Dabke*-Schritten, doch dann fällt sein Blick auf die Zeitung. »*Mashallah!* Jetzt haben sie ihn verhaftet!«

»Wen haben sie verhaftet, *Ammo*?«

»Na, den Engel!«

»Den Engel? Sie haben den Engel verhaftet? Wie das denn?« Omar stellt sich den Engel mit gefesselten Flügeln vor, die Glieder gebrochen und den Körper gekrümmt unter schweren Eisenketten.

»Die Polizei hat ihn gestern mitgenommen. Sie haben ihn ins Gefängnis von Ashkelon gesperrt. Ist das nicht der Knast, in dem auch dein Bruder sitzt?«

Der Teppich landet in einer Wolke aus Staub und Sand am Boden.

* * *

Dunkle Wolken im Norden bedeuten, dass es Probleme geben wird, aber dasselbe gilt auch, wenn in der Redaktion des Radiosenders Al-Qamar das Telefon läutet. Immer wenn das Telefon auf Laylas Schreibtisch klingelt, geht im Aufnahmeraum das Licht aus, da irgendwelche geheimnisvollen Verbindungen in den elektrischen Leitungen dafür sorgen, dass immer nur eines von beiden funktioniert. Und so sitzt nun Laylas Kollege Maroon im Dunkeln und flucht, weil er die Knöpfe und Regler seines Mischpults nicht erkennen kann.

Im Licht der Neonröhren sieht Layla blass und ungesund aus, und ihre Augen wirken noch dunkler als sonst. Seit sieben Nächten hat sie kaum geschlafen, und um ihre Augen haben sich violette Ringe gebildet. Layla fühlt sich wie etwas, das man bei Gewitter draußen gelassen und dann nicht ordentlich ausgewrungen hat. Irgendwas in ihrem Innersten fühlt sich kalt und bleischwer an. Den ganzen Nachmittag ertappt sie sich dabei, dass sie auf Unheil wartet. Zwar glaubt sie nicht daran, dass es möglich ist, solche Dinge vorherzusagen, aber das beklemmende Gefühl will einfach nicht verschwinden, und als sie in der Mittagspause unten im Laden einkauft, steht sie eine ganze Weile vor dem Obstregal, ehe sie merkt, dass sie vergessen hat, was sie kaufen wollte. Bevor sie es verhindern kann, bricht sie in Tränen aus, weil die blutrote Farbe der Granatäpfel in der Auslage sie aus irgendeinem Grund zum Weinen bringt. Als sie zurück in die Redaktion kommt, herrscht sie Maroon an, weil er es gewagt hat, sie um ein Date zu bitten. Sie kann nicht fassen, dass er sie mit seinem Hundeblick ansieht, erkennt er denn nicht, dass sie gar nicht richtig da ist? Begreift er nicht, dass ihre Seele meilenweit entfernt ist? Aber sie besteht darauf, ihm zu erklären, dass sie kein Interesse an ihm hat, und als sie fertig ist, sieht er so gekränkt aus, dass Layla sich einfach umdreht und geht.

Zum Zeitpunkt des Anrufs hat Layla das komische Gefühl, das sie den ganzen Tag verspürte, fast vergessen, doch gerade als sie sich an ihre nächste Reportage setzen will, eine dumme Geschichte über die Abenteuer einer Indie-Rockband, gehen plötzlich alle Türen auf, und die Jalousien an den Fenstern fallen herunter, als wären sie von Geisterhand bewegt worden.

»Das war nichts«, sagt Layla zu ihrem Boss, der sie zweifelnd ansieht, als wäre sie daran schuld. »Vermutlich nur ein Windstoß.« Im selben Moment klingelt das Telefon.

»*Marhaba, Sayeda*, hier spricht Omar.«

»Wer?«

»Omar! Sie wissen schon, ich hab Ihnen das Interview gegeben. Drüben in Tiberias. Erinnern Sie sich an mich?«

In all den Jahren in denen sie beim Radio arbeitet, hat Layla versucht, alles richtig zu machen. Vier Jahre lang hat sie gewissenhaft und sorgfältig Meldungen und Features verfasst, hat über Verkehrsstaus, Steuererhöhungen, Castingshows und Rockbands berichtet, aber das bedeutet nicht, dass sie den Geruch von Problemen nicht erkennen würde. Genau die stehen nun am anderen Ende der Leitung und atmen schwer durch den Hörer. Probleme – jede Menge davon. Später wird sie sich wünschen, sie hätte nicht gefragt, doch vielleicht haben die Leute recht, die behaupten, man trifft sich immer zweimal im Leben.

»Omar! Ja, ich erinnere mich an dich. Warum rufst du an?«

»Okay, sehen Sie, *Sayeda*, es ist nämlich so. Ich bin jetzt in Jerusalem, aber ich stecke in Schwierigkeiten. Also eigentlich nicht ich, sondern mein Bruder Majed. Ich dachte, vielleicht können Sie mir helfen. Wo Sie doch bei der Presse sind und so.«

Die Luft im Redaktionsbüro ist stickig, und ein Falter muss sich in den Lamellen der Jalousie verfangen haben. Layla hört seine Flügel gegen das Plastik schlagen und sie weiß, sie sitzt in der Falle. Es ist nicht gerade so, als hätte sie keine eigenen Probleme. Etwa die Benzinrechnung, die viel zu hoch ist, weil Layla jeden Abend kilometerweite Umwege fährt, nur um nicht nach Hause zu müssen. Oder die Tatsache, dass sie jede einzelne Nacht Fußspuren im Schnee hinterlässt. Letzte Nacht hat sie im Traum versucht, einen Stacheldrahtzaun zu berühren. Ihre Hand zuckte zurück, als flösse Strom durch den kalten Draht, und als sie aufwachte, war ihre Handfläche blutig. Winzige Blutstropfen, aneinandergereiht wie Rubine, genau da, wo die Stacheln durch ihre Haut drangen.

»Omar«, Layla seufzt. »Ich kenne deinen Bruder gar nicht. Ich glaube nicht, dass ich dir helfen kann.«

»Sie wollten doch was über den Engel wissen, oder?«

»Über den Engel?«

»Den haben sie nämlich verhaftet. Mit allem Drum und Dran. Er ist im Gefängnis, aber er kann ja nichts dafür. Er ist ein Engel, was soll er denn machen?«

Als Journalistin hat Layla den Ehrgeiz, Reportagen zu Ende zu bringen, doch auch sie erkennt, wann sie in einer Sackgasse steckt. Die Geschichte mit dem Engel war bereits eine verlorene Sache, bevor sie überhaupt begonnen hat. Layla hat ihn nie gesehen, und die wenigen Leute, die es hatten, waren alles andere als gesprächig. Eine Frau hat Layla erzählt, der Engel sei eine Erfindung der Evangelikalen, die sich damit ein bisschen interessant machen wollten.

»Warte mal, der Engel wurde verhaftet? Ich dachte den gibt's gar nicht.«

»Klar gibt's den. Aber jetzt steckt er ganz schön in der Tinte.«

»Und was hat das mit deinem Bruder zu tun?«

»Ja also sehen Sie, es ist so. Der Engel ist jetzt im Gefängnis drüben in Ashkelon, im selben Gefängnis in das sie meinen Bruder gesteckt haben. Und ich dachte, wo Sie doch eine Story über den Engel machen und so, vielleicht können Sie ihn ja da wieder rausholen. Und wenn Sie schon dabei sind, vielleicht können Sie meinen Bruder auch gleich mit rausholen? Ich hab nämlich echt Angst um ihn, wissen Sie?«

»*Bismillah*, Omar! Wie soll ich das denn machen?« Laylas Stimme klingt matt, sogar in ihren eigenen Ohren. Im staubigen Licht des Nachmittags kann sie sehen, dass ihr Kaktus, der in einer Untertasse auf ihrem Schreibtisch steht, eingeht.

Ihrer Meinung nach, gehen fast alle Dinge schief, wenn man ihnen nur genügend Zeit gibt. Du gehst friedlich deiner Wege, denkst an nichts Böses, aber während du ahnungslos herumtappst, kommt wahrscheinlich schon irgendein Unheil auf dich zu und wenn du es bemerkst, ist es schon zu spät.

»Sie schaffen das schon, *Sayeda!* Ich helfe Ihnen. Kommen Sie einfach am nächsten Freitag bei mir vorbei. Wir treffen uns am Damaskustor! Um zehn.«

»Omar!«

»Bis dann! Man sieht sich.«

Schon immer hatte Layla die Fähigkeit, blitzschnell Entscheidungen zu treffen. Nachdem beispielsweise ihr Vater Mahmoud ins Koma geprügelt wurde und ihre Mutter daraufhin hysterisch wurde, traf Layla damals rasche Entscheidungen, die genug Kraft zu haben schienen, um sich und ihre Eltern über die schwierigste Zeit hinwegzubringen. Sie hatte mit dem Polizisten sprechen müssen, der ihr mitteilte, dass ihr Vater womöglich sterben würde. Die Männer, fanatische Nationalisten, die mit Eisenstangen auf ihren Vater eindroschen, schrieben anschließend mit Sprühfarbe *Tod dem Feind* auf die Hauswände des Dorfes, doch der Polizist erklärte, dass es keine Beweise für ein Hassverbrechen gäbe, obwohl man nicht nur das Haus, sondern auch den alten Lieferwagen ihres Vaters mit Parolen beschmiert hatte, die selbst mit dem schärfsten Reinigungsmittel nicht zu entfernen waren. Danach sagte Layla zu ihrer Mutter, sie müsse mindestens die Hälfte der Obstbäume verkaufen, denn von nun an könnten sie nur so viel behalten, wie sie selbst bewirtschaften konnten. Sie war diejenige, die die Dinge in die Hand nahm, die wenigen Ersparnisse zählte und rasch kalkulierte. Damals hatte sie genau denselben Ausdruck im Gesicht wie jetzt: eine verbissene Konzentration gemischt mit eisernem Willen. Ihre besonnenen Entscheidungen brachten sie und ihre Mutter Sabah durch die langen Monate, bis ihr Vater schließlich die Augen wieder aufschlug und nach Hause kam. Nie zeigte er einer von ihnen seine Narben, weder die inneren, noch die äußeren, denn den starken Willen hatte seine Tochter von ihm geerbt.

Wann immer Layla später an der Hauswand vorbeiging, auf der ihr Tod und der ihrer Familie gefordert wurde, musste sie das Gesicht abwenden. Vor ein paar Jahren hat ihre Mutter an der Stelle Glyzinien gepflanzt, die an der Wand entlangranken, doch das bewirkte nur, dass Layla die blassblaue Farbe der Blüten bis heute mit den blauen Flecken auf dem Rücken ihres Vaters in Verbindung bringt.

»Gib mir die Engelsgeschichte zurück«, sagt Layla zu ihrem Boss. Ihre Stimme klingt merkwürdig selbstbewusst.

»Wirklich?« Amir betrachtet Layla prüfend, aber es ist unmöglich, ihren Gesichtsausdruck zu deuten. »Ich denke, die Story sei tot.«

»Sie ist nicht tot. Sie sitzt nur im Knast.«

* * *

Lior Orly sitzt in seinem Büro am Schreibtisch und ist voll und ganz in die Betrachtung der grauen Dämmplatten an der Zimmerdecke vertieft. Die Studentinnen aus dem ersten Semester, die ihn vom Flur aus durch die Glasscheibe beobachten, nehmen an, dass er tief in Gedanken zu seiner nächsten Vorlesung versunken ist, aber die Wirklichkeit ist viel profaner. Als er jung war, in der Zeit ziemlich unmittelbar nach seinem Militärdienst, experimentierte er eine ganze Weile lang mit verschiedenen Drogen, was der Grund dafür ist, warum es Momente gibt, in denen er für eine Weile innehalten und nachdenken muss. Dann starrt er gern vor sich hin und fragt sich, wie um alles in der Welt er nur in dieses Leben geraten ist. Er weiß genug über das menschliche Nervensystem, um zu wissen, was LSD im Gehirn anrichten kann, und er findet, dass er noch recht gut weggekommen ist.

Während er sich mit zurückgelegtem Kopf und herunterhängenden Armen auf seinem Stuhl im Kreis dreht, denkt er an die Frau, die er letzte Woche am Hafen von Tiberias gesehen hat. Er hat sie nicht angesprochen, ist der Situation ausgewichen, so wie er es immer tut, weil er zu feige ist, die Gelegenheiten zu ergreifen, die sich ihm bieten. Jemand hat ihm mal gesagt, er habe Angst davor zu bekommen, was er sich wünscht, weil er sich dann anstrengen müsse, es zu behalten und deswegen gebe er sich lieber mit mittelmäßigen und halbgaren Dingen zufrieden, bei denen es nicht schlimm sei, wenn er sie wieder verliere. Wahrscheinlich trifft es das ganz gut. Genau dieses ziellose Verhalten hat ihn schließlich in dieses öde Büro auf dem Campus der Universität von Tel Aviv geführt, wo er als Doktorand die Arbeiten von Studenten korrigieren muss, die von seinem Fachgebiet Neurobiologie etwa so viel verstehen wie er von der Liebe – nämlich gar nichts. Es ist ihm bis heute schleierhaft, wie er Dozent im Fachbereich Biologie werden konnte, wo ihn doch weder Bewegung noch Wachstum interessieren – zwei der fünf Dinge, die ein Lebewesen ausmachen. Bisher hat er nur für den Moment gelebt, für kurzweilige Vergnügungen und belanglose Begegnungen mit Frauen, die weit weniger oft in seinem Bett endeten, als er bereit wäre zuzugeben. Im Grunde, denkt er, ist er genau wie dieser Bürostuhl, der sich nur ziellos im Kreis dreht. Er ist es so leid, dass das Leben einfach an ihm vorbeizieht. Wenn er diese Frau jemals wiedersieht, wird er direkt auf sie zumarschieren und sie fragen, ob sie ihn heiraten will. Und wenn er dafür kämpfen muss, nun, dann wird er es eben tun.

Die Studentinnen, die ihn draußen vor der Tür anschmachten, schwören allesamt, er sei der süßeste Typ im Stadtgebiet von Tel Aviv. Zwar ist er eher mager, und seine Schultern sind vom vielen Sitzen am Computer verkrampft, doch er hat etwas Entwaffnendes an sich. Es gibt Frauen, die so von ihm besessen sind, dass sie seine Telefonnummer auswendig gelernt haben und die alles dafür getan hätten, damit er sie beachtet. Die Kellnerinnen in den Cafés rund um den Campus kennen ihn und schenken ihm immer kostenlos Kaffee nach, wenn er sein Frühstück bestellt, doch er ist so zerstreut, dass er all die Aufmerksamkeit überhaupt nicht bemerkt. Zunächst einmal ist er so gutherzig, dass Menschen sich einfach zu ihm hingezogen fühlen und ihm vertrauen. Es ist schon vorgekommen, dass wildfremde Leute ihm einfach so ihr Herz ausschütten, sogar Männer. Alle alten alleinstehenden Damen in seiner Nachbarschaft rufen ihn an, wenn eine Glühbirne gewechselt werden muss, oder der Wasserhahn tropft, und er nimmt sich immer genug Zeit, um mit ihnen ein Weilchen zu plaudern. Er kann gut zuhören und ist so großzügig, dass seine Freunde sich bereits Sorgen um ihn machen.

Sein ganzes Leben lang hat Lior Angst gehabt, das zu verlieren, was er wirklich liebt, und so hat er es vermieden, sein Herz an Menschen zu hängen. Als sich seine Eltern trennten, versicherte ihm seine Mutter, dass niemand etwas verloren habe, weil Trennung nicht dasselbe wie Scheidung bedeutete. Aber Lior wusste genau, was er verloren hatte, er hat es von dem Moment an gewusst, als sein Vater Mordechai begonnen hat, zu viel zu trinken und später dann zu viel zu beten. Schon immer war sein Vater schweigsam gewesen, doch als ein fanatischer Ausdruck seine Augen und ein dichter Bart sein Gesicht verdunkelte, wusste Lior, dass er nicht zurückkommen würde. Er hat gewusst, was er verloren hat, als seine Mutter aufgehört hat, *Shalom Chaverim* beim Kochen zu singen und stattdessen einen harten Zug um den Mund bekam. Damals hat er beschlossen, niemals herausfinden zu müssen, was Scheidung bedeutet, und der einfachste Weg schien ihm damals, sich gar nicht erst zu verlieben.

Bis vor kurzem ist ihm das auch gelungen, doch nun ist er so durcheinander, dass er angefangen hat, unabsichtlich Dinge kaputt zu machen. An der Tankstelle griff er nach dem Zapfhahn und riss versehentlich den gesamten Schlauch aus der Säule. In seinem Stammcafé verschüttet er regelmäßig seinen Kaffee, als ob ihm seine Hände nicht mehr gehorchen würden, und jeder Kugelschreiber, den er anfasst, zerfällt zwischen seinen Fingern in seine Einzelteile. Neulich wollte er in seiner Vorlesung eine Skizze der Amygdala an die Tafel zeichnen, doch die Kreide zerbröselte zwischen seinen Fingern wie morsche Knochen. Lior stand eine Weile reglos vor der leeren Tafel, die zerbrochene Kreide noch in der Hand, bevor er sich zu seiner Klasse umwendete und die Stunde vor der Zeit beendete. Da wurde ihm klar, dass er in großen Schwierigkeiten steckt, denn eine Wahrsagerin drüben in Jaffa hat ihm einmal prophezeit, wenn er sich verliebe, dann würde es für immer sein. Damals hat er über die Vorstellung gelacht, doch jetzt weiß er, dass sie recht gehabt hat. Er ist tatsächlich ein hoffnungsloser Fall.

»Du bist ein hoffnungsloser Fall«, bemerkt Dror, als sie sich nach der Arbeit am Strand treffen. Die Sonne steht bereits tief am Himmel, doch noch immer ist die Luft heiß und zum Schneiden dick. Sie haben ihr Lager an der Mauer aufgeschlagen, nicht weit entfernt von der Strandbar. Von dort aus hat man das Meer und vor allem die Liegestühle gut im Blick, auf denen sich braungebrannte Frauen die langen Beine mit Sonnenöl einreiben. Dror hat die rechte Faust in den warmen Sand gestemmt und macht einarmige Liegestütze. Für seinen Beruf bei der Polizei braucht er die dicken Muskelpakete nicht, da zählt die geladene Pistole an der Hüfte mehr als ein kräftiger Bizeps, doch für sein Liebesleben ist ein gestählter Körper von Vorteil.

»Wo war ich?«

»Achtundvierzig.«

Dror absolviert zwei weitere Push-ups und lässt sich dann schwer atmend in den Sand fallen.

»Du hast die Kleine gerade mal zwei Sekunden gesehen und hältst dich für verliebt? Du brauchst eine Nacht mit Marsha, das kuriert dich von allen Gefühlen, mein Freund.«

Marsha ist die Besitzerin von Liors Stammkneipe, und er weiß aus sicherer Quelle, dass sie nicht auf Männer steht. Als Lior nicht antwortet, unterbricht Dror seine Rumpfbeugen und blickt ihn an. »Heilige Scheiße, du bist wirklich verliebt!«

Die Sonne rutscht tiefer und zerfließt im Meer, eine Lache aus goldenem Licht. Draußen auf dem Wasser zeichnen sich dunkel die Silhouetten der Surfer ab, die sich um die wenigen guten Wellen balgen. Lior hingegen ist so versunken in den Anblick des Blütenregens, der urplötzlich aus dem Nichts erschienen ist, dass er nicht mitbekommt, dass Dror aufgestanden ist und seine Sporttasche über die Schulter wirft. Die weißen Blüten rieseln noch immer durch die abgestandene Luft, doch Dror scheint sie nicht zu bemerken.

»Da gibt es noch ein anderes Problem«, sagt Lior, als die Vision verschwunden ist. »Ich glaube, ich werde verrückt.«

»Das, mein Freund, ist dein geringstes Problem, glaub mir.«

∗ ∗ ∗

Binti – Tochter, sagt Sabah, als sie den alten Toyota die Straße heraufkommen hört. Sie weiß, dass es Layla ist, das erkennt sie am Fahrstil. Ihre Tochter fährt immer, als müsste sie eine Armee von Feinden umdonnern, sie schneidet die Kurven, dass die Kiesel nur so spritzen, doch heute Abend ist sie besonders schnell unterwegs. Als sie in den Hof einbiegt und den Wagen mit einer Vollbremsung zum Stehen bringt, schreckt sie die Vögel in den Palmen auf, die in alle Richtungen davonfliegen.

»Fahr nicht so schnell«, sagt Sabah, die am Tisch unter der Laube sitzt und Petersilie hackt, doch sie sagt es mehr zu sich selbst, denn Layla hat die Wagentür mit solcher Wucht zugeschlagen, dass der Rost auf dem Lack in kleinen Flocken zu Boden rieselt.

»*Binti!*«, sagt Sabah noch einmal, diesmal lauter, als Layla mit langen Schritten auf das Haus zu marschiert.

»Ich werde kündigen!«, sagt Layla, als Sabah vor ihr steht. Sie hat nicht vorgehabt, so damit herauszuplatzen, doch es auszusprechen, macht die Sache wirklicher. Als sie den Gesichtsausdruck ihrer Mutter sieht, weiß sie, dass sie einen Fehler gemacht hat. Ihre Mutter sieht sie mit geweiteten Augen an und greift sich ans Herz. Jetzt, da sie hier mit Sabah im Hof steht, fühlt sich Layla ganz zappelig, so wie es Menschen ergeht, die kurz vor einer Reise stehen. Aus irgendeinem Grund kommt sie sich plötzlich fremd vor in ihrem Zuhause, wo sie lebt, seit sie geboren wurde. Sie hat das Gefühl, als würden hier in der Einfahrt Welten zusammenstoßen. Ebenso gut könnte ein kleiner Meteor neben dem Toyota einschlagen oder ein Einhorn zwischen den Obstbäumen grasen. Layla trägt Bluejeans und eine hellblaue Baumwollbluse, ihr Haar ist ungekämmt wie bei einem Kind, doch als sie ihre Mutter ansieht, kommt sie sich erwachsener vor, als sie sich je in ihrem Leben gefühlt hat. Sabah ist klein und rundlich, und in ihren langen Röcken und mit dem Tuch auf dem Kopf sieht sie aus wie eine kleine Henne, doch ihre braune Haut spannt sich noch immer straff über die hervorstehenden Wangenknochen, und ihr schwarzes Haar unter dem Kopftuch hat nur ein paar vereinzelte weiße Strähnen.

Sabah ist der Meinung, Allah halte für jedes Problem eine Lösung bereit, auch wenn diese oft nicht ganz so aussehen mag, wie man es sich erhofft hatte. So hätte sie beispielsweise nie damit gerechnet, dass sich ihr eigenes Leben eines Nachts völlig verändern würde. Es war ein kühler Dezember, und im Haus herrschte Feuchtigkeit. Als der Polizist damals anrief, wich sie instinktiv vom Telefon zurück, so wie geprügelte Hunde es tun, selbst dann wenn sie nicht an einer Kette hängen. Als der Polizist sagte, ihr Mann sei schwer verletzt und liege im Koma, glaubte sie ihm kein Wort.

Sabah und ihr Mann Mahmoud waren ein eingespieltes Team und hatten ihren festen Zeitplan, an den sie sich hielten, komme was wolle. Morgens gingen sie hinaus in die Obstgärten, wo sie gemeinsam arbeiteten, bis es für Sabah Zeit war, das Abendessen vorzubereiten. Es gab *Hummus*, Reis mit Tomaten und Auberginen und manchmal ein Huhn. Das Essen nahmen sie immer in der Küche ein, beim Schein einer einzigen Lampe, um Strom zu sparen. Sabah glaubte, ihr Schicksal genau zu kennen. Daher hat sie sich nicht vorstellen können, eine ernste Stimme würde sie mitten in der Nacht anrufen und alles durcheinander bringen. Wie eigenartig, dass es ausgerechnet Layla war, die schließlich die Dinge in die Hand nahm. Ihre Tochter, die so verträumt war, wie die Nacht, nach der sie benannt ist. Wie merkwürdig, dass sie alles, das Haus und den kümmerlichen Rest der Obstgärten, der Tatsache zu verdanken hatten, dass Layla genau das tat, was Sabah und Mahmoud nie gewollt hatten: mit ausgeblichenen Jeans und langen wehenden Haaren durch das Land zu gondeln und wildfremden Leuten ein Mikrophon unter die Nase zu halten.

»Du kannst nicht kündigen«, hört sich Sabah sagen. »Das ist dein Job!«

»Das war mein Job, Mama.«

Layla hat überlegt, durch die Hintertür davonzulaufen, damit sie sich nicht der Kritik ihres Chefs stellen muss, dessen Ego so aufgeblasen war wie die Wetterballons, die manchmal über den Hügeln aufsteigen. Doch als Amir begann, sie vor versammelter Mannschaft wegen der vermasselten Engelsreportage herunterzumachen, stand sie noch an genau der gleichen Stelle, das dunkle Haar von der Klimaanlage aus dem Gesicht geweht, und aus ihren Augen sprang der Zorn. Alle in der Redaktion gingen in Deckung, als Amir anfing, Layla zu beschimpfen. Er wollte wissen, wie man so dämlich sein könne, eine so simple Aufgabe – nämlich einen Engel zu finden und zu interviewen – zu vermasseln, doch Layla zuckte nicht einmal mit der Wimper.

Manche Dinge werden, wenn sie sich einmal verändert haben, nie wieder so wie früher. Zerbrochene Teller, beispielsweise, und Frauen, die einmal eine schwierige Entscheidung getroffen haben. Sabah schnalzt mit der Zunge, als sie diese junge Frau vor sich sieht, die einmal ihr kleines Mädchen war. Sie hatte jahrelang um ein Kind gebetet und mit *Allah* Zwiesprache gehalten, bis sie sicher war, dass er ihre Bitten erhören würde. Als Layla geboren wurde, ahnte Sabah, dass sie nicht um mehr bitten dürfte. Als sei dieses kostbare Kind der einzige Schatz, den sie je in ihrem Leben in den Armen halten würde. Sie war diejenige, an die sich Layla wandte, als die Kinder im Dorf sie an den Haaren zogen und *Majnooni* nannten, die Verrückte. Layla erzählte niemandem davon, wie schrecklich es war, als die anderen sie verfolgten und beschimpften. Sie war erst zwölf Jahre alt, aber sie wusste, dass es eine Schande war, anders zu sein als die anderen. Es war peinlich. Es war etwas, was man verstecken musste. Jeden Tag kam Layla nach Hause und erzählte ihrem *Baba*, dass sie einen schönen Tag gehabt und in der Schule viel gelernt habe. Aber ihre Mutter konnte sie nicht belügen. Sabah erkannte mit einem Blick, was los war, und sie setzte sich mit ihrer Tochter an den Küchentisch und erklärte ihr, Schimpfworte und Hänseleien seien nur etwas für Vollidioten, und sie dürfe sich davon niemals unterkriegen lassen. Sabah hat immer gewusst, dass Layla zu sensibel für diese Welt ist. Während sie ihre Tochter mustert, sind ihre schwarzen Augen klar und ihr Blick scharf. Sie sieht die Vergangenheit und die Zukunft im Gesicht ihrer Tochter – Dinge, die niemand sonst bemerken würde –, und sie erkennt, dass es kein Zurück gibt.

Man muss Sabah zugutehalten, dass sie ein oder zwei Dinge gelernt hat, seit sie sich um ihren Mann kümmern muss, dessen schlimmes Bein an manchen Tagen so sehr schmerzt, dass er nicht aufstehen kann. Schließlich weiß sie, was passieren kann, wenn man nicht zu sich selbst steht. Außerdem waren die Frauen ihrer Familie immer bekannt für ihre Eigensinnigkeit und ihre törichten Entscheidungen. Sie selbst ist das beste Beispiel dafür, hat sie doch einen

Mann mit einem unglaublichen Dickschädel geheiratet, der sich weigert, Hilfe von den Nachbarn oder den eigenen Brüdern anzunehmen, und stattdessen jeden Tag wehmütig auf die Bäume blickt, die ihnen nicht mehr gehören. Ihre Großtante Amira andererseits war vor vielen Jahren zu störrisch, um auf irgendjemanden zu hören. Sie lief mit einem Mann davon, der nichts weiter besaß als zwei Ziegen und einen Koffer, und zog mit ihm in ein elendes Flüchtlingslager hinter der Grenze. Ihre Nichte Amal hingegen lebt seit sieben Jahren alleine in Jaffa und sammelt Scherben, aus denen sie Mosaike formt, die sie dann Kunst nennt. Verglichen damit sind die Eigenheiten ihrer Tochter fast harmlos. Sabahs Meinung nach kann Layla gar nichts falsch machen, auch wenn sie ihr das niemals sagen würde. In ihren Augen ist ihre Tochter vollkommen wie ein Stück des Himmels, das auf die Erde gefallen ist.

»Was hast du jetzt vor?«, fragt Sabah.

»Müssen wir unbedingt darüber reden?«, stöhnt Layla. Sie lässt sich auf den Boden fallen und lehnt sich an den Magnolienbaum, der trotz der Hitze immer noch wie verrückt Blüten treibt. Sie ist sich nicht sicher, wie es jetzt weitergeht. Vermutlich wird sie nach Jaffa zu ihrer Cousine Amal ziehen und versuchen, dort einen Job zu bekommen. Sie muss weg von diesem Dorf mit seiner Enge und seinen Geistern. Weg von den Albträumen. Layla hasst den Gedanken, in der Nähe der Stadt zu wohnen, doch ihr wird es gefallen, am Meer zu leben.

Und dann ist da noch der Engel. Irgendetwas an seiner Geschichte fasziniert sie, und sie möchte herausfinden, was das ist. Layla hat das Gefühl, auf etwas Außergewöhnliches gestoßen zu sein, auf eine Geschichte, die es wert ist, erzählt zu werden. Sie wird diese Reportage machen, koste es was es wolle. Schon allein, um ihrem Boss zu beweisen, dass sie mehr kann als nur belanglose Sendungen über Rockgruppen und gestiegene Lebensmittelpreise, wird sie einen Bericht schreiben, der eines Pulitzer-Preises würdig ist. Vielleicht verkauft sie die Story an eine der ausländischen Medien. *BBC* zum Beispiel. Oder den *Guardian*. Zur Hölle, sie würde sogar für *Haaretz* arbeiten, wenn sie damit ihren Lebensunterhalt bestreiten könnte.

Als sie aufsteht und ihrer Mutter ins Haus folgt, regnen die Blüten der Magnolie langsam zu Boden, legen sich auf die trockene Erde wie kühler Schnee, und als Layla oben in ihrem Schlafzimmer den Koffer packt, da packt sie ein Paar hochhackige rote Schuhe ein, die sie vor einiger Zeit in Haifa gekauft hat. Es war ein heißer Nachmittag im letzten Oktober, und der Bursche in dem Schuhladen gab ihr zwanzig Prozent Rabatt, doch sie hat die Schuhe nie getragen. Irgendwie haben sie nie hierhergepasst, in diese kleine Stadt, wo die Luft vom Geruch der überreifen Früchte so geschwängert ist, dass sie kaum atmen kann, selbst bei Nacht nicht, wenn der Himmel klar ist.

* * *

Manchen Menschen könnte man ein gestochen scharfes Foto zeigen, aufgenommen in dem Augenblick, in dem sie ein Verbrechen begehen, und sie würden trotzdem schwören, sie hätten nichts damit zu tun. Es gibt Mütter, die sich verzweifelt an die Hemden ihrer Söhne klammern, wenn diese von der Polizei abgeführt werden, und die ihr Leben im Tausch gegen ihr Kind anbieten, selbst wenn man ihnen sagt, dass ihre Söhne mehrere Menschen auf dem Gewissen haben. Sie kämpfen um ihre Kinder wie Wölfe, die jedes Geschöpf zu Tode beißen, das es wagt, sich ihren Jungen zu nähern. Und dennoch weiß Chaim Levy, dass es einen Unterschied gibt: Wenn in einem Wolfsrudel ein Junges zur Welt kommt, das missgebildet oder krank ist, mit verbogenem Rückgrat oder einem nicht ausgebildeten Gehirn beispielsweise, dann tötet die Mutter es und frisst es auf. Manche mögen glauben, Wölfe töten ihre eigenen fehlgebildeten Jungen, damit sie nicht leiden. Chaim aber glaubt zu wissen, dass es in Wahrheit umgekehrt ist: Sie fressen ihr Junges, damit es für das Rudel keine Belastung ist. Sie wissen, würden sie den verdorbenen Teil des Wurfs am Leben lassen, so würde er sich irgendwann gegen das ganze Rudel wenden. Schließlich sehen Wölfe die Welt in Schwarz und Weiß, und genau das ist es, was auch Chaim Levy tut.

Nachdem sie den jungen arabischen Burschen verhaftet und das Haus seiner Mutter durchsucht haben, hätte Chaim gern befohlen, es abzureißen. Er weiß nur leider, dass das nicht ganz den Vorschriften entspricht, doch bis dieser Gefangene rechtskräftig verurteilt ist, wird es nicht lange dauern. Technisch gesehen kann man ihm zwar nichts anhängen, da er den Angriff im Grunde nicht wirklich durchgeführt hat, doch hätte man ihn nicht überwältigt, hätte er sicher binnen kürzester Zeit wieder zur Waffe gegriffen, um damit unschuldige Menschen zu ermorden, und deswegen hält er, als Chef der Sicherheitspolizei, die drastische Maßnahme für gerechtfertigt. Solche Typen sind gefährlich, das weiß Chaim nicht erst seit der Grundausbildung. Selbst in einem derart minderbemittelten Kerl, der an sich harmlos wirkt, kann sich ein fanatischer Terrorist verstecken. Meist sind es sogar gerade diese leicht angeknacksten Typen, die mit dem unsteten Blick und den entrückten Augen, die eines Tages ausrasten und mit einem Küchenmesser oder einer geladenen Pistole auf Passanten losgehen. Besser vorsorgen, denkt Chaim. Besser ein Unglück verhindern, bevor es passiert.

An manchen Abenden spürt der Polizist die Last der Verantwortung auf seinen Schultern so stark, dass er nicht einschlafen kann. Dann geht er nach draußen in den Hof, lässt Loretta aus ihrem Zwinger und joggt mit ihr Runde um Runde um den Block. Manchmal läuft er bis zum Hafen, wo die Kräne und Flutlichter der Baustellen in den dunstigen Nachthimmel ragen und wo es selbst in Neumondnächten niemals ganz dunkel wird. Er läuft zwischen Containern und Lagerhallen hindurch, während die Motorengeräusche der Autos in seinem Rücken in einem nie endenden, vertrauten Rhythmus an- und wieder abschwellen. In solchen Nächten denkt er manchmal an den Tod. Er fragt sich, wie er einmal sterben wird. Im Dienst hat er viele Kollegen sterben sehen, durch Kugeln und Messer und manchmal einfach durch Unfälle. Wenn ihn solche Gedanken überkommen, dann läuft er schneller und beobachtet, wie die Scheinwerfer der Autos den Schatten seines massigen Körpers an die Wand werfen und ihn schrumpfen lassen, wenn sie an ihm vorbeirauschen. Er läuft, bis ihm der Schweiß aus allen Poren rinnt, und hält dabei den Blick stets am Boden. Niemals, nicht eine Sekunde lang, blickt er nach oben in den dunklen Himmel.

* * *

Der Gefangene mit der Nummer 290859 kann nicht schlafen, und das liegt schlichtweg an der Tatsache, dass er nicht müde ist. In dieser Zelle gibt es für ihn nichts zu tun. Weder sein Geist noch sein Körper haben in diesem winzigen hellblau getünchten Raum eine Beschäftigung. Die Wände sind blitzsauber und kahl, keine Graffiti, keine hastig hingekritzelten Namen, an denen sich das Auge ausruhen könnte. Kurz vor seiner Verhaftung hat man die Zelle frisch gestrichen, und in der Luft hängt noch immer der Geruch nach frischer Farbe und Frustration. Ein schmales Fenster unter der Decke, zweifach vergittert und unerreichbar, spendet zur Mittagszeit ein fahles Licht. Stellt er sich in einem bestimmten Winkel unter die Luke, dann kann er ein winziges Rechteck Himmel sehen. Während der halben Stunde Hofgang, die Majed zusteht, starrt er immer nur in den Himmel, die vollen dreißig Minuten lang. Er versucht, so viel Sonnenlicht abzubekommen, wie er nur kann, um davon den Rest des Tages und alle einsamen Nächte hindurch zu zehren.

Seit einigen Tagen jedoch hat sich die Monotonie der Nächte verändert, und das liegt an seinem Zellennachbarn, dem Gefangenen Nummer 290858. Im Gefängnis nennen sie ihn nur den Engel. Die Tatsache, dass ihre Zellen nebeneinanderliegen, führt dazu, dass sie auch beim Essen stets zusammensitzen. Daher weiß Majed, dass der Engel oft ein feines Lächeln um die Mundwinkel trägt, so als wäre er eine etwas verwirrte Mona Lisa. Seine Augen blicken entrückt in die Welt, als ob er gerade aus einem besonders intensiven Traum erwacht wäre, und bis jetzt hat er noch zu niemandem gesprochen. Beim Essen rührt er das Fleisch niemals an und hält sich stattdessen an Brot, das er in winzige Stücke reißt, die er langsam und bedächtig, eines nach dem anderen verzehrt. Trotz seiner stummen Verträumtheit, die ihn wie ein Wesen von einem anderen Stern wirken lässt, kommt er Majed wirklicher vor als alles andere in diesem feuchten, kalten Gefängnis. Seit der Engel neben ihm auf der anderen Seite der Wand lebt, hat Majed begonnen, Hoffnung zu schöpfen.

Nachts singt der Engel seltsame und berückend schöne Melodien. Er singt in einer fremden Sprache, verwebt unbekannte Wörter, geheimnisvoll klingende Silben und schraubt die Töne höher und höher in seinem klaren Bariton. Majed, in dessen Leben es nie viel Grund zu singen gab, hat so etwas nie zuvor gehört. Die anderen Gefangenen behaupten, der Engel singe die himmlischen Harmonien. Er singt weder in Arabisch noch in Hebräisch oder in irgendeiner anderen ihnen bekannten Sprache. Latein, vermuten einige Insassen. Andere glauben, er singe in der Sprache Gottes, und die sei nun einmal nicht zu entschlüsseln, da kann man nichts machen. Jeden Abend, sobald das Licht gelöscht ist, ertönen die fremdartigen Klänge. Die Gefangenen halten ihre Ohren an die Zellentüren und jene, die nahe genug sind, seinen Gesang zu hören, schwören bei ihren Müttern, dass sie nie etwas vergleichbar Schönes gehört haben. Selbst die Wärter halten in ihren Patrouillengängen inne und lauschen, seltsam berührt von diesem merkwürdigen Gefangenen, der irgendetwas in ihnen bewegt.

Der Engel selbst ahnt nicht, welche Gefühle er bei seinen Mitgefangenen auslöst. Er liegt auf seiner schmalen Pritsche und blickt an die mit Stockflecken übersäte Decke. Dann öffnet er den Mund und schickt seine Stimme hinaus in die Nacht. Er singt all die Popsongs, die er früher im Radio aufgeschnappt hat, und da er kein Englisch versteht, erfindet er seine eigenen Worte, vermischt die Melodien und verwebt Töne und Silben zu einem nie enden wollenden Lied voller Erinnerungen. Bevor ihm die Augen zu fallen, singt er »Hey Jude« von den Beatles. Es ist sein Lieblingslied.

* * *

Vom Haus von Khaddija Sabateen aus hat man einen eindrücklichen Blick auf die Altstadt von Jerusalem und die goldene Kuppel des Felsendoms, doch das ist auch das einzig Glamouröse an Khaddijas winziger Behausung, in der, je nach Tages- und Jahreszeit, oft sieben und mehr Personen leben. Khaddija ist die erste, die morgens aus dem Bett steigt und die letzte, die sich abends wieder hinlegt. Im Winter ist sie lange vor Sonnenaufgang wach, füttert die Ziegen, brüht Tee auf und kümmert sich um das Essen. Von dem Moment an, in dem sie das Frühstück herrichtet, setzt sie sich keine Sekunde lang mehr hin, ununterbrochen auf Trab gehalten von den Tieren, der Wäsche und dem Herd. Abends stöbert sie ihre Kinder auf, die die Ziegen auf den Weiden rund um den Ölberg hüten, kocht ihnen Reis und Suppe und setzt sich dann an die Näharbeiten, durch die sie ihren schmalen Lebensunterhalt aufbessert. Sie bestickt Tischtücher, Schals und Kissenbezüge, manchmal auch Handtaschen, Geldbörsen und Etuis für Mobiltelefone mit traditionellen Mustern, die ihr Neffe Ahmed dann im Souk von Jerusalem an Touristinnen verhökert. Ihre Tage waren immer einer wie der andere, sie glichen einander wie die Kugeln einer Gebetskette, nur unterbrochen vom Wechsel der Jahreszeiten und den Unwägbarkeiten der Politik. Doch nun hat sich alles verändert. Seit an jenem nebligen Morgen die Männer mit ihren Gewehren kamen, ist nichts mehr so, wie es war. Sie haben ruhig und methodisch die Kommoden und Schränke durchwühlt, die wenigen Bilder von den Wänden gerissen und die Kissen aufgeschlitzt, sodass die Daunenfedern in alle Richtungen stoben. Noch immer findet sie winzige weiße Federn in den Ecken ihres Hauses, die beim leisesten Luftzug durch die Luft wirbeln und dann zu Boden schweben, ganz langsam.

Khaddija betrachtet die kleine weiße Feder, die sie heute Morgen beim Reinemachen gefunden hat, und denkt an ihren Sohn. Sie hat gespürt, dass es Probleme geben würde. Anders als ihr Sohn Malek, der eine Gefahr auch dann nicht erkennen würde, wenn sie sich auf ihn setzte und ihn bisse, weiß Khaddija, wenn von irgendwoher Unheil droht. Malek war immer anders als ihre übrigen Kinder, das war ihr bereits klar, als er noch nicht einmal laufen konnte. Es war nicht nur seine außergewöhnliche Schönheit, die sie oft ratlos zurückließ. Es war auch die Tatsache, dass er keinerlei menschliche Bedürfnisse zu verspüren schien. Er schien weder Hunger noch Müdigkeit zu kennen, und selbst als Baby schrie er niemals, auch dann nicht, als sich eine Biene auf seine Hand setzte und ihn stach. Seine beiden jüngeren Brüder Tarik und Mohammad sind mit ihren zehn und acht Jahren noch solche Schreihälse, dass es selbst den Ziegen manchmal zu viel wird, doch Malek war als Kind so still wie die Libellen über dem Gras. Als er klein war, setzte sie ihn oft einfach in eine Ecke, wo er ruhig sitzen blieb und die Räder seines kleinen Spielzeugautos drehte, bis es Zeit war, ins Bett zu gehen. Dort schaukelte er sich selbst in den Schlaf, oft jedoch mit solcher Wucht, dass Khaddija fürchtete, er könne mit seinem grob gezimmerten Babybettchen durch die Wand brechen wie ein Bulldozer. Als Malek älter wurde, begannen die Wutanfälle, die ihn und alle in der Familie oft erschöpft zurückließen. Doch die Anfälle kamen nie aus heiterem Himmel. Wer genau hinsah, der erkannte, dass Malek immer dann zu toben begann, wenn er ein Unrecht beobachtete. Es spielte keine Rolle, ob es sich um einen seiner Brüder handelte, der von seinen Spielkameraden verprügelt wurde, oder um die Schmerzen eines alten Esels, dem mit Stöcken blutige Wunden zugefügt wurden.

Wenn Malek sah, dass irgendeinem Geschöpf Leid angetan wurde, rastete er einfach aus. Seine Fäuste ballten sich, und aus seinen weit aufgerissenen schwarzen Augen liefen Tränen, während er knurrte und um sich schlug wie ein Tier.

Daher glaubt Khaddija auch nicht, dass ihr Sohn schwachsinnig ist, wie die Nachbarn behaupten. Sie weiß, dass er seine Umgebung wahrnimmt und dass er genau beobachtet, was vor sich geht. Sie hat ihn sprechen hören, als er sich unbeobachtet glaubte, und was sie hörte, waren Worte, so klar wie ein Gebet. Ihr Sohn rezitierte keine Suren aus dem Koran, und doch sprach er in Versen, eindrücklich und voller Weisheit. Khaddija hörte ihm lange zu, wie er zu den Bäumen und den Ziegen predigte, lauschte auf die Worte, die aus seinem Mund tropften, und erst als er geendet hatte und in seiner üblichen Geistesabwesenheit ins Haus gegangen war, wurde ihr klar, dass sie nicht ein Wort von dem verstanden hatte, was er sagte.

Für sie hat ihr Sohn das Herz eines Weisen, den Zorn eines Propheten und den Verstand eines Kindes, doch was die Sache wirklich kompliziert macht, ist, dass er seit sieben Wochen im Gefängnis sitzt.

Malek ist schon öfter für einige Tage verschwunden, meist wanderte er in der Zeit traumverloren durch die Gassen Jerusalems, wo solch ein Verhalten wahrlich nichts Ungewöhnliches ist. Gelegentlich versteckt er sich auch zwischen den Olivenbäumen, wo er tagelang bleibt und den Vögeln zuhört. Einmal musste Khaddija ihn am Checkpoint nach Bethlehem abholen, wo die Soldaten ihn festhielten, weil er keine Papiere bei sich hatte und sich wunderlich benahm. Man sperrte ihn in eine Baracke und versuchte ihn zu verhören, doch Malek kauerte sich zusammen wie er es immer tut, wenn er sich fürchtet und wiegte sich auf seinem Stuhl ängstlich hin und her. Am Ende befragten die Soldaten die Händler in der Altstadt und bekamen so heraus, wo er wohnte und Khaddija, die nicht ein Wort Hebräisch sprach, musste einen ihrer Söhne bitten, sie zu begleiten, um Malek abzuholen. Man brachte sie in ein dunkles, fensterloses Büro, wo sie stundenlangen Verhören ausgesetzt waren, ehe sie ihren Malek wieder mit nach Hause nehmen durften. In solchen Momenten wünscht sich Khaddija, ihr Mann wäre noch am Leben, doch wenn sie ehrlich ist, weiß sie auch nicht, wie er ihr hätte helfen können. Sie weigerte sich, den Soldaten zu sagen, dass Malek schwachsinnig sei, auch wenn jeder sehen konnte, dass mit ihm etwas nicht stimmte. Unter Tränen beharrte sie darauf, ihnen zu erklären, dass ihr Sohn etwas Besonderes war – ein von Gott gesandtes Geschöpf, das mit den irdischen Gegebenheiten schlichtweg überfordert war. Das wiederum hatte freilich nur zur Folge, dass die Soldaten ihn nun für so etwas wie einen religiösen Fanatiker halten, und vielleicht war das der Grund, warum sie ihn eingesperrt haben.

Diesmal, hat der Polizist zu ihr gesagt, würde ihr Sohn nicht so leicht davonkommen. Man hat ihn in Tiberias aufgegriffen, wo er einen Soldaten angegriffen hat, und das hat ihm schnurstracks eine Zelle im Staatsgefängnis von Ashkelon gesichert. Ihr Sohn habe Glück gehabt, sagte der Polizist, dass er nicht gleich vor Ort erschossen wurde, denn bei Terroristen verstehe der Staat Israel absolut keinen Spaß. Ihr Herz sagt ihr, dass sie froh sein kann, dass Malek noch lebt. Doch sie weiß auch, dass sie alle in Schwierigkeiten stecken. In größeren Schwierigkeiten als jemals zuvor.

* * *

Vom Küchenfenster der Wohnung aus blickt Layla nach unten auf die Straße, in der sich der vom Wind herangewehte Abfall türmt. Amals Wohnung liegt mitten in Jaffa in einer etwas heruntergekommenen Gegend, aber Layla stört sich nicht an dem Lärm der Nachbarn oder an den Autoabgasen, die durch das Fenster wehen. Die Wahrheit ist, dass sie erleichtert ist, dem Duft der Aprikosen und dem Rauschen der Fächerpalmen entronnen zu sein.

Im Haus gegenüber hat gerade ein Café eröffnet, einer dieser neumodischen Läden, in denen Frozen Yoghurt und gesunde Säfte auf der Basis von Weizengras und Algen verkauft werden. Der Besitzer, offenbar ein Amerikaner, ist gerade dabei, das alte Firmenschild des Voreigentümers zu entfernen. Früher, so jedenfalls sagt es der Schriftzug, war hier der Gemischtwarenladen eines gewissen Osama Khamis zu finden. Layla fragt sich, wie viel Geld Osama Khamis für den Verkauf seines kleinen Ladens bekommen hat, und ob er traurig darüber ist, dass hier bald Touristen auf kleinen Basthockern sitzen, gefrorenen Joghurt essen und grünen Schleim trinken werden.

Der Amerikaner hat das Schild endlich abmontiert und versucht es umständlich auf die Ladefläche eines Lasters zu laden, auf dem bereits ein großer Haufen Schrott liegt. Ein paar feixende Jungen sehen ihm dabei zu und feuern ihn auf Arabisch an. Als er sich mit dem langen Schild auf den Schulter umdreht, trifft er damit, ohne es zu bemerken, eines der Kinder am Kopf und wirft es um. Als er es heulen hört, macht er erschrocken kehrt und will ihm aufhelfen, doch dabei rammt er versehentlich das hintere Ende des Schildes in einen der anderen Jungen, der ebenfalls umfällt und ein paar seiner Freunde gleich mit ins Verderben reißt. Der Cafébesitzer hält verwirrt inne, um sein Schild abzustellen, was zur Folge hat, dass sich die wenigen Passanten in der Gasse schleunigst in Sicherheit bringen.

»Der Typ kommt aus New York oder Texas oder aus irgendeinem anderen Kaff in Amerika, und er hält sich für Gott oder so, nur weil er reich ist«, hat ihr Amal an ihrem ersten Abend erklärt und dabei verächtlich auf das frisch renovierte Café geblickt. »Seit diese Idioten hier ihre hippen Läden eröffnen, wird alles immer teurer, und irgendwann wird es wieder heißen, man hätte ja nichts dagegen, dass Araber in diesem Viertel wohnen, es ist nur so, dass die sich die Preise hier einfach nicht leisten können.«

In Laylas Augen wirkt der Amerikaner ein bisschen verloren, wie er da unten mit seinem Schild auf der Straße steht. Er sieht tatsächlich aus wie das Abziehbild eines Amerikaners, mit seinen Khaki-Hosen und dem glattrasierten Gesicht, aus dem der Optimismus ein wenig gewichen ist. Er benimmt sich auch haargenau wie ein Amerikaner. Bei seinem tollpatschigen Versuch, das erste Kind aufzuheben, das er umgeworfen hatte, stieß er die anderen um, und in kürzester Zeit hatte er mehr Schaden angerichtet, als man es je für möglich gehalten hätte. Damit gleicht der Mann seinem Heimatland in beinahe jeder Hinsicht, stellt Layla fest.

Seit sie hier ist, ist Layla zynischer denn je. Das liegt vor allem an Amal, die keine Gelegenheit auslässt, die Umstände anzuprangern, unter denen die Palästinenser im Allgemeinen und sie selbst im Besonderen leben. »Weißt du, was passiert, wenn du durch Tel Aviv mit einer *Kefije* oder einem *Hijab* läufst?«, hat sie Layla an jenem ersten Abend gefragt. »Du wirst angespuckt. Ja, im Ernst.« Das bezweifelt Layla, doch sie hat sich nicht die Mühe gemacht, ihrer Cousine zu erklären, was der Grund war, warum sie im ersten Semester ihres Studiums aufgehört hat, das Kopftuch zu tragen. Sie wollte einfach nicht anders aussehen als die anderen. Überhaupt hat sie Amal bislang noch nicht viel erklärt, und das war auch gar nicht nötig. Amal fragte nicht, was Layla dazu bewogen hat, zu ihr nach Jaffa zu ziehen, sie kochte einfach eine Kanne starken schwarzen Tee und beschränkte sich darauf, Gesellschaftskritik zu üben. Amal trägt gern weite Haremshosen und darüber die traditionelle Tracht palästinensischer Frauen. Um ein Statement abzugeben, wie sie selbst sagt. Amals Ansicht nach hat Layla ihr Dorf aus genau denselben Gründen verlassen wie sie selbst damals. Um der Enge und der Kleingeistigkeit zu entfliehen, die ihren kreativen Geist in Ketten hielten, wie sie Layla zwischen zwei Zügen von ihrer Zigarette erklärte. »Außerdem kannst du mit den Männern da absolut nichts anfangen, die wollen nur einen Stall voll Kinder und eine Frau, die ihnen *Kibbeh* macht. Ich hasse *Kibbeh*.« Im Grunde ist Layla erleichtert, dass ihre Cousine keine Fragen stellt. So muss sie nicht darüber sprechen, wie verwirrt und matt sie sich fühlt. Sie fühlt sich wie ein umgekippter Baum, dessen Wurzeln bloß liegen, getrennt vom schützenden Erdreich, glatt geschliffen von Erosion und winterlichen Regenfällen.

In der ersten Nacht schlief sie tief und traumlos auf Amals Couch im Wohnzimmer. Als sie am Morgen vom Verkehrslärm geweckt wurde, weinte sie beinahe vor Erleichterung. Der Albtraum war endlich vorüber. Rasch stand sie auf, um sich das Haar zu bürsten und einen Spaziergang zu machen. Doch als sie sich ankleidete, fand sie Asche in den Spitzen ihrer roten Schuhe und seither hinterlässt sie überall, wo sie hingeht, eine Spur aus grauem Staub. Das Schlimmste an der ganzen Sache ist, dass sie keine Ahnung hat, warum ausgerechnet ihr diese Dinge widerfahren. All die schwarze Asche und der Schnee und das viele Blut – in dieser monochromen Landschaft ihrer Albträume sieht es so aus, als hätte jemand alle anderen Farben einfach ausradiert. Sie sucht nach der Ursache, die all diese Trauer verursacht hat, aber sie findet sie einfach nicht.

An diesem Morgen dringt die Dämmerung durch die staubigen Vorhänge und malt Streifen an die Wand. Layla setzt Kaffee auf und betrachtet ihr Spiegelbild in der verchromten Kanne. Das ist keine vorteilhafte Tageszeit für sie, so viel steht fest. Es ist sechs Uhr morgens, und Amal schläft noch. Ihre Cousine steht selten vor zehn Uhr auf, da sie sich erst gegen Mittag auf den Weg zu ihrem Tagesjob machen muss. Sie arbeitet in dem Falafelladen am Ende der Straße und hat versprochen, auch Layla dort einen Job zu besorgen.

Doch heute hat Layla keine Zeit für ein Vorstellungsgespräch bei Ephraim, dem Besitzer der Imbissbude. Es ist Freitag, und um zehn Uhr ist sie mit Omar verabredet. Sie will den ersten Bus nach Jerusalem erwischen, was bedeutet, dass sie ein Taxi bis zum Bahnhof nehmen und sich durch den dichten Verkehr von Tel Aviv kämpfen muss.

Während sie ihren Kaffee austrinkt, geht sie ihre Notizen durch. Heute, im Licht dieses dunstigen Morgens, fühlt sie sich mehr als Journalistin denn jemals zuvor. Sie hat sich vorbereitet, hat Fragen notiert und Fakten recherchiert. Selbst ihr ist klar, dass sich die Geschichte völlig wahnsinnig anhört, doch – Engel hin oder her – sie hat Omar versprochen, pünktlich zu sein. Und wenn man es genau nimmt, ist die Geschichte eines wundertätigen Engels weit weniger sonderbar als die Tatsache, dass sie auch heute Morgen durch die Asche ihrer eigenen Träume watet.

Manchmal fragt sich Layla, ob sie vielleicht einen Psychiater aufsuchen sollte. Bei dem Gedanken daran, was ein Arzt sagen würde, wenn sie ihm erklärt, dass ihr der Staub aus ihren Albträumen an den Füßen haftet, muss sie lachen. Aber eines steht fest: Mit Verrückten kennt sie sich aus. In der Wohnung unter ihnen wohnt eine mittelalte französische Dame und ein weißer dicker Pudel mit Silberblick, der Lulu heißt. Sein Fell kräuselt sich an den Seiten zu sepiafarbenen Kringeln, sodass er von oben aussieht wie eine quadratische Briefmarke, die an den Rändern schon etwas vergilbt. Die anderen Bewohner hassen das Tier leidenschaftlich, da er im Treppenhaus ständig die Wand ankläfft. Das liegt an seiner Augenfehlstellung, verteidigt die Dame ihren Hund, er kann nicht richtig sehen, was vor ihm ist, weil er so schielt. Die anderen Hausbewohner, so vertraute Amal Layla an, hätten schon mehrmals versucht, Lulu den Garaus zu machen (Wie?, fragt sich Layla. Haben sie versucht, ihn zu zertreten? Zu ersticken? Zu zerreißen?), aber leider habe es nie funktioniert. Layla hat nichts gegen den Hund, obwohl das Bellen auch sie aus dem Schlaf reißt. Doch sie findet es tröstlich, ein Lebewesen in der Nähe zu wissen, das offensichtlich ganz ähnliche Wahnvorstellungen hat wie sie selbst. Es ist zum Verrücktwerden. Sie ist noch keine dreißig, und schon tropft der Wahnsinn aus ihr wie aus einer lecken Kanne. Sie war naiv zu denken, dass sie den Bildern davonlaufen könnte. Und doch hat sich etwas verändert. Seit sie hier ist, fühlt Layla sich zu gleichen Teilen befreit und verloren, ein Gefühl, das sie gar nicht mal so schrecklich findet.

Als sie geht, macht sie sich nicht die Mühe, ihr Haar zu frisieren, sondern bindet es einfach mit einem Gummiband zusammen, nimmt ihre Tasche und schließt die Wohnungstür hinter sich. Da sie es gewohnt ist, früh aufzustehen, weiß sie ganz genau, wie die Welt um diese Morgenstunde aussieht. Da gibt es einen goldenen Streifen Licht am östlichen Horizont, zwischen dunstigem Grau, und dann, plötzlich, ehe man sich's versieht, ist der Himmel weit offen und strahlend blau.

* * *

Für jeden, der die Stadt zum ersten Mal besucht, hat der Sonnenaufgang über Jerusalem etwas Magisches. Wenn die Sonne über den uralten Mauern aufgeht und die Dächer der Stadt noch goldener färbt, kommt es manchmal vor, dass die Leute aus unerfindlichen Gründen zu weinen beginnen. Doch für gewöhnlich ist Jerusalem um diese Zeit noch ruhig. In den Gassen des arabischen Viertels beginnen die Besitzer der Souvenirläden damit, die eisernen Rollläden vor ihren Geschäften hochzuziehen, und die Nonnen, die in dem Hospiz Zur Heiligen Familie arbeiten, sind damit beschäftigt, den Innenhof zu fegen und die Kapelle für die sonntägliche Messe vorzubereiten. Niemand bemerkt die beiden Jungen, die auf dem Dach des Hospizes sitzen und vergnügt die nackten Beine baumeln lassen.

»Ich versteh das nich.«

»Was denn?«

»Son Idiot gräbt ein Loch.«

»Wasn fürn Loch?«

»Na, keine Ahnung, irgendein Loch halt. Der schaufelt und schaufelt und wird nicht fertig.«

»Was fürn Idiot.«

»Sag ich ja.«

»Warum lieste überhaupt so ne doofe Geschichte?«

»Is ja keine Geschichte, is ne Aufgabe in meinem Rechenbuch. Ich soll ausrechnen wie lang er braucht für das Loch.«

»Wie lang gräbt er denn schon?«

»Ne Weile. Sechzehn Eimer lang schon.«

»Son Idiot. Der wird nie fertig. Machs Buch zu und komm rauchen.«

Von dem Dach aus hat man einen perfekten Rundumblick auf die Altstadt von Jerusalem und die umliegenden Hügel. Omar und sein Freund Tarik sitzen am Rand der Brüstung, von wo aus sie die wenigen Touristen gut im Blick haben, die die frühen Morgenstunden nutzen, um Jerusalems einzigartigen Zauber, wie es in den Reiseführern heißt, zu erleben.

»Stehlen will ich aber nicht«, sagt Tarik und zieht probeweise an seiner Zigarette. Schuldbewusst denkt er noch immer an seine Mathematikaufgabe. »Meine Mutter sagt, ich soll nicht die Schule schwänzen, sonst wird nichts aus mir.« Er hustet.

Omar klopft ihm freundschaftlich auf die Schulter, so fest, dass Tarik sich festhalten muss, um nicht vom Dach zu fallen.

»Keine Sorge, Tarik. Ich bin gut im Rechnen, ich brings dir schon bei. Und klauen tun wir nicht, das hab ich dir doch erklärt. Wir bieten Dienstleistungen an, verstehst du? Stadtführungen und so. Für fünfzehn Schekel einmal durch den Souk und hier hoch aufs Dach, damit sie Fotos von *Qubbat as-Sachra* machen können, da stehen die Touristen drauf. Wenn wir das zehnmal am Tag machen, verdienen wir einen Haufen Geld. Stell dir vor, was wir uns damit kaufen können! Mobiltelefone und Computerspiele, und später können wir unseren eigenen Laden aufmachen.« Omar sonnt sich in der Bewunderung seines Freundes. »Wir sind jetzt Geschäftspartner, verstehse?«

»Klar! Meine Mutter kann das Geld gut gebrauchen. Sie näht sich schon die Finger wund.«

»Wir kaufen deiner Mutter einen Palast, ich versprech's!

Ich muss bald nicht mehr Teppiche schleppen, und du brauchst nicht mehr nachrechnen, wie lange einer braucht, um ein Loch zu graben. Wir werden bestimmt reich.« Omar schnippt seine Zigarette fort und steht auf. »Ich muss jetzt los, die *Sayeda* treffen.«

»Kann ich mitkommen?«

»Nein, das ist nichts für dich. Wir haben Geschäftliches zu besprechen, die *Sayeda* und ich. Aber ich erzähle dir alles später. Bis dann!«

Omar schwingt sich über die Brüstung, klettert leichtfüßig die schmale Eisenleiter hinunter, die auf das Dach führt, und verschwindet in den engen Gassen des Souks.

* * *

Als Layla in Jerusalem aus dem Bus steigt, ist die Luft so drückend, dass es ihr vorkommt, als würde sie direkt dagegenprallen. Sie hat angenommen, dass es hier oben in den Bergen kühler sein würde, doch sie hat sich getäuscht. Der April ist mit einer Gluthitze zu Ende gegangen und seit Februar hat es nicht mehr geregnet. Bevor sie es verhindern kann, denkt Layla an die Obstbäume zu Hause, die bei diesem Wetter in der staubigen Hitze sicher die Blätter hängen lassen. Sie denkt an den Zitronenbaum, der im Sommer mehrmals täglich gegossen werden muss, und dessen Früchte so intensiv duften, dass jeder, der daran vorbeigeht, Lust auf Limonade bekommt. In der heiligen Stadt riecht es nach Sand, Abgasen und den Blumen, die schon seit Jahrtausenden rund um den Altstadtring wachsen. Doch da ist noch ein anderer Geruch. Es riecht nach elektrischer Spannung, wie kurz vor einem Gewitter, wenn der Luftdruck abrupt fällt. Es sind keine Wolken zu sehen, doch der Himmel wirkt dunstig, als hinge eine Staubwolke über der Stadt. Mit dem Wetter stimmt etwas nicht, denkt Layla. Und überhaupt: Hier stimmt etwas nicht.

In der Nähe des Damaskustors stauen sich die Touristen und Pilger vor den hohen Stadtmauern. Im Schatten drücken sich Soldaten herum, die Gewehre geschultert, und blinzeln nervös in die Sonne. Wie immer, wenn sie Uniformen sieht, fängt Laylas Haut an, unangenehm zu kribbeln.

Die Stadt ist viel unüberschaubarer geworden, als Layla sie in Erinnerung hat. Es gibt so viel mehr von allem: mehr Menschen, mehr Lärm, mehr Angst.

»*Yalla, Sayeda*, was stehen Sie da herum? Hier bin ich!« Omars Stimme durchbricht den Geräuschteppich der an- und abfahrenden Busse und der monotonen Vorträge der Touristenführer. In Tiberias kam er ihr kleiner vor, ein Knirps mit schmutzigem Hemd und Kaugummi zwischen den Zähnen, doch der Junge, der hier vor ihr steht, wirkt reifer in seinen offenbar neuen Jeans. Der Schatten eines Milchbartes ziert seine Oberlippe, und hinter seinem linken Ohr steckt eine Zigarette, doch seine Augen blicken noch genauso wach und altklug in die Welt, wie an dem Tag vor vier Wochen, als Layla ihm zum ersten Mal begegnet ist.

»Bist du gewachsen oder so? Ich hatte dich irgendwie jünger in Erinnerung«, sagt sie.

»Klar, und Muskeln hab ich bekommen, vom Teppicheschleppen. Sehen Sie?« Omar tippt sich auf die mageren Arme. »Außerdem bin ich jetzt Geschäftsmann.«

»Ja, ganz toll. Sag mal, rauchst du?«

»Nur die leichten. Wollen Sie auch eine?«

»Nein danke, lass mal. Was ist hier eigentlich los? Warum dieses Polizeiaufgebot?«

»Polizeiaufgebot? Was Sie für Wörter kennen … Haben

Sie's nicht in den Nachrichten gesehen? Die haben die Hosen voll, weil sie denken, wir planen einen Aufstand.«

Seit Layla die Nachrichten nicht mehr selbst spricht, hat sie keinerlei Interesse an tagesaktuellen Ereignissen. Fast kommt es ihr so vor, als wäre sie bei ihrem Umzug nach Jaffa nicht nur in eine andere Stadt, sondern in ein anderes Leben gezogen. Amal hält nichts vom Fernsehen, und Layla geht noch nicht einmal mehr ins Internet. So ist es kein Wunder, dass sie diese Ereignisse verpasst hat, die offenbar schon seit einigen Tagen im Gange sind. Nicht gerade ein professionelles Verhalten für eine Journalistin, die größenwahnsinnig den Pulitzer-Preis im Sinne hat, denkt sie und nimmt sich vor, sich gründliche Notizen zu machen. Doch während sie mit Omar durch die Gassen des arabischen Viertels läuft, in denen trotz der Militärpräsenz geschäftiges Treiben herrscht und Touristen sich gegenseitig auf die Füße treten, fällt es ihr schwer, sich auf seine Worte zu konzentrieren.

»Seitdem sie den Engel verhaftet haben«, erzählt Omar, »ist hier der Teufel los. Denen ist gar nicht klar, wen sie da eingesackt haben, und die Leute hier sind stinkwütend. Der Engel, müssen Sie wissen, ist für uns hier so was wie ein nationales Symbol.«

»Ein nationales Symbol?«

»Genau, für die Freiheit von Palästina, von den Bergen bis ans Meer.«

»Wieso ist er ein Symbol? Hat man ihn deswegen verhaftet?« Layla kann nicht fassen, wie ahnungslos sie ist. Was hat sie noch alles verpasst, während sie nur mit sich und ihren Albträumen beschäftigt war?

»Sie sind doch Palästinenserin, oder?«, fragt Omar.

»Ja sicher.«

»Na, dann ist Ihnen ja klar, dass die nie einen Grund brauchen, um uns einzusperren. Meinen Bruder haben sie auch einfach mitgenommen. Vielleicht haben Sie ein bisschen zu lange mit Israelis gearbeitet, aber sehen Sie, die Sache ist die ...« Omar bleibt vor einem Laden mit Stoffen stehen, vor dem schwarz-weiße *Kefijes* auf einem Ständer hängen, »... der Engel hat so vielen Menschen Hoffnung gegeben. Er hat uns gezeigt, dass alles möglich ist. Und jetzt ist er weg. Klar, dass die Leute ein bisschen wütend sind.«

Omar tippt sachte auf eine kleine Glocke, die auf dem Ladentresen steht, und es schallt durch den ganzen Laden wie bei einem Katastrophenalarm. Im hinteren Teil des Ladens geht eine Tür auf und gibt die Sicht auf einen alten Mann frei, der sich mühsam durch das Sammelsurium an Teppichen und Möbelstücken arbeitet.

»*Ammo*, das ist die *Sayeda*, von der ich dir erzählt habe«, sagt Omar zu dem alten Teppichhändler, der langsam auf sie zugeschlurft kommt.

»*Wallah*, die junge Frau ist ja noch schöner, als du mir erzählt hast«, brummt der Alte, und Omar wird rot wie die karmesinfarbenen Wandbehänge, die in den Ecken Staub ansetzen.

»Die *Sayeda* möchte alles über den Engel wissen.«

»Über den Engel, eh? Was weiß die *Sayeda* denn so über Engel?«

»Nicht viel, aber ich kenne zumindest den Unterschied zwischen einem Engel und einem Menschen«, antwortet Layla in ihrer sachlichen, schlichten Art. Sie kramt ihr Notizbuch und einen Kugelschreiber aus ihrer Umhängetasche, und plötzlich ist sie wieder ganz Journalistin. Die vertrauten Gesten auszuführen gibt ihr Sicherheit, selbst mit vier Jahren Berufserfahrung.

Es ist nicht gerade so, dass sie in diesen vier Jahren nichts gelernt hätte, auch wenn ihre Hauptaufgabe in der Redaktion an manchen Tagen schlichtweg darin bestand, die Musikauswahl für die Nachmittagssendung zu erstellen. Manchmal brauchte sie fast eine Stunde, um sich zwischen *Umm Kulthum* und den Jackson 5 zu entscheiden. Am Anfang war es nicht leicht gewesen, ihre Eltern an den Gedanken zu gewöhnen, dass sie diesen Beruf ergreifen würde. Als sie ihrem Vater damals sanft klarmachte, dass sie zu studieren gedenke, und zwar Journalismus an der Universität von Haifa, erhob sich Mahmoud von seinem Bett, bekam einen Hustenanfall und erwiderte, dass er nicht im Traum daran denke, seine Tochter in einer Universität voller gottloser Bösewichte studieren zu lassen, schließlich könne sie auch zu Hause lesen, es gebe schließlich eine Leihbücherei, wozu also der Blödsinn? Layla, die Immatrikulationsbescheinigung in der Handtasche, erklärte seelenruhig, dass sie auch ohne sein Einverständnis auf die Universität gehen würde, aber mit seinem Segen sei es für sie leichter. Von so viel Willensstärke überrumpelt, blieb Mahmoud der Mund offen stehen, und Layla, die das als Zustimmung wertete, setzte sich am ersten Montag des neuen Monats in den Bus und fuhr in ihr neues Leben, während ihr Vater mit gerunzelter Stirn zu ergründen versuchte, was in Gottes Namen eigentlich vor sich ging.

Während sie hier in dem nach Mottenkugeln riechenden Laden steht, fühlt sich Layla plötzlich unsicher, so als wäre sie zufällig an diesen Ort gestolpert, ohne so recht zu wissen, wie sie hierhergekommen ist und was sie hier verloren hat. Doch sie ist gut darin, ihre Gefühle zu verbergen. Sie hat in den letzten Jahren eine Menge Dinge gesehen und eine Menge Geschichten gehört, und außerdem sie ist klug. Auch dieser Geschichte wird sie auf den Grund gehen, so viel steht fest.

Youssef Aboud mustert sie über seine goldgefasste Brille hinweg. »Aha. Und was ist damit: ›Da sandten wir unseren Engel zu ihr, und er stellte sich ihr als wohlgestaltetes menschliches Wesen dar‹«, zitiert er.

»Koran, Sure 19, Vers 17«, antwortet Layla automatisch. »Die Empfängnis *Issas*.«

Wenn es eines gibt, was Layla von der Erziehung ihres Vaters behalten hat, dann sind es die Verse des Korans. Ihr Vater Mahmoud war ein guter Geschichtenerzähler und beschrieb ihr das Leben des Propheten so anschaulich, als wäre er selbst dabei gewesen. Vor dem Tag des Anschlags, als Mahmoud noch gesund und bei Kräften war, gab es im Haus der Al-Riadhs ein Spiel, bei dem Mahmoud seiner Tochter die ersten Worte eines Koranverses hinwarf und sie daraufhin, wie aus der Pistole geschossen, den Rest ergänzte. Doch als Layla älter wurde, wurde ihr klar, dass diese Geschichten nicht zu ihr durchgedrungen waren. Sie hatte es nie geschafft, den schönen wohlklingenden Worten der heiligen Schrift zu glauben, und das tut sie auch jetzt nicht. Doch der Teppichhändler nickt befriedigt.

»Ich sehe, die junge *Sayeda* weiß Bescheid«, sagt er und zeigt eine Reihe gelblicher Zähne. »Nennen Sie mir einen Grund, warum dieser Junge kein Engel sein sollte.«

»Was bringt die Leute eigentlich darauf, dass er einer ist?«, erwidert Layla statt einer Antwort. »Ich meine, was *tut* er?«

»Was er tut? Oh, das ist einfach. Er heilt die Verzweiflung. Er schenkt Zuversicht. Er sorgt für Gerechtigkeit. Selbst die Touristen spüren es. Sogar die Juden haben von ihm gehört, auch wenn sie nicht wissen, dass der Engel einer von uns ist.«

»Einer von uns?«

»Natürlich spricht der Engel arabisch, die Sprache des Propheten.«

»Verstehe. Der Engel ist also Palästinenser.«

»Der Engel ist ein Engel.«

»Ein palästinensischer Engel.«

»So könnte man es nennen.«

Layla nickt und macht sich ein paar Notizen, doch eigentlich sind es nur belanglose Kritzeleien, die keinen Sinn ergeben. Sie notiert einfach irgendetwas, um professionell und konzentriert zu wirken. So können Omar und sein Freund ihr nicht in die Augen sehen und spüren, dass sie ihnen nicht glaubt. Niemand kann Verzweiflung heilen. Keiner weiß das besser, als sie selbst.

»Vermutlich ahnt die Polizei nichts davon«, sagt Layla.

»Die Polizei glaubt, sie hat einen Verbrecher gefangen. Doch der Engel hat gar nichts verbrochen. Die Regierung hat keine Ahnung davon, dass sie einen Engel eingesperrt haben.«

»Und deswegen müssen wir ihn rausholen«, ruft Omar. »Und meinen Bruder auch. Das schaffen Sie, *Sayeda*. Ja?«

* * *

In Jerusalem kann man im Monat Mai den weißen Ginster und die wilden Daturablüten riechen, die überall in den Hügeln rund um die Stadt wachsen. Der Ginster hat einen betörend süßen Duft, den manche Menschen als angenehm, andere wiederum als so unangenehm empfinden, dass sie sich abwenden und selbst bei herrlichstem Frühlingswetter ihre Fenster fest verschließen. Heute jedoch riecht die Luft nicht nach Blumen, sondern scharf nach Tränengas und Wut.

Dror Oron, dessen Einheit zur Verstärkung gerufen wurde, verabscheut diesen Einsatz. Es ist Freitag, der schlimmste Tag der Woche. In ein paar Stunden beginnt der Sabbat, und bis dahin müssen sie diese aufgebrachte Menge unter Kontrolle gebracht haben.

Die Demonstrationen begannen nach dem Freitagsgebet, zu der Stunde, in der die Sonne den Stadtmauern die Farbe von Butter verleiht. Dror hat eine Doppelschicht hinter sich, er hat die letzten vierundzwanzig Stunden in der Einsatzzentrale verbracht, wo er sich in einem Plastiksessel ausgestreckt hat und ab und zu eingenickt ist. Normalerweise würde er jetzt mit Lior in Tel Aviv an der Promenade frühstücken und sich danach in den warmen Sand legen, um sich die angespannten Muskeln zu wärmen. Stattdessen steht er hier in seiner verschwitzten Uniform, und die zerzausten Haare stehen ihm strähnig im Nacken hoch, als wäre er zu Tode erschrocken.

Sie haben die Demonstranten mit Tränengas von den Seitengassen vertrieben, sodass sich der Protest auf den Tempelberg konzentriert, den die Polizei ohne Genehmigung nicht betreten darf. Chaim Levy, Chef der Sicherheitspolizei, der auch Drors Einheit befehligt, hat bereits damit gedroht, den Berg einfach zu stürmen, sollten sich die Palästinenser nicht endlich beruhigen. Das Gesicht des Polizeichefs, der in seinem Einsatzwagen sitzt und Befehle erteilt, ist rot und mit feinen Schweißperlen bedeckt, und seine Halsschlagadern treten so stark hervor, dass sie wie gespannte Drahtseile aussehen. Bereits jetzt spricht er von einer neuen *Intifada*, einem Aufstand, den es mit aller Macht und Gewalt niederzuschlagen gilt.

»Mit Chaim ist es so«, vertraut der stellvertretende Einsatzleiter Judah ben David seinem Kollegen Dror an, »man spuckt in die Luft, und er denkt es regnet.«

Es mag sein, dass der Polizeichef paranoid ist, doch aus

der Menge der Demonstranten flogen bereits Stöcke und Steine, und Dror möchte ungern darauf warten, dass ein Schuss fällt.

Im Einsatz hat er gesehen, wie Menschen starben, schließlich war er während seines Militärdienstes bei den Fallschirmjägern. Sie sprangen damals im Libanon vom Himmel wie Racheengel. Noch immer hat er Albträume davon, was er dort gesehen hat und wie fast jeder in Israel, hat auch Dror Freunde bei Anschlägen verloren. Dagegen ist dieser Einsatz hier der reinste Kindergeburtstag, doch aus irgendeinem Grund kann er nicht verhindern, dass sich die Haare auf seinen Armen aufstellen, als er die Menschenmenge rufen hört.

Anders als bei früheren Demonstrationen herrscht nicht das übliche Chaos aus aufgebrachten Rufen und erregten Stimmen. Vielmehr vereinigen sich die Stimmen der Menschen zu einem einzigen Ruf. »*Hurriya, hurriya* – Freiheit, Freiheit!«, rufen die Menschen und stampfen im Takt dazu auf den Boden, sodass die Luft vibriert. Einige halten Schilder und Bilder ihrer Märtyrer hoch, doch das Gesicht, das am häufigsten zu sehen ist, ist das eines jungen palästinensischen Terroristen namens Malek Sabateen, den die Polizei einige Wochen zuvor verhaftet hat.

* * *

Als Layla und Omar aus Youssef Abouds Laden kommen, fliegen die ersten Steine in den Gassen, die zum Tempelberg führen. Die Touristen haben sich in Sicherheit gebracht, und der Teppichhändler stößt eine Reihe lästerliche Flüche auf die Demonstranten aus, die ihm sein Geschäft ruinieren, und auf die Polizisten, die er grundsätzlich für verdorben hält. Durch die enge Gasse rennen vermummte Männer, sie schlängeln sich an Gewürzständen vorbei, umschiffen Postkartenständer und ahnungslose Passanten, und als sie *al-haram-as-sharif*, den Tempelberg, erreichen, durchbrechen sie die Barrieren und erklimmen den Berg, als wären sie Saladdins Krieger. Im Nu hat die Sicherheitspolizei die Gassen abgeriegelt, bewaffnete Soldaten haben an allen Ecken Stellung bezogen und beginnen damit, die Gassen nach Demonstranten zu durchsuchen.

Layla drückt sich an die Mauer, erschrocken über den Lärm und die Aggressionen, schockiert über die vom Zorn entstellten Gesichter. Irgendwo muss ein Tränengasgeschoss explodiert sein, ihre Augen beginnen zu brennen, und sie spürt den beißenden Rauch tief hinten im Rachen, wo er sich auf ihre Schleimhäute legt und das Atmen schwer macht. Gelähmt vor Angst, wird sie erst durch Omars Stimme aufgerüttelt, der ihr ins Ohr brüllt.

»Kleine Planänderung, *Sayeda*. Hier kommen wir nicht durch, aber das ist nicht weiter schlimm. Laufen Sie mir einfach nach, ja?«

»Wohin gehen wir?«, brüllt Layla zurück und kann nicht verhindern, dass ihre Stimme leicht panisch klingt.

»Na, zu seiner Mutter!«

Bis zu diesem Zeitpunkt hatte sich Layla keine Gedanken darüber gemacht, dass der Engel eine Mutter haben könnte. Als sie mit der Reportage angefangen hatte, war sie darauf gefasst gewesen, einen Zeugen für seine angeblichen Wundertaten zu interviewen, oder jemanden, der durch ihn von irgendeinem eingebildeten Gebrechen geheilt worden war. Später war sie davon überzeugt gewesen, dass es sich bei dem Engel um irgendeinen politischen Aktivisten handeln müsste, der sich den Anstrich des Religiösen gab, um Aufmerksamkeit zu erregen. Eine Art frommen Che Guevara vielleicht, doch wer hatte jemals von Ches Mutter gehört?

»Denkst du nicht, wir sollten versuchen, hier herauszukommen, solange noch nicht geschossen wird?«, ruft Layla um den Lärm der Demonstranten zu übertönen.

»Keine Sorge«, Omar grinst aufmunternd, »ich kenne mich aus.«

Zielstrebig führt er sie durch das steinerne Labyrinth der Gassen bis ins Christliche Viertel, wo der Lärm der Demonstration nur als fernes Rauschen wahrzunehmen ist. In der Via Dolorosa treffen sie auch wieder auf Touristen, die, wie eine Prozession von Ahnungslosen, entlang der Devotionalienstände flanieren, vor denen in großen Körben Kruzifixe, Heiligenbildchen und Dornenkronen aus Plastik feilgeboten werden.

»Wir müssen da rauf«, sagt Omar und deutet mit einem schmutzigen Zeigefinger auf den Ölberg, der sich hinter der Gasse erhebt. Die Via Dolorosa führt geradlinig auf den Berg zu, eingezwängt zwischen zwei Reihen niedriger Steinhäuser, die sich altersschwach aneinanderlehnen, ehe sie nach dem Löwentor ins Kidrontal hinabtaucht.

Als sie das Tal passiert haben, atmet Layla tief durch. Sie ist froh, der Stadt entronnen zu sein, und obwohl ihre Augen noch immer brennen, fühlt sie sich bereit für den Aufstieg.

»Sie sind die erste Reporterin, die hierherkommt«, erklärt Omar, während sie die schmale Straße hinaufsteigen, die von Olivenbäumen und gelbem Schöllkraut gesäumt ist.

»Und du? Woher kennst du eigentlich den Engel?«

»Jeder hier in Jerusalem kennt den Engel. Ich wusste nur nicht, dass er hier lebt. Aber dann habe ich seinen Bruder getroffen, Tarik. Der hat mir erzählt, dass sein Bruder Malek der Engel ist. Er ist mächtig stolz auf ihn.«

»Malek heißt der Engel also? Na, das passt ja.«

»Klar passt das. Wenn Sie ein Kind hätten, das ein echter Engel wäre, wie würden Sie es sonst nennen?«

Der Weg schlängelt sich zwischen Rosmarinbüschen und Ölbäumen entlang, die im Licht des Nachmittags silbrig glänzen. Vor ihren Augen taucht das Wohnhaus armer Leute auf, mit weiß gestrichenen Mauern und Dachziegeln, die mit Gestrüpp überwuchert sind. An der Hauswand hängt, als einzige Reminiszenz an das einundzwanzigste Jahrhundert, eine Satellitenschüssel. Generationen von Sabateens haben auf diesem winzigen Stück Land den kargen Boden beackert, Hühner und Kinder versorgt und Ziegen gehütet. Vor dem Haus steht ein alter Toyota, und in der Nähe grast ein altersschwacher Esel mit durchgebogenem Rückgrat.

Im Nu sind Layla und Omar von einer Meute Kinder unterschiedlichen Alters umringt, die mit großem Geschrei zusammenlaufen, um die Besucher zu empfangen. Eines der Kinder, ein etwa zehnjähriger Bursche mit Zahnlücke, begrüßt Omar mit einer komplizierten Abfolge von Handschlägen, die aussehen, als hätten sie es sich in einer amerikanischen Fernsehserie abgeschaut. Omar stellt den Jungen als seinen Freund Tarik vor, während die anderen Kinder um sie herumstehen und um Aufmerksamkeit wetteifern.

In der Tür steht eine Frau mit einem weißen Tuch über dem Kopf und blickt sie unverwandt an. Sie ist klein und so mager, dass sie wie eine zum Leben erwachte Vogelscheuche aussieht, doch ihre Augen blicken freundlich und offen.

»Das ist *Umm Malek*, die Mutter des Engels«, flüstert Omar.

Maleks Mutter entpuppt sich als eine verständige Frau, die keine Aura von Heiligkeit oder Verrücktheit verströmt. Freundlich bittet sie die Besucher ins Haus und bietet ihnen

Tee und Limonade an. Im Inneren des Hauses ist es kühl, und es duftet schwach nach Verbenen und Thymian. Layla hatte erwartet, eine unglaubwürdige Geschichte voller märchenhafter Wundertaten zu hören, doch an dieser Frau ist nichts, das auch nur im Geringsten darauf hindeutet, dass sie eine Geschichte vermarkten will. Khaddija Sabateen wirkt einfach wie eine Mutter. Eine besorgte Mutter.

»Mein Sohn ist anders als die anderen«, sagt sie, während sie Teeblätter in eine Kanne gibt und den Gasherd anzündet. »Vielleicht ist er wirklich ein Engel, aber für mich ist er mein Sohn, verstehen Sie? Ich weiß nicht, was mit ihm ist, aber eines weiß ich: Er würde niemals jemandem etwas zuleide tun. Er ist so gut. Einmal brachte er eine verletzte Katze ins Haus, ein völlig verlaustes Ding. Er hat sie tagelang mit sich herumgetragen und ihr vorgesungen, bis sie wieder gesund war. Mein Sohn ist kein Terrorist. Er versteht nicht, was man ihm antut und warum man ihn eingesperrt hat. Er ist ein guter Junge. Bitte helfen Sie ihm, *Sayeda*. Bitte.«

Die vielen Augenpaare, die voller Hoffnung auf sie gerichtet sind, sind schwer zu ignorieren. Layla spürt, wie ihr etwas – Angst oder Sehnsucht? – die Kehle zuschnürt. Eines der Kinder schleppt ein Bild heran, es ist eine der Fotografien, die die Demonstranten unten in der Altstadt in die Höhe hielten. Das Bild zeigt das Gesicht eines jungen Mannes. Er hat große braune Augen, ein offenes, verträumtes Gesicht. Und er ist erschreckend schön. Das ist alles. Doch es ist genug. Lange sieht Layla das Bild an, betroffen von dem Anblick. Ohne jeden Schatten eines Zweifels weiß sie, dass dieser Junge von einer Art ist, die man auf keinen Fall als irdisch bezeichnen kann.

Unfähig, die Augen von dem Foto zu lösen, versucht sie, die richtigen Worte zu finden.

»Er ist so …«

»Rein?«, souffliert eines der älteren Kinder.

»Heilig?«, schlägt Omar vor.

Layla kann spüren, wie das Blut aus ihren Fingern und Zehen schwindet. Sie ist verblüfft über diese starke Reaktion. Wenn sie sprechen könnte, würde sie sagen, dass sie nie im Leben ein so schönes Geschöpf gesehen hat, und das ist die Wahrheit. Der Engel sieht auf dem Foto ernst aus, doch was sein Gesicht wirklich außergewöhnlich macht, sind seine Augen. Sie sind dunkel wie die eines Rehs, das sich nicht dazu entschließen kann wegzulaufen, wenn Gefahr droht. Layla beugt sich tiefer über das Foto, versucht herauszufinden, was es ist, das in diesem Gesicht anders ist, doch es will ihr nicht gelingen.

* * *

Niemand hat den Polizeiwagen kommen gehört. Ein Befehl wurde gerufen, und bevor jemand reagieren konnte, wird die Tür aufgerissen, und zwei Soldaten betreten das Haus, die Hände an den schweren Maschinenpistolen. In dem Moment als die Männer mit ihren Stiefeln über die Türschwelle treten, beginnen die kleineren Kinder zu weinen, und Omar springt so hastig auf, dass er seinen Stuhl umwirft. Er bebt am ganzen Körper, und unwillkürlich hat er seine Hände zu Fäusten geballt. Irgendwie scheint alles in Zeitlupe zu geschehen, die schweren Schritte der Soldaten klingen wie Donnerlaute. Sie erschüttern den Boden, sie steigen auf in die staubige Nachmittagsluft, man hört sie im ganzen Haus und auch draußen im Hof, wo der stellvertretende Einsatzleiter Judah ben David, der an diesem Nachmittag Dienst hat, die Tür des gepanzerten Polizeiwagens zuschlägt. Als er das Haus betritt, sieht er, dass die Familie sich ängstlich in eine Zimmerecke drückt und ihn mit großen Augen ansieht. Tarik und Mohammad, die beiden jüngeren Söhne von Khaddija, sind unwillkürlich zurückgewichen und rücken näher zusammen. Eines der kleineren Kinder heult und das Geräusch geht Judah durch Mark und Bein.

Während seine Männer die Personalien der Erwachsenen prüfen, blickt Judah sich im Haus um. Die Mutter, den Kopf ängstlich zwischen die Schultern gezogen, bittet die Polizisten mit erhobenen Händen, nicht wieder die Einrichtung zu demolieren, schließlich hätten sie nur diesen einen Tisch, dennoch kann Judah ben David nicht verhindern, dass etwas zu Bruch geht, ein Glas nämlich, von Omar umgestoßen, als er sich hektisch umdreht, instinktiv nach einem Fluchtweg suchend. Layla erwischt den Jungen am Hemdzipfel, packt sein Handgelenk und weigert sich, ihn loszulassen bis er sich beruhigt hat.

Sie nennt den Beamten ihren Namen und ihren Beruf, zeigt ihren Ausweis, doch als sie nach ihrem Presseausweis gefragt wird, muss sie passen. Sie registriert die geringschätzigen Blicke der Soldaten, doch obwohl ihre Hände zittern, schafft sie es, ruhig auf alle Fragen zu antworten. Sie versichert den Beamten, dass sie nur zu Besuch seien, Freunde der Familie, und gleichzeitig registriert sie, dass Khaddija das Bild des Engels an die Brust drückt, als müsste sie es mit ihrem Leben beschützen. Doch der Polizist blickt ihr ins Gesicht und versichert ihr, sie müsse sich keine Sorgen machen, man habe nur ein paar Fragen.

Während die Soldaten das Haus durchsuchen und der Einsatzleiter die Mutter des Engels befragt, hat Layla Gelegenheit, die Männer zu betrachten. Noch immer schlägt ihr das Herz bis zum Hals, das sind die verdammten Uniformen und diese eckigen Bewegungen, die Soldaten immer machen, so als müssten sie sich wie Footballspieler durch feindliche Linien prügeln. Layla hat gehört, dass alle Beamten der israelischen Sicherheitspolizei *Krav Maga* bereits in der Grundausbildung lernen, und wenn sie sich diese beiden Burschen ansieht, dann ist das definitiv wahr. Einer der Männer ist klein und untersetzt, doch er ist so sehr mit Muskeln bepackt, dass er ihren Arm – da ist sich Layla sicher – wie einen Zweig zerbrechen könnte. Er würde dafür nur die Finger benutzen müssen, und ihre Knochen würden unter seinen Händen splittern.

Layla wendet sich ab, doch noch immer spürt sie die Blicke des Soldaten im Nacken, selbst dann noch, als die Männer endlich damit fertig sind, Schubladen und Schränke zu durchsuchen und längst das Haus verlassen haben. Sie wird sie noch lange spüren, selbst spät am Abend noch, wenn sie längst zu Hause ist und erschöpft zwischen den weißen Laken liegt. Und sie weiß, heute Nacht werden die Träume wiederkommen.

»Alles in Ordnung?«, fragt Layla Omar, als die Soldaten schließlich wieder ihren Wagen bestiegen haben und die Straße herunterfahren, eine Staubwolke hinter sich herziehend.

»Bestens«, sagt Omar. Eine Lüge, und sie wissen es beide. Omar und Tarik stehen nebeneinander an der Wand, ihre kleinen Gesichter weiß wie Gespenster.

»Sie kommen fast jede Woche«, sagt Khaddija, während sie sich bückt, um die Scherben zusammenzukehren. »Sie stellen immer dieselben Fragen. Ob Malek Kontakte zu Terroristen hatte, ob er in die Moschee geht, was sein Beruf ist. Sein Beruf! Ich habe ihnen gesagt, dass Malek nicht einmal seinen Namen schreiben kann, und sie wollen wissen, ob er einen Beruf hat. Es ist sinnlos, ihnen zu erklären, dass er anders ist. Sie verstehen das einfach nicht.« Khaddija weint. »Bitte, *Sayeda*.« Khaddija drückt Layla das Bild des Engels in die Hand. »Schreiben Sie über ihn. Schreiben Sie. Ich weiß nicht, ob ich meinen Sohn je wiedersehen werde, aber wenn Sie etwas über ihn schreiben, dann wird er wenigstens nicht vergessen. Tun Sie das?«

* * *

Als Layla und Omar sich schließlich auf den Weg machen, ist es Abend geworden. Noch immer riecht die Luft nach Tränengas, obwohl die Demonstranten längst verschwunden sind. Auf dem Weg zum Busbahnhof erzählt Omar seine Geschichte. Während er schildert, wie seine Eltern starben und sein Bruder verhaftet wurde, hört Layla ihm aufmerksam zu. All diese Geschichten ähneln sich. Väter, die verschwinden – durch Krankheit, Tod oder Gefängnis; Mütter, die an der Last ersticken, die ihnen wie ein Mühlstein um den Hals hängt. Kinder, die das Leben auf die Straße spuckt; junge Männer, die sich Hoffnung in die Venen spritzen, Vergessen inhalieren, der Leere davonschweben, auf Schwingen synthetischen Glücks, das ihnen über die Synapsen leckt und sie glauben lässt, sie könnten den Jahren der Demütigung und Hoffnungslosigkeit entkommen. Kurze Momente der Euphorie in Form bitterer Pillen auf die Zunge gelegt, sollen ihnen Erleichterung verschaffen, doch wenn all das versagt, bleibt ihnen nur noch Gewalt. Solche Jungs, desillusioniert und ohne Perspektive, geben ideale Söldner oder Terroristen ab und jedermann weiß das.

Layla betrachtet Omar und versucht sich vorzustellen,

wie er in fünf oder zehn Jahren sein wird. Es will ihr nicht gelingen. Gerade erzählt er ihr, wie er zum ersten Mal von dem Engel gehört hat.

»Wissen Sie, *Sayeda*, zuerst habe ich nicht geglaubt, dass es wirklich ein echter, richtiger Engel ist. Ich bin ja kein Baby oder so. Aber alle redeten immer von ihm, so als ob er richtige Wunder macht, verstehen Sie? Naja, eigentlich glaube ich ja nicht an Wunder, das ist was für kleine Kinder, aber eins ist schon komisch … Also da vorhin im Haus, als die Soldaten kamen, da hatte ich das Gefühl, als ob der Engel uns beschützen würde. Ehrlich, es war, als wäre er bei uns, obwohl er ja im Gefängnis sitzt, und soweit ich weiß, kann nicht mal ein Engel an zwei Orten gleichzeitig sein. Wobei, bei Engeln weiß man das ja nie so genau … Halten Sie mich jetzt für verrückt?«

Layla, die Zehen noch schwarz von der Asche ihrer Träume, erklärt ihm, dass die Tore zu der anderen Welt dieser Tage offenbar sperrangelweit geöffnet seien, und man darum einfach jede Wahrnehmung nehmen müsse, wie sie eben komme, ganz gleich ob einen das zum Verrückten mache oder nicht.

Was haben wir auch für eine andere Wahl, denkt sie. Engel und Albträume, Psychosen und Wunder – sie war angetreten, den Mythos eines angeblichen Engels zu entkräften, doch sie muss einsehen, dass sie viel tiefer drinsteckt, als sie bereit ist zuzugeben. Sie wünscht sich, der Engel wäre Wirklichkeit, nur damit sie ihn berühren und endlich wieder Hoffnung empfinden könnte. Sie wünschte, die Träume würden aufhören. Mehr als alles andere auf der Welt wünscht sie sich, Wunder gäbe es wirklich. Die Hoffnungen, die die Familie des Engels in sie setzt, überfordern sie schon jetzt, doch wenn sie sich konzentriert, spürt sie tief unten in sich etwas glimmen. Standfestigkeit vielleicht. Oder Mut. Sie hofft nur, dass es ausreicht.

Als Layla erschöpft und mit schmerzenden Füßen zurück in Jaffa ist, pocht ihr der Kopf. In den letzten paar Stunden scheint sich die Zeit verwischt zu haben. Es kommt ihr vor, als wäre sie Jahre weg gewesen, dabei hat sie gerade erst heute Morgen den Achtuhrdreißig-Bus nach Jerusalem genommen. Jerusalem hatte schon immer diese Wirkung auf sie – all die Anspannung und die vielen Menschen mit ihrem religiösen Eifer. Doch dieser Tag steckt ihr tiefer in den Knochen. Ihr Hals schmerzt noch immer, von eingeatmetem Tränengas und unterdrückter Wut, und sie fühlt sich müde und verschwitzt, aber merkwürdigerweise zugleich entschlossener denn je. Den ganzen Weg zurück nach Hause hatte sie das Gefühl, ihr Leben zöge an ihr vorbei, so wie es Menschen ergeht, die dabei sind, zu sterben, doch Layla fühlte sich mit jedem Kilometer, der vorbeizog, lebendiger. Als der Bus endlich im Zentrum von Tel Aviv anhielt, hatte sie bereits einen Plan gefasst. Einen Plan, der so aberwitzig ist, dass er tatsächlich funktionieren könnte.

Die Sonne fängt schon an unterzugehen, viel schneller als man es für möglich halten würde. Es ist Sabbat, und nur wenige Autos sind unterwegs, doch die Clubs und Bars in Jaffa scheren sich nicht um den Feiertag. Moskitos steigen in Wolken in den Himmel, und die Luft wird drückender. Vor ihr auf dem Gehsteig sitzt ein schwarzer Hund und sieht sie neugierig an. Layla kann es spüren, genau zwischen ihren Schulterblättern. Es stimmt, was manche Leute sagen: Es gibt Zeiten, in denen die Luft zu dick ist, als dass Geister aufsteigen könnten. Sie hat zu viel erlebt und zu viel gesehen, als dass sie sich noch irgendwelchen Illusionen hingeben könnte. Sie ist bereits gestorben, vermutlich öfter als einmal. Und doch ist sie wieder da. An der Art, wie der Hund sie ansieht, kann sie erkennen, dass er die Wahrheit kennt. Sie ist eine Tote, die wieder unter den Lebenden ist. Sie ist Asche, die zu Fleisch wurde.

Nun wird ihr klar, es war nicht die Angst, die sie so gelähmt hat, dass sie nicht die Kraft hatte, mehr aus ihrem Leben zu machen, als erfolglose Rockbands und Schönheitsköniginnen zu interviewen. Es war schlicht so, dass sie zu sehr mit sich selbst beschäftigt war. Nun, da sie eine Aufgabe hat, für die es sich zu kämpfen lohnt, hat sie plötzlich die Kraft. Nun weiß sie, dass sie keine andere Wahl hat.

Statt hier in Jaffa herumzuhängen und über ihr verpfuschtes Leben nachzudenken, sollte sie lieber das tun, was die Polizei vermutlich niemals tun wird. Sie muss herausfinden, wer und was der Engel wirklich ist und beweisen, dass er unschuldig ist. Das ist die einzige Möglichkeit, ihn aus dem Gefängnis zu bekommen.

Der schwarze Hund hat sich zu ihren Füßen gelegt und seufzt, und obwohl sie müde ist und sich nach einer kühlen Dusche sehnt, bleibt sie noch eine Weile mit ihm draußen stehen. Es ist dunkel geworden, nur über dem Meer gibt es noch einen dünnen Streifen Licht, und die Luft ist noch immer heiß und so feucht, dass sich ihre Haare im Nacken kräuseln. Sie schließt die Augen und denkt daran, wie sonderbar das Leben ist.

So steht sie da, mitten auf der Straße im fahlen Licht der Straßenlaternen, den Schmutz des Tages noch auf der Haut und ein trauriges Lächeln auf den Lippen, als Lior Orly aus dem Geschäft gegenüber tritt.

* * *

Lior hat sich in dem neueröffneten Café ein vegetarisches Abendessen (einen Salat aus gebackenen Süßkartoffeln mit Mungobohnensprossen und zum Nachtisch ein Stück Mandelkuchen mit Schokoladenguss) besorgt und ist auf dem Weg nach Hause. Doch er kommt nicht bis zur anderen Straßenseite – er erstarrt mitten auf dem Gehweg, weil er die Reporterin sieht, und von da an muss er immer an diesen Augenblick denken, wenn er Kuchen riecht. Er nimmt die Mückenschwärme wahr, die über ihm surren und bemerkt, wie purpurn die Luft um ihn herum duftet von den unzähligen Blumen, die sich an den Hauswänden hinaufranken, und ganz plötzlich wird ihm klar, dass das hier seine einzige Chance ist.

Als er sie anspricht, klingt seine Stimme lässig und völlig ruhig, so als wäre seine Körpertemperatur in den letzten Sekunden nicht gefährlich angestiegen. Er fühlt sich tatsächlich fiebrig, als er zu ihr auf die Straße tritt und sie vorsichtig am Arm berührt.

»Stimmt etwas nicht?«, fragt Lior. »Kann ich irgendetwas tun?«

Layla blickt zu ihm auf. Ihre Augen sind dunkel und tief wie Brunnenschächte und bewirken, dass er sich fühlt, als würde er gefesselt in sie hineinfallen. Er ahnt bereits, dass er nicht mehr zurückkönnte, selbst wenn er wollte.

»Nein, alles in Ordnung«, versichert sie ihm, während sie ihn mustert. Er sieht jungenhaft aus, obwohl er den Kopf voller stahlgrauer Haare hat, und er hat freundliche Augen, die sie besorgt ansehen. Lior ist einer dieser Menschen, denen man sofort sein Herz ausschütten möchte, auch wenn das bedeuten würde, seine Deckung aufzugeben. Rasch wendet Layla sich ab, um in ihrer Handtasche nach dem Hausschlüssel zu suchen, den Amal ihr gegeben hat. Sie hat bemerkt, dass sein Lächeln ein wenig schief ist und dass sich in seinen Wangen Grübchen bilden, die ihm etwas Vertrauenserweckendes geben. Aber sie hat auch den kleinen Davidstern bemerkt, der an einer goldenen Kette um seinen Hals hängt, und nun möchte sie nichts weiter, als sich oben in der Wohnung im Badezimmer einschließen und so lange unter dem kalten Wasserstrahl stehen, bis ihr Herz wieder normal schlägt.

Während sie hektisch ihre Handtasche durchsucht, blickt Lior sie aus seinen klaren grauen Augen an. Er kann einfach nicht aufhören, sie anzusehen, auch dann nicht, als sie sich auf den Asphalt kniet, den Inhalt ihrer Handtasche auf die Straße kippt und mit beiden Händen darin herumwühlt. Er hat heute schon zwei Kugelschreiber kaputt gemacht und beinahe die Küchenvorhänge in Brand gesetzt, als er sich Mittags eine Dose Ravioli auf dem Herd warm machen wollte, doch das hält ihn nicht davon ab, sich neben sie zu knien und ihr zu helfen, ihre auf der Straße verstreuten Habseligkeiten einzusammeln. Unter seinen ungeschickten Händen zerbricht ihr Lieblingslippenstift (ein ungewöhnlicher, dunkler Rotton, bemerkt er) und als nächstes reißt er versehentlich einige Seiten ihres Notizbuches ein, als er ungeschickt versucht, es vom Schmutz zu befreien. Doch als er ihr die Sachen hinhält, sind es ihre Hände, die zittern, sodass sie den Schlüsselbund, den sie schließlich ganz unten in der Tasche gefunden hat, beinahe fallen lässt.

»Darf ich dich auf einen Kaffee einladen?«, fragt er gelassener, als er es für möglich gehalten hätte. Doch Layla bringt nur ein *Inshallah* zustande, bevor sie sich an ihm vorbeidrängt und die Treppen zu Amals Wohnung hinaufhastet, immer zwei Stufen auf einmal nehmend.

Unten auf der Straße steht Lior immer noch in der

Dunkelheit und atmet unwillkürlich tiefer ein: Der Duft nach Meer und Blumen ist noch stärker geworden, und die Nacht riecht erstaunlich süß. Er ist schon tausendmal an diesem Haus vorbeigekommen, aber den Hibiskus und die Rosengeranien an der Mauer hat er noch nie bemerkt. Kann es sein, dass all diese Blumen einfach nur an diesem einen Tag blühen? Oder hat er vorher nur keinen Blick dafür gehabt? Vor lauter Faszination für die Botanik entgeht ihm fast, dass jemand auf der Türschwelle steht. Es ist ein großer schwarzer Hund, der genauso aussieht wie der, den er Wochen zuvor in Tiberias gesehen hat, an dem Tag, an dem er diese Frau zum ersten Mal sah. Offenbar ist er ihm hierher gefolgt, oder es ist ein anderer Hund (was wahrscheinlicher ist, wie Lior sich eingestehen muss), doch dieser hier blickt ihn genauso unverwandt an, wedelt höflich mit dem Schwanz und leckt ihm die Hand. Zuerst denkt Lior, dass der Hund in ihm etwas Besonderes sieht, einen Freund vielleicht oder einen Seelenverwandten, doch dann fällt ihm ein, dass Labradore einfach jeden mögen.

***

»*Inshallah!?* Du hast einfach nur *Inshallah* zu ihm gesagt?« Amal stopft sich Sonnenblumenkerne in den Mund und kann es nicht fassen. »Mehr ist dir nicht eingefallen?«

Amal hat soeben ein Mosaik fertiggestellt, an dem sie über drei Wochen lang gearbeitet hat. Die »Frau mit Schlüssel« die auf dem Bild zu sehen ist, trägt eine *Kefije* aus hunderten winziger weißer und schwarzer Steinchen, die glänzen wie Onyx und Elfenbein. Sie hält einen goldenen Schlüssel in der Hand, der die Rückkehr nach Palästina symbolisieren soll. Amal hat sich ein buntes Tuch um die Haare geschlungen und einen alten Kittel übergezogen. Unter ihren Fingernägeln und an den Sohlen ihrer Sandalen klebt Gips.

»War er süß? Hast du seine Nummer?«, will sie von Layla wissen, während sie Spachtelmasse von ihrem Daumennagel kratzt.

Layla betrachtet das Mosaik. Sie hat das Gefühl, als wäre sie an diesem Punkt schon einmal gewesen. Es kommt ihr vor, als wüsste sie, wie die nächsten Worte in dieser Unterhaltung lauten würden, daher ist sie nicht überrascht, als sie mit viel mehr Gelassenheit, als sie empfindet, antworten kann. »Ich habe seine Nummer nicht«, sagt sie und streicht mit der Hand über das Bild. Die Steine fühlen sich kalt und glatt an. »Aber er hat mein Notizbuch mit all meinen Aufzeichnungen, meinem Namen und meiner Adresse.«

»Du bist verrückt«, erklärt Amal, und Layla denkt, dass ihre Cousine keine Ahnung hat, wie recht sie damit hat.

Schon immer hatte Layla die Angewohnheit alles, was sie für wichtig erachtete, aufzuschreiben. Sie hält sich an schlichte Hefte aus billigem, liniertem Papier, die sie überall mit sich herumschleppt. Sie gab immer vor, sich Notizen für ihre Arbeit zu machen, doch offen gesagt hat nie jemand viel Interesse an ihren Aufzeichnungen bekundet, sodass sie schließlich dazu überging, praktisch alles, was sie beschäftigte, dort hineinzuschreiben und das ist, wenn man es bei Licht betrachtet, ganz schön viel. Eine Zeit lang führte sie wie besessen Listen. Einkaufslisten, To-do-Listen, Pro-und-Contra-Listen und Listen darüber, welchen Aspekt ihres Lebens sie am meisten hasste. In letzter Zeit aber schrieb sie einfach über die Dinge, die ihr am meisten Angst machten. Gewalt beispielsweise hat bei ihr immer schon Panikschübe ausgelöst, weswegen sie niemals fernsieht. Schlimmer aber war die Angst einer namenlosen Bedrohung, wie ihre Albträume. Sie erinnert sich daran, dass sie auch ihre Gedanken über den Engel aufgeschrieben hat, vor allem das Gefühl, das sie beim Betrachten seines Bildes überkam – ein Eintrag, den sie erst vor einigen Stunden im Bus verfasst hat. Während sie für Amal eine neue Tüte Nüsse öffnet und in eine Schale füllt, überlegt sie, was genau in jenem Heft stand, das der Fremde mit sich genommen hat. Es ist nicht so sehr das Problem, dass dieser Mann – vorausgesetzt, er ist je in der Lage, ihre Handschrift zu entziffern – mehr über sie wissen wird, als sie jemals einem anderen Menschen anvertraut hat. Was ihr Sorgen macht ist vielmehr die Tatsache, dass der Gedanke daran sie freut, anstatt ihr Panik und Übelkeit zu verursachen, wie es normal und gesund wäre. »Tja, jetzt musst du ihn wiedersehen«, stellt Amal fest. Als Layla an diesem Abend einschläft, spät und mit quälend schmerzendem Kopf, träumt sie vom Geräusch des Regens, der den Staub und die graue Asche aus der Luft wäscht. Sie träumt von dem Gefühl von nassem Gras unter ihren Füßen und von den winzigen Blumen, die hinter dem Stacheldraht wachsen, dessen Stromspannung so hoch ist, dass die Luft davon zu vibrieren scheint. Die Blumen sind kaum größer als Kieselsteine. Unscheinbar. Unkraut. Doch sie leben, während alles um sie herum stirbt. Während Layla sich im Schlaf umdreht, umklammern ihre schweißnassen Finger die feuchten Halme, und gelber Blütenstaub legt sich auf die schneeweißen Laken, wo er sich festsetzt wie geronnenes Sonnenlicht, obwohl draußen der Regen wie Blei vom Himmel fällt.

* * *

Dror Oron kennt einen Mann, der vom Blitz getroffen wurde. Bereits damals in der Armee hatte er gelernt, dass tödliche

Gefahren nicht nur vom Feind, sondern auch vom Himmel ausgehen konnten. In der Wüste, so wurde ihnen erklärt, seien Blitze am unberechenbarsten. Dort ziehen Gewitter schnell auf. Ein Blitz kann einen entweder auf der Stelle töten oder für immer verstümmeln. Es ging das Gerücht, dass die Hitze, die dabei entstand, alles Metall, das man am Körper trug, binnen Sekunden schmelzen ließ, sodass man, sollte man das Glück haben, den Blitzschlag zu überleben, für den Rest seines Lebens den Abdruck seiner Armeekennmarke auf der Haut haben würde. Tatsächlich war jedoch die einzige Person in Drors Bekanntenkreis, die vom Blitz getroffen wurde und beinahe unversehrt überlebt hat, sein Onkel Solomon. Doch der wurde von der Hochspannung, die durch seinen Körper floss, so sehr verändert, dass er für sein Leben gezeichnet war. Er war draußen in der Negev gewesen, wo er die wilden Schwalben beobachten wollte, die im Winter von Norden her kommen, und dort wurde er vom Gewitter überrascht, ehe er auch nur die Chance gehabt hatte, sich irgendwo unterzustellen. Das wäre auch gar nicht möglich gewesen, denn in dieser flachen Landschaft war er der höchste Punkt weit und breit, weswegen der Blitz direkt durch ihn hindurch fuhr und ihn glatt niederstreckte. Als er die Augen wieder aufschlug merkte er, dass er auf der Erde lag und am ganzen Körper zuckte. Für den Rest seines Lebens war er völlig verwirrt und nervös und weigerte sich das Haus zu verlassen, aus Angst ein weiterer Blitz könnte ihn treffen. Während Dror den Highway One von Jerusalem kommend entlangfährt, fragt er sich, ob diese Art zu leben nicht möglicherweise die vernünftigste ist. Dror arbeitet seit sechs Jahren für die Polizei und nie hat er seinen Job so sehr gehasst wie jetzt. Sie brauchten Stunden, um die wütenden Demonstranten auseinanderzutreiben, und am Ende hatten sie nichts weiter erreicht, als ein paar der Aufrührer in Gewahrsam zu nehmen. Obwohl er Sechsunddreißig-Stunden-Schichten gewohnt ist, fühlte sich Dror am Ende dieses Tages so erschöpft, dass ihn sein Chef nach Hause schickte und ihm befahl, sich auszuschlafen, bis er wieder einsatzfähig war. Genau das hat er vor, doch als er die Tür zur Wohnung aufschließt, die er sich mit seinem Freund und Mitbewohner Lior teilt, bemerkt er einen süßen Geruch nach Zucker und Blumen, und da muss er daran denken, was sein Onkel Solomon kurz vor seinem Tod gesagt hatte. »Die Liebe«, hatte er gesagt, »ist so unberechenbar wie das Wetter, und ehe du dich versiehst, kommt sie vom Himmel herabgefahren und schlägt dich zu Boden wie ein gewalttätiges Weib.« Lior sitzt auf einem Metallstuhl auf der Veranda, die Füße auf das Geländer gelegt, als Dror kommt und ihm ein Bier in den Schoß wirft. »Smells like Teen Spirit«, sagt Dror und grinst. »Du riechst wie eine französische Nutte. Hast du ein Mädchen aufgerissen oder bist du endlich meinem Rat gefolgt und hast ein verdammtes Bad genommen?«

»Nirvana?«, fragt Lior und ringt sich ein müdes Lächeln ab. »Wohl eher Guns N'Roses. ›November Rain‹. Siehst du? Und das im Mai.«

Und tatsächlich türmen sich am Horizont Wolken auf, die so tief hängen, dass man sie anfassen könnte, wenn man sich nur die Mühe machte, die Hand auszustrecken.

Dror nimmt seine Waffe aus dem Halfter und legt sie oben auf den Schrank, wie er es immer tut, wenn er nach Hause kommt. Plötzlich fühlt er sich hoffnungslos und deprimiert. »Es geht wieder los«, sagt er und lässt sich neben Lior in einen Sessel fallen. »Nie im Leben habe ich eine so große Demonstration gesehen wie heute in Jerusalem. Bis das explodiert, ist es nur eine Frage der Zeit. Wir sind dreißig Jahre alt und erleben gerade die verdammte dritte Intifada. Willkommen im scheiß Nahen Osten.«

***

Als Dror ins Bett gegangen ist, sitzt Lior immer noch auf der Veranda und starrt in die Nacht. Er hatte beschlossen, sich zu betrinken, aber stattdessen liest er zum hundertsten Mal die Zeilen, die Layla in ihr Notizbuch geschrieben hat. Das Heft war zerknittert und an einer Ecke zerrissen, und wenn er klug gewesen wäre, hätte er es ihr einfach mit der Post zurückgeschickt, ohne es zu lesen. Er hätte es einfach in ihren Briefkasten werfen sollen, als er bemerkt hatte, dass er vergessen hat, ihr das Heft zurückzugeben. Oder noch besser, er hätte an ihrer Tür klingeln sollen, um es ihr zusammen mit seinem Herz vor die Füße zu legen.

Doch einem Tagebuch zu widerstehen ist schwer, selbst für jemanden wie Lior, der so grundanständig ist, dass er noch nie jemanden hintergangen hat. Seine Freunde und Kollegen wissen, dass man ihm alles anvertrauen kann und dass er sie niemals enttäuschen wird. Das Tagebuch einer fremden Person zu lesen ist für jemanden wie ihn fast ein Sakrileg, aber wenn er ehrlich ist, bereut er es kein bisschen. Obwohl der Himmel sich verdunkelt hat, herrschen spät abends noch immer gut dreißig Grad, als Lior Laylas Notizbuch liest. Er liest es vom Anfang bis zum Ende, und als er damit fertig ist, fängt er von vorne an. Lior ist kein Dummkopf. Er weiß, dass es Dinge gibt, von denen man die Finger lassen sollte, Dinge die so heiß sind, dass sie einen bis auf die Knochen verbrennen können. Diese Frau ist so eine Sache, und das nicht nur, weil sie mit Abstand die schönste Frau ist, die er je gesehen hat, sondern vor allem deswegen, weil sie Palästinenserin ist, was, so viel musste er sich eingestehen, ein ernsthaftes Problem sein könnte. Lior ist mit Dror befreundet, seit sie beide in die Schule gingen. Bis auf die Jahre beim Militär, wo sie in verschiedenen Einheiten gedient hatten, haben sie beinahe alles gemeinsam gemacht. Sie haben sich gemeinsam zu ihrem Schulabschluss mit Tequila und Bier betrunken und Pot geraucht. Sie haben gemeinsam ihr erstes und einziges krummes Ding gedreht (nämlich einen Parkautomaten aufgebrochen und die achtundneunzig Schekel darin unter sich aufgeteilt), und noch Jahre später hatte Lior deswegen Schuldgefühle, doch weder diese Geschichte, noch das Mädchen, mit dem Lior während seines Studiums zusammen war, haben ihrer Freundschaft etwas anhaben können, und bis jetzt sind sie in fast allem immer einer Meinung gewesen. Doch nun hat sich etwas verändert, das spürt er. Dror hat ihm von den Anschlägen und den Demonstrationen erzählt, da Lior sich weigert, die Nachrichten zu verfolgen oder auch nur das Radio anzumachen. Als Dror den Mann erwähnte, in dessen Namen offenbar all die Gewalt verübt wird, stellte Lior sein Bier ab und schloss die Augen. Obwohl er in der Armee Arabisch lernte, sind seine spärlichen Kenntnisse ziemlich eingerostet, und so brauchte er eine Weile, um Laylas Aufzeichnungen zu entziffern. Doch die Worte die er gelesen hat, brannten sich ihm unauslöschlich ins Gedächtnis ein, und so weiß er, dass der Mann, der angeblich all den Aufruhr verursacht hat, in Wahrheit ein Engel ist und dass sein Gesicht von innen heraus zu leuchten scheint, wenn er lächelt. Er weiß, dass die Mutter des Engels jeden Tag Bäche von Tränen weint, weil ihr Herz gebrochen ist. Lior weiß von Dror, dass der Engel im Gefängnis sitzt, wo er mindestens so lange hinter Schloss und Riegel bleiben wird, bis die Polizei herausgefunden hat, was zum Kuckuck eigentlich vor sich geht. Doch Layla hat geschrieben, dass Engel es ermöglichen, dass wir uns selbst als das erkennen, was wir wirklich sind. Lior hat keine Ahnung, wer er in Wirklichkeit ist. Die Wahrheit ist, dass er das Gefühl hat, dass sein Leben eben erst begonnen hat, jetzt in diesem Augenblick. Lior hat jede Menge Freunde, und man sagt ihm nach, dass er sich gut in andere Menschen hineinversetzen kann, aber noch nie zuvor hat er das Gefühl gehabt, jemanden so zu kennen, wie er die Frau zu kennen glaubt, deren Tagebuch er in der Hand hält. *Schneeflocken*, hat Layla mit ihrer krakeligen Schrift oben auf eine Seite geschrieben. *Traumgeister. Ascheregen.* Er liest von Dingen, die er tief in sich selbst vergraben hat. Von Asche und Blut und Kälte und Angst. *Können wir uns an eine Vergangenheit erinnern, die nicht unsere eigene ist? Gibt es einen Weg, die Zeit zu durchqueren? Ist es möglich Verzweiflung zu heilen?* Er ist so vertieft in ihre Worte, dass er den Regen nicht bemerkt, der wie ein blauer Fluss vom Himmel herabrauscht – und das im Monat Mai, zu einer Jahreszeit, in der es in Israel niemals regnet. Er bemerkt weder den Regen noch die Polizeisirenen, die jeden im Viertel aus dem Schlaf reißen, und er bemerkt auch nicht, dass sich neben ihm eine Familie Spatzen niedergelassen hat, die der Regen aus den Palmen vertrieben hat. Die Vögel könnten sich auf seine Schulter setzen und ihm direkt ins Ohr zwitschern, und er würde trotzdem nicht reagieren. Sie könnten ihm mit ihren Schnäbeln auf die Stirn picken, und er würde immer noch bewegungslos dasitzen, in Gedanken weit weg.

* * *

Jemand hat den Engel gefragt, warum er hier sei. Wenn er sich nicht irrt, war es der freundliche junge Mann, der in dem kleinen Raum neben ihm wohnt, aber inmitten all der Menschen in diesem merkwürdig dunklen Gebäude ist es schwer für den Engel, sich zu konzentrieren. Wenn es um andere Menschen geht, kommt er immer durcheinander, und darum brauchte der Engel eine Weile, bis er antworten konnte. Er dachte lange über die Frage nach, und am Ende antwortete er schlicht, »ich bin hier, weil es mich gibt«. Das schien ihm eine einleuchtende Antwort zu sein, und zur Bekräftigung nickte der Engel kurz mit dem Kopf und versank dann eine Weile in den Anblick seiner eigenen Hände. Man war grob zu ihm, und noch immer sind auf seinen Armen die Schatten der Handschellen sichtbar. Purpurn und indigoblau wie der Himmel bei Sturm sehen sie aus, und auf seinem Gesicht hat er seither ein Mal, das aussieht, als hätte sich ein dunkler Schmetterling traurig auf seine Wange gesetzt. Manchmal, wenn die Nacht am tiefsten ist, verlässt der Engel das Gebäude. Es zieht ihn nach Hause, zu den Olivenbäumen, deren Blätter in der Sonne silbrig glänzen. Er schwebt einfach aus dem Fenster und macht sich ein Bett aus Zweigen, deckt sich mit dem knisternden Laub zu, und wenn er morgens aufwacht, hängt in seiner Zelle der Geruch nach feuchter Erde und gemähtem Gras. Trotzdem ahnt der Engel nichts davon, dass draußen hinter den hohen Mauern die Menschen angefangen haben, sein Bild auf Hauswände zu malen, und dass einige bereits geschworen haben, ihn zu rächen. Doch selbst wenn er es wüsste, würde er es nicht verstehen, denn er weiß nicht, was Rache ist.

DREI

Erinnerung

We're captive on the carousel of time
We can't return we can only look
Behind from where we came
And go round and round and round
In the circle game

Joni Mitchell, »Circle Game«

Nach einiger Zeit hörte man nichts mehr über den Engel in den Nachrichten. Es herrschte ein langes, verwirrtes Schweigen. Nach einigen wilden Spekulationen in den Schlagzeilen – *Intifada mit himmlischem Beistand? Angeblicher Engel mischt Jerusalem auf* und *Racheengel reloaded. Die neue Strategie der palästinensischen Rechten* oder *Kleriker sind sich einig: Israel steuert auf eine Glaubenskrise zu* – wandten sich die Zeitungen anderen Themen zu: Das Wetter spielte verrückt, in anderen traurigen Teilen der Welt herrschte Krieg, in Südamerika strandeten Hunderte Delphine, als ob sie Massenselbstmord begehen wollten, Vögel bekamen die Grippe, wahnsinnige Diktatoren zündeten Bomben, ein Kreuzfahrtschiff ging unter. Vor diesen Schlagzeilen wurde die Existenz eines Engels zu einer Randnotiz. Obgleich über die immer zahlreicher werdenden Demonstrationen und gewaltsamen Ausschreitungen berichtet wurde, vergaßen viele Menschen nach einiger Zeit den Engel, der hinter hohen Mauern noch immer darauf wartete, dass jemand käme und ihn holte. Doch die Dinge, die rasch unter den Teppich gekehrt werden, haben die Angewohnheit, sich ihren Weg an die Oberfläche zu suchen, und so war es nur selbstverständlich, dass die Menschen im Land bald begannen, dunkle trübe Träume zu haben, die den tiefliegenden Wolken ähnelten, die grau und bleischwer über den Himmel zogen.

Layla, die wieder begonnen hat, Zeitungen zu lesen, ertappt sich dabei, dass sie sich gern die Augen zuhalten würde, um das Elend nicht mehr sehen zu müssen. Nachts, wenn sie nicht schlafen kann, und die Geister der Vergangenheit nebelhaft das Zimmer umrunden, stellt sie sich die Welt wie einen sich drehenden Nukleus vor, um den eine Schar Engel wie Elektronen kreisen und besorgt die Hände ringen.

Jeden Abend hört sie ihre Mailbox ab, in der Hoffnung, die Stimme des Mannes zu hören, der ihr Tagebuch bei sich trägt, doch der einzige Anruf in jener Woche kam von ihrer Mutter, die sie bat, nach Hause zu kommen. Layla hat solches Heimweh, dass ihre Haut den Geruch nach Zitronen verströmt, wo auch immer sie hingeht. Ganz gleich wie oft sie sich duscht und wie oft sie sich das dunkle Haar mit Lavendelöl und Rosmarinshampoo spült, der Citrusduft will einfach nicht verschwinden. Doch als sie mit Sabah spricht, kommt ihr Dorf ihr vor wie ein ferner Planet, zu dem sie keine Verbindung mehr hat.

»Was willst du dort«, hat Sabah gefragt, »zwischen all den Menschen in der Stadt? Komm zurück, *Binti*.«

»Mama, hast du gehört, was im Land passiert?«

»Ja, natürlich, *Binti*. Natürlich. Sie kämpfen, wir kämpfen, alle kämpfen. Das machen sie immer. Deswegen, komm zurück. Hier ist es ruhig. Hier wird dir nichts passieren. Ich passe gut auf mein Kind auf.«

»Ich bin kein Kind mehr, Mama.«

»Weiß ich doch. Das weiß ich. Denkst du, das weiß ich nicht? Also, wann kommst du, Kind? Dein Vater bekommt schon Magengeschwüre vor lauter Sehnsucht nach dir. Übrigens, der Sohn von Abu Hossein hat sich verlobt. Der mit der Hasenscharte. Er ist ganz verliebt in die Kleine, übrigens die Tochter vom alten Marwadi. Albernes Gör, aber er ist verrückt nach ihr, läuft ihr überallhin nach. Du musst kommen und dir das ansehen.«

»Ich komme euch bald besuchen. Ich verspreche es.«

Als Layla aufgelegt hat, öffnet sie das Fenster und atmet den Geruch von nassem Asphalt und Meer ein. Sie denkt an ihren Vater und daran, wie er oft nachts durchs Haus wanderte, wenn ihn die Schmerzen nicht schlafen ließen. Sie denkt daran, wie ihre Mutter aussah, wenn sie auf den Feldern arbeitete, den Rücken gebeugt und die Hände tief in der roten Erde vergraben. Plötzlich wird ihr klar, dass ihre Eltern langsam alt werden. Layla ist sich im klaren darüber, dass schlimme Dinge oft den besten Menschen widerfahren. Ihr Vater ist das beste Beispiel dafür. Nie hat er schlecht über die Leute geredet, weder über die jüdischen noch über die arabischen. Das einzige Mal, dass Layla ihren Vater überhaupt zornig gesehen hat, war, als die Soldaten einen großen Teil seiner Olivenbäume fällten, weil sie zu nah an der Straße standen und angeblich die Sicht blockierten, und selbst da beschränkte er sich darauf, empört den Kopf zu schütteln und das Wort »Dummköpfe« zu wiederholen. Doch all die Sanftmut hat die Schläger freilich nicht daran gehindert, ihn halb totzuprügeln. Der Engel ist ein weiteres Beispiel. Vermutlich würde man nie wieder einen

Menschen finden, der so gut ist wie Malek Sabateen, selbst wenn man hundert Jahre lang danach suchen würde und jeden Stein umdrehte. Und dennoch haben sie ihn geschlagen, verhaftet und eingesperrt, und nun verrottet er in irgendeinem Gefängnis und weiß nicht einmal, warum.

Layla ist davon überzeugt, dass die friedlichsten Menschen, diejenigen mit den reinsten Herzen, meistens auch diejenigen sind, denen am übelsten mitgespielt wird. Sie laufen sehenden Auges in ihr Verderben, weil sie nicht wahrhaben wollen, wie schlecht die Welt um sie herum ist. Wer es wagt, aus dem Kreislauf von Schuldzuweisung und Vergeltung auszusteigen, so glaubt sie, den reißen die Menschen irgendwann in Stücke, weil sie es nicht aushalten können, dass ihnen jemand den Spiegel vorhält. Solche Leute enden über kurz oder lang immer am Galgen, weil die Welt ihre Philosophie von Frieden und Vergebung nicht ertragen kann.

Wut und Zorn hingegen funktionieren wie ein Schutzschild. Nimm Amal beispielsweise. Ihre Cousine macht keinen Hehl aus ihrer Verachtung für beinahe alles und jeden. In ihrer palästinensischen Tracht und der *Kefije*, die sie fast nie ablegt, ist sie eine wandelnde Provokation, doch bisher hat noch keiner gewagt, sie deswegen zu belästigen. Layla wünscht sich, sie hätte eine solche Schutzmauer aus Wut um sich. Sie stellt sich Steine aus Zorn vor, zusammengehalten von Mörtel aus Bitterkeit und Verachtung, doch alles, was sie hat, sind Traurigkeit und Verzweiflung und eine solche Mauer ist allzu leicht zu durchdringen. Ihre Wände bestehen nicht aus Stein und Beton, sondern aus Sand vermischt mit Tränen. Jedes Kleinkind könnte sie durchbrechen. Der Flügelschlag eines winzigen Vogels könnte ihre Mauern zum Einsturz bringen.

Jeden Morgen, bevor sie zur Arbeit geht, setzt sie sich an den Küchentisch und versucht zu schreiben. Alles, was sie über den Engel gehört hat, muss zu Papier gebracht werden. Doch sie findet nicht die richtigen Worte. Alles, was sie schreibt, klingt wie das Gespinst eines wahnsinnigen Hirns, was – bei aller Objektivität – vermutlich den Tatsachen entspricht. Und trotzdem schreibt sie weiter. Sie schreibt von Wundern: Von Messern, die fortgeworfen wurden. Von Feinden, die sich in die Augen sehen und einander nicht töten. Von den geflüsterten Worten des Engels, die keinerlei Bedeutung zu haben scheinen, bis man merkt, dass man sich seltsam getröstet fühlt, wann immer man ihm zuhört. Von Menschen die Stein und Bein schwören, der Engel habe ihre Trauer fortgenommen, ihre Ängste zerstreut, ihre Depressionen geheilt. Sie beschreibt eine Begebenheit, die Khaddija, die Mutter des Engels, ihr erzählt hat: Einmal wurde der Engel Zeuge eines Streits zwischen Soldaten und den palästinensischen Händlern, die in der Altstadt von Jerusalem ihre Läden haben. Gerade als der Streit am hitzigsten war und man bereits fürchtete, es könnte zu Gewalt kommen, kam der Engel verträumt durch die Gasse geschlendert, und die Menschen wurden ruhig. So ruhig, dass man seine Schritte auf den Pflastersteinen hören konnte, und sie blickten ihm andächtig nach, während er entzückt begann, die Spatzen zu füttern, die sich zu seinen Füßen niedergelassen hatten.

Für Layla, die sich nichts sehnlicher wünscht, als dass diese Dinge wahr wären, hört sich all das an wie ein Wunder, doch sie weiß, dass sie mehr braucht, damit ihr Artikel einschlägt. Sie braucht nicht nur stichhaltige Beweise dafür, dass der Engel unschuldig ist, sondern sie muss ihre Leser davon überzeugen, dass die Wirkung, die er auf andere Leute hat, außergewöhnlich ist.

»Wie willst du das anstellen?«, hat Amal gefragt. »Beweisen, dass der Engel Wunder bewirkt, ist einfacher als zu beweisen, dass er unschuldig ist.«

Aber Layla weiß, dass ihr das gelingen kann, wenn sie nur sorgfältig genug recherchiert und wenn sie Glück hat. Ihr Leben lang hat Layla versucht, dem Unheil ausweichen, doch das ist nicht leicht, wenn man ganz offenkundig verrückt ist und zudem eine nahezu magnetische Wirkung auf schräge Leute hat. Trotzdem oder gerade deswegen war sie in Fragen des Glücks immer vorsichtig: Sie pflanzte die Obstbäume im Garten ihres Vaters so sorgfältig, wie sie nur konnte, und achtete darauf, keine Wurzeln zu beschädigen, wenn sie die jungen Triebe aus ihren Plastiktöpfen hob, und bis heute wachsen die Bäume, die sie gepflanzt hat, stark und gerade. Sie ist so verantwortungsbewusst, dass sie, wenn sie das Haus verlässt, die Tür immer dreimal abschließt und kontrolliert, ob alle Fenster fest verschlossen sind. Das tut sie auch jetzt, als sie die Wohnung verlässt, um in Ephraims Falafelladen zu arbeiten. Als sie die Stufen hinuntergeht, achtet sie darauf, kein Geräusch zu machen, um Lulu, den Hund, nicht zu erschrecken.

* * *

Der Tag, an dem Lior Orly endlich zum Telefon greift, um die Nummer anzurufen, die in dunkelblauer Tinte auf liniertem Papier geschrieben steht, ist ein trüber Tag voll mit Stunden, die sich dehnen wie Gummi. Es ist schwül und dunstig in der Stadt, und draußen vor dem Meer jagen die Wolken einander über den Horizont. Layla hat eine so krakelige Handschrift, wie man es bei einer derart verantwortungsbewussten Person wie ihr kaum vermuten würde, doch für Lior sehen die krummen Zahlen, die sie hinten in ihr Heft geschrieben hat, aus wie gute Freunde. Der Campus ist jetzt, kurz vor den Semesterprüfungen, leerer als sonst, und Lior kann sich Zeit lassen. Als er die Nummer wählt und das Freizeichen ertönt, klammert er sich tatsächlich am Tisch fest. Die Zeitungen schreiben von Massen an Palästinensern, die seit Tagen auf der Straße sind und »Nieder mit Israel« rufen, und hier steht er und ruft eine Frau an, die diese Leute womöglich als Helden verehrt.

Als sie sich meldet, ist er überrascht über den sachlichen Ton ihrer Stimme.

»Hallo?«

»Ich bin es, Lior.«

»Wer?«

»Verzeihung. Lior Orly. Ich bin der Trottel, der dein Notizbuch mitgenommen hat. Aus Versehen natürlich.« Er kann hören, wie Layla scharf die Luft einzieht.

»Bekomme ich es wieder?«, fragt sie.

»Ob du es wieder...? Ja! Ja, natürlich. Deswegen rufe ich an. Um es dir wiederzugeben. Also, nur falls du es wiederhaben möchtest.« Lior beißt sich auf die Zunge. Er hört sich tatsächlich an wie der Idiot, der er ist.

»Ja, ich möchte es gern wiederhaben.« Ihr Tonfall ist der einer Lehrerin, die einem lernschwachen Kind das schriftliche Multiplizieren beibringt.

»Hey, natürlich. Versteht sich von selbst. Soll ich es dir ... hm, vorbeibringen?«

»Das wäre vielleicht das Beste«, stimmt Layla zu, und Lior stößt triumphierend die Faust in die Luft.

Als er ihre Adresse notiert (unnötigerweise, denn er würde die Straße auch im Schlaf und mit verbundenen Augen finden), muss er daran denken, was sie über den Engel geschrieben hat. Seit Tagen trägt er Laylas Notizbuch mit sich herum, es ist schon ganz abgegriffen vom vielen Lesen, da er es öfter auf- und wieder zugeklappt hat, als er sich erinnern kann. Dauernd fallen ihm ganze Sätze ein, die sie geschrieben hat. Aus ihren Worten spricht Traurigkeit (oder Wahrheit, je nachdem, wie man es betrachtet), und dennoch liest er aus jedem ihrer Sätze Hoffnung heraus, vor allem aus denen, die von dem angeblichen Engel handeln. Er weiß, dass sie an irgendeiner Art von Reportage über ihn arbeitet, denn Layla ist gründlich in ihren Notizen gewesen, und aus irgendeinem Grund macht ihn das unendlich traurig.

Die ganze Zeit über hat Lior das Gefühl gehabt, er sei im Begriff, etwas Wichtiges zu verlieren − seinen Verstand vielleicht oder sein Herz. Nun weiß er, dass er falschlag. Es gab nichts in seinem Leben, was ihm wirklich wichtig gewesen ist. Er beneidet Menschen, die voller Leidenschaft an etwas glauben können. Menschen wie Layla. Ja, sogar Menschen wie sein eigener Vater, dessen religiöser Fanatismus ihm immerhin so viel Lebenssinn schenkt, dass er mit dem Trinken aufhörte. Lior selbst hingegen hat vor langer Zeit resigniert. Er hat es hingenommen, dass direkt vor seiner Nase ein Konflikt tobt, einfach weil er keine Lösung sah. Wenn er der Soldat gewesen wäre, den der Engel mit dem Messer bedrohte, hätte er dann geschossen? Oder hätte er sich einfach mit dem Gesicht nach unten auf den Boden gelegt und aufgegeben? Was hätte er gesehen, wenn er dem Engel in die Augen geblickt hätte? Hass? Oder Gnade?

Er ist da gewesen, in Tiberias am Hafen, kurz nachdem das angebliche Wunder geschehen ist, und verdammt will er sein, wenn das nicht symptomatisch für sein ganzes Leben ist. Immer kommt er den Bruchteil einer Sekunde zu spät, sein Weg ist gepflastert mit um Haaresbreite verpassten

Chancen. Diesmal wird er das nicht zulassen. Wenn es ein Wunder zu sehen gibt, dann will er es – so gewiss wie es eine Hölle gibt – sehen. Und wenn das bedeutet, sich in eine Frau zu verlieben, die an Engel und Wunder glaubt, nun, dann wird er sich eben anschnallen und in einer Wolke aus Dopamin und Oxytocin geradewegs in den Abgrund fahren. Was hat er schließlich zu verlieren? Seine Doktorarbeit, an der Lior nun bald seit vier Jahren arbeitet, handelt von der Verbindung zwischen dem Lobus Insularis und der Amygdala, jenen Bereichen des Gehirns, die sowohl für Empathie, als auch für Angst zuständig sind. Wenn er nun darüber nachdenkt, findet Lior, dass die Wahl seines Themas nicht passender gewählt sein könnte. Nichts auf der Welt macht ihm mehr Angst als seine eigenen Gefühle, was auch der Grund ist, warum er es bevorzugt, dieses Problem nüchtern und wissenschaftlich zu betrachten.

Andererseits hat er gesehen, was mit Menschen passiert, die sich von Dingen wie Drogen, Hormonen oder Religion steuern lassen, und wenn das Land sowieso in die Binsen geht, will er vorher zumindest noch seinen Spaß gehabt haben. Die Vernunft des Menschen sitzt im präfortalen Cortex, doch Glaube, Liebe und spirituelle Verzückung wirken im Gehirn genau wie ein Drogenrausch, nämlich erfreulich euphorisierend. Die unwahrscheinliche Kombination aus einem Engel und der Liebe könnte ihm also den Trip seines Lebens bescheren. Bislang glaubte er zwar weder an das eine noch an das andere, aber was kann schon schiefgehen? Wenn er schon verrückt wird, dann wird sich das wenigstens gut anfühlen.

Lior lässt seinen Vorgesetzten wissen, dass er sich nicht gut fühlt und nach Hause fährt, um sich einen Tee zu machen und sich hinzulegen, aber das entspricht natürlich nicht der

Wahrheit. Kamillentee ist nicht das, woran er denkt, als er seinen Assistenten bittet, die restlichen Arbeiten für ihn zu korrigieren. Um kurz nach vier ist er auf dem Weg nach Jaffa, und als er dort ankommt, sind die Wolken bereits weitergezogen in Richtung der Berge.

* * *

Irgendwo hinter den Hügeln bellt ein Hund, und sein Bellen hallt von den Mauern wider wie ein Echo. Es ist eine Zeit, in der die Tage zu gleichen Teilen aus gleißendem Licht und dunklen Wolken bestehen, und an diesem Vormittag haben die Wolken das Sagen. Der Regen prasselt auf die Dächer, sodass es klingt wie Gewehrkugeln. Noch immer ist der Asphalt so heiß, dass es zischt, wenn der Regen darauf fällt, und von der Straße steigen Dampfwolken auf. Überall ist es schwül und feucht wie in einer Waschküche, und schon jetzt sind einige Straßen überflutet und unpassierbar. Doch die Unwetter, die zur Unzeit kommen und jeden in den Wahnsinn treiben, sind nicht das Einzige, was das Land lahmlegt. Aus Furcht vor Anschlägen wurden an jeder Ecke noch mehr Soldaten postiert als sonst, und die Menschen haben begonnen, einander misstrauisch zu beäugen und halten die Köpfe stets gesenkt.

An diesem Nachmittag ist niemand auf den asphaltierten Wegen des Kibbuz unterwegs, denn die Hänge unterhalb des Dorfes sind durch die anhaltenden Regenfälle ins Rutschen gekommen, und Schlammlawinen drohen die Gemüsefelder unter sich zu begraben, sodass die Bewohner alle Hände voll zu tun haben, die Tomaten und Bohnen mit Planen vor dem Regen zu schützen. Maryam Rosenbaum blickt interessiert nach oben, als ein paar Blitze durch den tropfenden Himmel zucken, und leckt sich den Regen von der Hand. Das Wasser schmeckt nach Staub und Salz und nach der Wüste. Womöglich ist sie die Einzige im Umkreis, die an dem Wetter nichts auszusetzen hat, was vermutlich nur daran liegt, dass sie es innerhalb weniger Minuten ohnehin wieder vergessen haben wird. Ihre Pflegerin hat ihr heute Morgen Apfelmus und Porridge zum Frühstück serviert und sie anschließend mit weichen Bonbons belohnt. Während sie an ihrem Bonbon lutscht, versucht Maryam, ihren Rollator, dessen Gummireifen sich zwischen zwei Steinplatten verkeilt haben, vorwärtszuschieben. Sie rüttelt und zerrt an den Griffen, doch das bewirkt nur, dass sich die Reifen noch tiefer zwischen die Ritzen schieben. Maryam schiebt zornig die Unterlippe vor und möchte nach ihrer Mutter rufen, doch da fällt ihr ein, dass ihre Mutter fort ist.

Es war an einem Tag, als der Himmel so kalt und weiß aussah wie Kalk. Die Leute in der Baracke drängten sich aneinander wie Tiere, versuchten ein wenig Wärme abzubekommen. Nachts gruben sie sich in die Lumpenlager ein, rutschten so dicht wie möglich zusammen, lagen nebeneinander, aufeinander, übereinander, Knochen an Knochen, Haut an Haut, im selben Rhythmus atmend wie ein einziges Wesen. Am schlimmsten war es, wenn man am Rand schlafen musste, dort wo die eisige Winterluft einen erreichte und wo man den Wind spürte, der zwischen den Ritzen der Baracke hindurchpfiff. Die Lumpen boten keinen Schutz gegen die Kälte, einzig die Wärme der anderen sicherte das Überleben im Lager. Als Maryam an jenem Morgen aufwachte, zwischen zitternden Leibern, entdeckte sie ihren Bruder Simon in einer Ecke des Schlaflagers. Als sie ihn berührte, war sein kleines Kindergesicht kalt wie Glas. An jenem Tag konnte ihre Mutter nicht aufhören zu schreien.

Obwohl sie kaum noch Kraft in ihren Gliedern hatte, schrie sie so lange, bis ein Soldat kam und ihr in den Kopf schoss.

»Mama«, sagt Maryam und gibt dem Gehwagen einen Schubs. »Ich hole Simon. Ich hole ihn«, sagt sie, und plötzlich gibt der Reifen nach und rollt aus dem Loch. Der Wagen macht ein leises beruhigendes Geräusch, als Maryam ihn langsam über den nassen Plattenweg schiebt, immer einen Fuß vor den anderen setzend.

***

Layla hat schmerzende Schultern von der Arbeit, und sie hat einen juckenden Ausschlag an den Fingern von all dem Wechselgeld, das sie herausgeben muss, seit sie bei Ephraim arbeitet. Daher ist es kein Wunder, dass sie schlechte Laune hat, als sie sich auf den Weg nach Hause macht. Es ist ein schlechter Sommer, das ist allen klar. Die Leute betrachten das Ganze aber lieber so, als ob das, was um sie herum geschieht, nur eine kurze Pechsträhne ist, eine Phase des Zweifels, die schnell wieder vorübergeht, anstatt einfach zuzugeben, dass die Situation außer Kontrolle geraten ist. Die letzten Ausschreitungen in Jerusalem haben mehrere Tote auf beiden Seiten gefordert, und selbst hier in Jaffa ist die Stimmung so angespannt, dass die Menschen angefangen haben, verspiegelte Sonnenbrillen zu tragen, um einander nicht in die Augen sehen zu müssen. Selbst Ephraim, zweifellos der optimistischste Mensch, den Layla kennt, schüttelt den Kopf und sagt nur »Mein Gott«, wenn er die Nachrichten hört. Überall an den Hauswänden sind hastig hingesprühte Graffiti zu sehen, die alle die Form eines Engels haben. Sie benutzen immer dieselben Schablonen dafür, und auch die Slogans ähneln sich. *Freiheit für den Engel von*

Palästina, steht an den Hauswänden. *Wir haben Flügel, was habt ihr?*, schreien die Schriftzüge provokant von Laternenmasten und Sandsteinmauern. Die meisten Bewohner dieses Viertels denken, der Engel sei ein politischer Gefangener, auch wenn die Polizei behauptet, er sei ein gefährlicher Terrorist. Einige Menschen sind jedoch davon überzeugt, dass der Engel auf einer himmlischen Mission ist, und der Streit dreht sich nur noch um die Frage, ob diese mit oder ohne Waffen geführt werden soll.

Layla weiß, dass sie alle falschliegen. Die Leute sehen den Engel nur durch ihre eigenen Augen. Das macht ihn zu einer riesigen Projektionsfläche, von der jeder ein Stück haben möchte, selbst wenn sie gar nicht wissen, was sie damit anfangen sollen. In gewisser Weise, denkt Layla, ist es mit dem Engel ganz ähnlich wie mit der Stadt Jerusalem. Alle möchten sie besitzen oder beherrschen, doch niemand weiß, wie man richtig mit ihr umgeht.

Layla ist so sehr damit beschäftigt, ihre Reportage über den Engel zu schreiben, dass sie ihren Albträumen kaum noch Beachtung schenkt. Was macht es schon, dass sie so oft von Asche träumt, dass sich unter ihren Fingernägeln bereits ein schwarzer Rand gebildet hat, der sich nicht mehr entfernen lässt. Was macht es schon, dass sie den Geruch von Rauch nicht aus der Nase bekommt und dass jede Nacht ihre Füße so kalt werden, als würde sie barfuß durch Schnee stapfen? Es gibt Wichtigeres zu tun, und so zwingt sie sich, alle Gedanken daran zu verdrängen. Doch als sie, schwer beladen mit den Einkäufen für die Woche, die Tür zu Amals Wohnung aufsperrt, trifft sie fast der Schlag. Das Erste, was sie sieht, ist der Engel. Da ist er und strahlt sie an mit seinem offenen Gesicht und komplett ausgestattet mit goldenem

Lichtschein und Flügeln. Als Nächstes nimmt sie den Stacheldraht wahr, mit dem seine Hände gefesselt sind, und der Anblick jagt ihr einen solchen Schauer über den Rücken, dass sie sich einen Stuhl nehmen und sich hinsetzen muss. Noch immer spürt sie die blutigen Male des Stacheldrahtzauns aus ihren Träumen, die sich über ihre Handfläche ziehen und die Linien ihrer Hand nachzeichnen, genau an der Stelle, an der ihre Lebenslinie verläuft.

»Ist das neu?«, fragt sie Amal, die am Tisch sitzt und Schokoladencracker isst.

»Brandneu, eben erst fertiggestellt. Vorsicht, die Farbe ist noch frisch. Gefällt's dir?«

»Woher weißt du, wie er aussieht?« Layla ist ehrlich verblüfft. Das Gemälde ist meisterhaft, Amal hat alles eingefangen: die hohen Wangenknochen, die feingezeichneten, schmalen Lippen, die geschwungenen Augenbrauen, die aussehen wie Rabenflügel, die großen, ausdrucksstarken, Augen, schwarz und glänzend wie Lakritz.

»Daher.« Amal schiebt eine Zeitung über den Tisch.

Und da ist er. Es ist dasselbe Bild, das in Khaddijas Wohnung hing, dasselbe, das die Demonstranten auf dem Tempelberg in die Höhe halten. Der Artikel ist kurz, nicht mal eine Seite lang.

»Sie schreiben, die Demonstrationen und die Gewalt gingen von ihm aus. Sie nennen ihn den Anführer der dritten Intifada.« Layla gießt sich eine Tasse Kaffee ein, während sie liest. »Das schreiben sie in jedem Artikel, es ist fast so, als würden sie sich wünschen, dass er es ist.«

»Ist er ja auch, würde ich sagen. Und obendrein sieht er gut aus, ich muss schon sagen, ein Prachtexemplar!« Amal leckt sich die Lippen.

»Aber er hat doch überhaupt nichts getan!«

»Naja, eine Revolution anzuzetteln würde ich nicht ›überhaupt nichts‹ nennen. Wenn du mich fragst, ist er genau das, was wir all die Jahre gebraucht haben. Endlich kämpft mal jemand mit den richtigen Waffen gegen die verdammte Besatzung.«

»Der Engel ist aber kein Kämpfer. Er hat mit Politik nichts zu tun, verstehst du?«

Amal nickt wissend und nimmt sich noch einen Schokoladenkeks. »Das Politische ist privat, das Private ist politisch«, zitiert sie mit erhobenem Zeigefinger, den Mund voller Kekskrümel. »Marx, glaube ich. Oder vielleicht Simone de Beauvoir. Ist auch egal, jedenfalls stimmt es.«

»Du hast mich nicht verstanden«, unterbricht Layla ihre Cousine. »Malek Sabateen hat nichts mit dieser sogenannten Intifada zu tun, genau das versuche ich doch zu beweisen!«

»Nein, meine Liebe«, entgegnet Amal und zündet sich eine Zigarette an, »du verstehst *mich* nicht.« Sie nimmt einen tiefen Zug von ihrer Gauloise. »Dein Engel hat alles damit zu tun, auch wenn du das nicht wahrhaben willst. Alles in diesem Land ist politisch, vor allem das Unpolitische.« Amal deutet mit der Spitze ihrer Zigarette auf das Bild hinter sich. »Mit diesem Burschen haben wir endlich die Energie bekommen, die uns jahrzehntelang gefehlt hat, um das Blatt zu wenden. Und das wissen die. Deswegen sitzt er immer noch ein, und deswegen ist das ganze Land am Durchdrehen. Und du, liebe Cousine, bist ein Teil davon, ob du es nun willst, oder nicht.«

»Ich will kein Teil von irgendetwas sein, ich will nur, dass er nach Hause zu seiner Mutter kommt, weiter nichts«, sagt Layla. »Es ist so ungerecht. Stell dir nur vor, die besten Jahre deines Lebens damit zu verbringen, Tag für Tag durch ein winziges Gitterfenster auf die immer gleiche Landschaft zu starren.«

Amal hat zwanzig Jahre in Kfar Jalah gelebt und weiß genau, wie der Engel sich fühlt. »Dir fehlt eben der Blick für das große Ganze«, meint sie und stippt die Asche von ihrer Zigarette.

Layla schließt die Augen und schiebt die Zeitung weg. Warum kann sie nicht einfach in einem normalen Land leben, in einem Land in dem die Menschen nicht jeden Sommer ausrasten und mit ihren heiligen Schriften aufeinander eindreschen? Stattdessen sitzt sie hier, inmitten von Zäunen und Mauern und übersinnlichem Wahnsinn und glaubt tatsächlich, mit einer winzig kleinen Reportage irgendetwas ausrichten zu können.

Die Türklingel reißt die beiden Frauen aus ihren Gedanken.

»*Khara!* Scheiße!« ruft Layla und rafft die Zeitung zusammen. »Das ist der Typ mit meinem Notizbuch. Den hatte ich völlig vergessen.«

* * *

Als Layla die Tür aufmacht, schaut Lior in ihre Augen und ist über sich selbst überrascht, dass er nicht einfach kehrtmacht und davonrennt. Layla trägt Shorts und ein schwarzes T-Shirt, und als sie ihn hereinbittet, stolpert er fast über den ausgetretenen Orientteppich und muss sich am Garderobenständer festhalten, um nicht der Länge nach hinzuschlagen wie ein Vollidiot. Sicher, Layla ist schön, sogar nach Drors Einschätzung würde sie als eine glatte Zehn durchgehen, da ist sich Lior sicher. Doch was ihn wirklich fertigmacht, ist ihr Gesichtsausdruck. Sie blickt ihn so prüfend an, als würde sie versuchen herauszufinden, ob er Freund oder Feind ist.

»Ich bin Layla«, stellt sie sich überflüssigerweise vor, und dann fällt ihr ein, dass er das ohnehin weiß. Dieser Mann, der an ihre Tür gekommen ist und sich in der Wohnung umblickt, macht sie nervös. Sie hatte niemals israelische Freunde, nicht einmal an der Universität, wo sie meist für sich blieb und so konzentriert lernte, dass sie von allen anderen ignoriert wurde. Lior trägt staubbedeckte Turnschuhe, und Sand rieselt aus den Falten seiner Bluejeans, als wäre er den ganzen Weg von Tel Aviv nach Jaffa am Strand entlanggegangen. Sie kann die Hitze spüren, die von ihm ausgeht, so als würde in seinem Inneren eine Kernschmelze stattfinden. Layla muss den Kopf in den Nacken legen, um in sein Gesicht zu sehen, und als sie bemerkt, wie er sie ansieht, weicht sie zurück.

»*Ahlan*, komm rein«, sagt sie und tritt beiseite, um ihn vorbeizulassen, obwohl sie sich eigentlich wünscht, ihn schnell loszuwerden. Die Wohnung besteht aus einem großen Raum mit Kochnische, wo Körbe mit Zwiebeln und getrocknete Paprikaschoten von der Decke hängen. Auf dem Tisch stehen noch die Tüten mit Gemüse und Brot, die Layla vom Markt mitgebracht hat.

»Kommst du aus Jaffa?«, fragt Lior beiläufig, um das Eis zu brechen. »Ich bin in Tel Aviv aufgewachsen und halte diese Stadt für den schönsten Ort der Welt.«

»Ich bin nicht von hier«, unterbricht Layla ihn, ehe Lior weiter von seinem geliebten Tel Aviv schwärmen kann. Layla hat das Gefühl, als wäre ihr Herz zu groß für ihre Brust, und unwillkürlich legt sie die Hand an ihren Hals, wo ihr Puls bereits gefährlich anzusteigen beginnt. Es ist weniger die Tatsache, dass er ungeheuer gut aussieht, als dass seine Präsenz die ganze Wohnung auszufüllen scheint.

»Wir kommen aus einem weit entfernten kleinen Dorf, in dem die Geister nachts durch die Bäume tanzen.« Amals Blick ist spöttisch, als sie träge vom Küchentisch aufsteht und mit weit ausholender Geste in den Raum weist. »Willkommen in unserer bescheidenen Hütte. Wir haben nicht oft Gäste aus der großen Stadt da, um genau zu sein, bist du unser erster.«

Lior bleibt unschlüssig stehen. In der Wohnung riecht es angenehm nach Zimt und Früchten, als würde auf der hinteren Herdplatte ein Topf mit Marmelade köcheln, doch da ist noch ein anderer, erdiger Geruch. Ein Geruch nach welken Blättern und Trauer.

»Kaffee?«, fragt Layla und versetzt Amal im Vorbeigehen einen Rippenstoß. »Ich mache frischen.«

Während Layla am Herd Kaffeepulver in die Kanne löffelt, froh über die Beschäftigung, hat Amal Lior bereits ins Wohnzimmer geführt, wo sie ihn nötigt, Platz zu nehmen. Das Sofa ist zu einem Bett umgebaut worden, und so setzt er sich auf den einzigen Sessel im Raum, unfähig, den Blick von den weißen Kopfkissen zu heben, die noch den Umriss von Laylas Kopf behalten haben. Daher dauert es eine Weile, bis er das Bild sieht, das an der Wand lehnt.

»Ist das …?«

»Nur eine kleine Studie«, winkt Amal ab. »Ein albernes Hobby von mir, nicht der Rede wert.« Ihr Blick taxiert ihn wie der einer Katze.

Lior ist ehrlich betroffen. Das Bild ist gut, so viel sieht er auf einen Blick, obwohl er von Kunst eigentlich nichts versteht. Es ist nur so, dass er nicht erwartet hätte, dass der Engel hier so präsent wäre. Es kommt ihm fast so vor, als wäre er mit ihnen im Raum. Wenn Lior den Kopf bewegt, scheinen ihm die Augen des Engels zu folgen und das macht ihn ganz verrückt.

Als Neurowissenschaftler weiß Lior, dass Dinge wie mystische Erfahrungen, religiöse Ekstase und vermutlich auch Engelserscheinungen allesamt auf einer Fehlfunktion des Gehirns basieren. Das Feuerwerk der Neuronen, wie es beispielsweise bei Epileptikern der Fall ist, kann auch dazu führen, dass Menschen Dinge sehen, die gar nicht da sind. Geister beispielsweise. Oder Götter. Oder eben Engel. Er selbst muss es wissen, schließlich musste er auf dem Weg hierher zweimal haltmachen, weil ihn ein Schwarm Krähen verfolgt hat, die aus nichts anderem bestanden als Luft. Andererseits muss er zugeben, dass dieser Engel keine bloße Erscheinung, sondern höchst real ist und dass er einen Einfluss auf die Menschen zu haben scheint, der sich reiner Logik hartnäckig widersetzt. Er selbst ist das beste Beispiel dafür, schließlich waren es Laylas Worte über den Engel, die ihn nächtelang wach hielten. Die ganze Zeit über, während er ihre Notizen wieder und wieder las, konnte er nicht anders, als sich vorzustellen, was das für eine Frau sein muss, die diese Sätze zu Papier bringt. Es waren ihre Worte, in die er sich verliebt hat, und jetzt sitzt er hier, tiefer in Schwierigkeiten, als er es sich je hätte träumen lassen.

Als Layla mit dem Kaffee zurückkommt, steht er auf, dankbar für die Ablenkung.

»Eine schöne Wohnung«, sagt er, obwohl er weiß, dass sich das schrecklich dumm anhört.

»Scheint eine gute Gegend zu sein.«

»Es *war* eine gute Gegend«, versetzt Amal. »Vor Achtundvierzig.«

»Touché«, murmelt Lior in seine Kaffeetasse.

Layla schaut auf, bereit die Wogen zu glätten. Da sieht sie, dass Lior einfach nur bedächtig auf seinen Kaffee pustet. Er scheint gar nicht böse zu sein. Amal spielt mit ihm wie eine Katze mit einer Maus, und ihm macht das gar nichts aus.

Die Wahrheit ist, dass Lior so etwas erwartet hatte. Amal ist gut darin, so viel steht fest. Er greift in seine Tasche und holt Laylas Notizbuch heraus, obwohl er es eigentlich hasst, es ihr wiederzugeben.

»Das gehört dir«, sagt er.

Sie schaut das Buch an und dann ihn. »Du hast es gelesen«, stellt sie fest, während sie geistesabwesend darin blättert.

»Ja«, antwortet Lior, und seine Ehrlichkeit ist so schlicht und entwaffnend, dass Layla keine Erwiderung einfällt. Sie beißt sich auf die Lippen und beginnt darüber nachzudenken, wie sie ihn loswerden kann, doch Lior hat sich bereits wieder gesetzt und streckt die Beine aus. Er ist so groß und dünn, dass er in jeder Haltung linkisch wirkt, doch er kann sehr anmutig lächeln, und genau das tut er jetzt. Layla kann spüren, wie ihr Herz klopft.

»Du bist also Journalistin.« stellt er fest, und Layla nickt. »Und du schreibst eine Reportage über den sogenannten Engel?«

»Sein Name ist Malek Sabateen«, sagt Layla, »und er sitzt zu Unrecht im Gefängnis.« Warum erzählt sie ihm das? Sie sollte einfach den Mund halten und hoffen, dass er bald geht. Aber Lior ist die Art von Mann, dessen Offenheit ansteckend ist.

»Der Engel von Palästina«, sagt Amal versonnen und zündet sich eine weitere Zigarette an, »klingt das nicht schön?« Ihre Augen sind halb geschlossen, und sie atmet träge den Rauch aus.

»Es klingt ganz nach einer guten Geschichte«, stimmt Lior zu.

»Nicht nur eine Geschichte«, erwidert Amal. »Der Beginn einer Revolution!«

»Wollt ihr das wirklich?« Lior hat den Blick abgewendet und betrachtet nachdenklich das Bild. »Einen Aufstand, eine dritte Intifada? Krieg?«

»Den Krieg wollt ihr«, versetzt Amal und bläst einen Rauchring. »Wir wollen nur Gerechtigkeit, unsere Freiheit und unser Land zurück.«

»Aber ihr seid frei! Israel ist die einzige funktionierende Demokratie im Nahen Osten. Ihr könnt hier so leben, wie ihr es wollt.« Lior weist mit der Hand in den Raum, in dem Malutensilien, Bücher und Kleidungsstücke herumliegen. »Nenn mir ein Land in dieser Region, in der das möglich ist!«

Amal lacht nur leise. »Wie wenig ihr doch versteht«, murmelt sie und schlägt die Beine übereinander. »Wie sehr ihr doch in einer Blase lebt.«

»Gewalt ist wohl kaum das geeignete Mittel, um zu erreichen, was ihr wollt«, sagt Lior ruhig.

Amal schnaubt verächtlich.

Layla steht am Fenster und hat noch immer die Hand an den Hals gepresst, als ob das die Worte daran hindern könnte, aus ihrer Kehle zu schlüpfen. Liors Worte von Freiheit kommen ihr wie Hohn vor. Die Präsenz des Militärs in den Straßen, die kalten, prüfenden Blicke der Soldaten, als sie in Khaddijas Haus eindrangen, die Art wie sie sie musterten – all das bewirkt, dass Angst ihre Wirbelsäule hinaufkriecht und sich in ihr ausbreitet wie eine giftige Wolke. Schon immer hatte sie Angst vor Uniformen. Seit Wochen hat sie das Gefühl, als würden sich ihre Realitäten verwischen, als würde die Identität aus ihren Albträumen mehr und mehr zu ihrer eigenen, sodass sie nicht mehr weiß, wer sie eigentlich ist. Wann immer das passiert, muss sie innehalten und tief ein- und ausatmen, doch das funktioniert nicht immer.

»Es geht nicht um Krieg oder eine Intifada. Es geht um unser Leben. Und es geht um den Engel!«, sagt sie nun, und obwohl ihr das einen erstaunten Blick von Amal einbringt, kann sie nicht aufhören zu reden. »Es geht um …«, sie sucht nach dem am wenigsten abgedroschenen Wort, »… Frieden«, gibt sie schließlich auf.

Amal, die versonnen eine Haarsträhne zwischen den Fingern gezwirbelt hat, hält mitten in der Bewegung inne und fixiert Layla mit ihrem Blick.

»Glaubst du an Wunder?«, fragt Lior interessiert.

Layla bleibt stumm. Sie denkt an ihren Vater, von dem es hieß, er habe den Angriff nur überlebt, weil starker Regen einsetzte und die Schläger vertrieben hat, bevor sie ihr Werk vollenden konnten. Sie denkt an das erste Jahr nach dem Vorfall, als sie das Haus und die Obstgärten nur deswegen halten konnten, weil die Pfirsichernte im ganzen Land einer Schädlingsplage zum Opfer fiel. Die Pfirsiche der gesamten Region wurden von Würmern zerfressen, bis nur noch eine braune gärende Masse übrig war – alle außer jenen, die im Garten der Al-Riadhs wuchsen. Layla denkt an all die Nächte, in denen sie sich vor dem Einschlafen gefürchtet hat, aus Angst vor dem, was sie im Traum erleben würde. Sie hat noch nie von jemandem gehört, der sich in seinen Träumen blutige Handflächen oder schmutzige Fußsohlen geholt hat, und das ist etwas, was sie niemals, unter keinen Umständen, irgendjemandem erzählen würde.

»Ich glaube an Veränderung«, sagt sie. Und das ist die Wahrheit.

»Und was hast du jetzt vor?«, will Lior wissen.

»Ich werde beweisen, dass der Engel zu Unrecht im Gefängnis sitzt. Das ist alles.«

»Und wenn du falschliegst?«

»Ich liege nicht falsch.«

Würde man in diesem Augenblick eine MRT-Aufnahme von Laylas Gehirn machen, sähe man eine besonders hohe Aktivität im Lobus Insularis und im Präfortalen Cortex, dessen ist sich Lior sicher. Aus Laylas Augen sprühen Entschlossenheit und Gewissheit, und ihre Körperhaltung zeigt die Willensstärke eines Bulldozers. Liors Herz schmilzt dahin wie Softeis im August. In diesem Moment denkt er nicht an Terroranschläge, Ideologien und Messerangriffe. Alles was er möchte, ist Layla zuzuhören, wie sie über Engel und Wunder spricht, mit dieser weichen, melodischen Stimme.

»Hat der Kaffee geschmeckt?«, fragt Amal liebenswürdig.

Lior steht auf und fährt sich mit der Hand durch das struppige graue Haar. Man erwartet von ihm, dass er jetzt geht, das spürt er. Und obwohl sich alles in ihm dagegen sträubt, die Wohnung zu verlassen, trägt er artig seine Kaffeetasse zum Spülbecken.

»Das ist doch nicht nötig«, sagt Amal, die ihn endlich loswerden will. Layla folgt Lior in die Küche und lächelt, als sie sieht, wie vorsichtig er die winzige Tasse in seiner Hand balanciert.

»Danke für den Kaffee«, sagt er.

Dann sieht er das Mosaik, das Amal auf einem der hinteren Küchenschränke verstaut hat, damit es nicht kaputtgeht, bevor sie es verkaufen kann. Er erkennt die Symbolik sofort, die Farben Palästinas, die Symbole von Kampf und Widerstand. Es ist ein Bild voller Zorn, und das verursacht ihm solchen Schmerz. Als er sich zu Layla umdreht, sieht er derart verzweifelt aus, dass sie im ersten Moment denkt, er habe sich verletzt. Und in gewisser Weise stimmt das auch. Er fühlt sich in seinen Gefühlen verwundet, in seiner Seele, in seinem Patriotismus und in seiner Gewissheit darüber, was richtig und was falsch ist. Layla und er stehen auf verschiedenen Seiten, die, selbst ohne dass stacheldrahtbewehrte Mauern zwischen ihnen stehen, nicht weiter voneinander entfernt sein könnten. Sie leben zwar im selben Land, doch es ist, als befänden sie sich auf unterschiedlichen Planeten, die genau in den richtigen Umlaufbahnen schweben, um sich niemals zu kreuzen.

Als er die Kaffeetasse in die Spüle stellt, muss er sich eingestehen, dass Laylas Cousine in dieser Sache wirklich gut ist. Sie hat die Rhetorik gelernt, die man braucht, um ein Feindbild zu kreieren. Was genau weiß er eigentlich von diesen Frauen? Amal beispielsweise könnte einen der Terroristen unterstützen, ihn heimlich mit Geld, Waffen oder Lebensmitteln versorgen, während er unten im Keller hockt und darauf wartet, dass die Luft rein ist. Mit Layla ist es eine andere Sache, er glaubt nicht, dass sie zu irgendeiner Gewalttat fähig wäre, doch Lior hat keinen Zweifel daran, wo ihre Loyalität liegt. Jetzt hat sie ihr schönes Gesicht abgewandt, weil sie seine Gedanken lesen kann. Lior hat das schon früher gesehen: Leute, die sich schuldig fühlen, blicken zu Boden, als wollten sie sich verstecken.

»Tja, dann gehe ich mal«, sagt Lior.

Layla kann fühlen, wie trocken ihr Mund ist, sie verspürt das Bedürfnis, einen ganzen Krug Limonade zu leeren, um das staubige Gefühl loszuwerden, das Liors Gegenwart in der Luft hinterlassen hat. Es ist Asche, was sie in der Luft schmeckt. Asche, Schmerz und Angst, und das ist etwas, das sie schon viel zu oft gespürt hat. Sie ist nicht sicher, ob sie möchte, dass er geht oder dass er bleibt, doch er hat sich bereits umgedreht, und das gibt schließlich den Ausschlag.

»Ich bringe dich zur Tür.«

»Wiedersehen!«, ruft Amal vom Sofa aus und wedelt nachlässig mit einer Hand, als Lior die Wohnung verlässt. Er wendet sich noch einmal um, doch als er das tut, sieht er nur noch die verschlossene Tür.

Als Lior fort ist, lässt Layla sich ein großes Glas Wasser aus dem Hahn einlaufen und trinkt es in einem Zug leer. Amal räkelt sich auf dem Sofa wie eine zufriedene Katze, die soeben eine Maus verspeist hat.

»Den wären wir los«, sagt sie und angelt nach einer Packung Schokoladenkekse. »Ich dachte schon, er geht gar nicht mehr. Aber süß sieht er aus, dein Bücherdieb, das muss ich zugeben. Zu schade, dass er auf der falschen Seite steht.«

Layla stellt ihr Glas ab und greift nach dem Notizbuch, das Lior auf den Wohnzimmertisch gelegt hat und natürlich: Dort zwischen den Seiten liegt ein Zettel. *Ruf mich an*, steht da, gefolgt von einer Telefonnummer. Laylas Gesicht ist ernst, als sie den Zettel zusammenfaltet und sorgfältig wieder zwischen die Seiten steckt.

* * *

In Jerusalem ist Wind aufgekommen, der die Fensterläden klappern lässt und Staub aufwirbelt, sodass Zweige und Laub durch die Straßen flattern wie taumelnde Vögel. Für die Touristen ist das gutes Wetter, denn es bedeutet, dass die schwüle Hitze nachlässt. Was für Touristen gut ist, ist auch für die Händler gut, sollte man meinen, doch die Soldaten an jeder Ecke sind nicht nur schlecht fürs Geschäft, sondern auch für die Moral. Jeden Tag kommt es zu Zwischenfällen und lautstarken Auseinandersetzungen, und erst gestern Morgen tauchten zwei verschreckte deutsche Touristinnen in der Kapelle des Österreichischen Hospizes auf und weigerten sich, von der Militärpräsenz überwältigt, auch nur noch einen Schritt zu machen. Stattdessen kauerten sie sich auf einer Bank zusammen, wo sie besorgt miteinander flüsterten und schmutzige Fußspuren auf dem blank polierten Steinboden hinterließen.

Pater Martin, der das Österreichische Hospiz zur Heiligen Familie in Jerusalem leitet, hat alle Hände voll zu tun, die Pilger und Touristen, die in seinem Hospiz übernachten, zu beruhigen. Manchmal fragt er sich, ob er statt Priester nicht besser etwas anderes geworden wäre. Taxifahrer zum Beispiel. Oder DJ. In seiner Jugend war er ein hervorragender Discjockey, und obwohl er schon lange nicht mehr auflegt, hält sich unter seinen Kollegen hartnäckig das Gerücht, dass er ursprünglich als Leiter des Hospizes auserkoren wurde, um ihn davon abzuhalten, seine Gemeindemitglieder mit schwungvollen Gesten zum Tanzen zu animieren.

An diesem Tag aber ist ihm nicht nach Musik. Es war keine besonders gute Woche, nicht nur wegen der anhaltenden Demonstrationen auf dem Tempelberg, die die Altstadt beinahe völlig lahmlegten, sondern auch, weil die Pilgergruppe, die in seinem Hospiz übernachtete, ihn beständig nach dem sogenannten Engel fragte. Ganz gleich wie oft er auch hochtrabend erklärt, dass Engel spirituelle Wesenheiten sind, deren Sinn und Zweck wir genauso wenig zu verstehen vermögen wie das Schicksal, die Leute wollen einfach daran glauben, dass ein Engel unter ihnen weilt. Obwohl Pater Martin darauf beharrt, dass der Weg zu Gott und zur Erlösung einzig über seinen Sohn, den Herrn Jesus

Christus führe, der für die Sünden der Menschen am Kreuz gestorben ist, hat ihn neulich einer dieser arabischen Gassenjungen, die immer vor dem Hospiz herumlungern, doch tatsächlich gefragt, ob Gott nicht vielleicht auch noch so etwas wie einen Neffen haben könnte, und das wäre dann der Engel. Jesu jüngerer Cousin sozusagen, der zufällig in einem kleinen palästinensischen Dorf geboren wurde, um die Menschen vom Joch der Besatzung zu befreien. Pater Martin wollte ihm beinahe eines über die Ohren ziehen, doch dann besann er sich, segnete den Jungen, dem der Schalk aus den Augen sprang, und hieß ihn zu verschwinden.

Neffen, Cousins – als Nächstes taucht noch irgendein Schwippschwager auf, um die himmlische Familie zu vervollständigen, denkt er missmutig, als er durch die Altstadt läuft. Es ist immer noch schwer, den Menschen ihren esoterischen Wunderkram abzugewöhnen, vor allem in Zeiten wie diesen. Dieser angebliche Engel war binnen weniger Wochen zu einer urbanen Legende geworden, ein Mythos, den jede noch so kleine religiöse Sekte für sich reklamierte. Niemand wusste so genau, wer der Kerl war, den alle für einen Engel hielten, doch das hielt die Leute nicht davon ab, die Geschichten über seine angeblichen Wundertaten zu glauben. Wenigstens weiß Pater Martin, dass seine Kollegen dieselben Probleme haben. Rabbi Stern beispielsweise, mit dem er mittwochs immer Tricktrack spielt, erzählte ihm, dass einige Mitglieder seiner Gemeinde bereits fest davon ausgehen, dass der Engel ein himmlischer Vorbote des Messias sei. Sie wollen nichts davon hören, dass der Engel angeblich ein palästinensischer Geisteskranker ist, der längst hinter Schloss und Riegel sitzt. In ihren Augen ist der Engel Gottes Antwort auf ihre Gebete. Ähnliches hörte er von seinem Freund, dem Imam Ibrahim Abu Hawa, als dieser neulich auf eine Tasse Kaffee in der Pfarrküche vorbeischaute. Während er mit seiner rot-weiß-karierten *Kefije* seine Brille putzte, erzählte der Imam davon, dass die Palästinenser daran glaubten, dass der Engel das Wunder vollbringen werde, von dem sie seit Jahrzehnten träumen: Das Ende der Besatzung, ein eigener Staat, Sicherheit, Wohlstand und Freiheit.

»Wissen Sie, dass die meisten Palästinenser, die hinter der grünen Linie leben, noch nie das Meer gesehen haben?«, fragte der Imam. »Wobei das sicher deren geringste Sorge ist.«

»Schon, aber wie soll ihnen dabei ein angeblicher Engel helfen?«, entgegnete Pater Martin, dem politische Diskussionen immer unangenehm waren.

»Weiß ich auch nicht«, erwiderte Abu Hawa und nahm sich noch ein Stück Gebäck. »Ich vermute, die Menschen brauchen jemanden, dem sie folgen können. Eine Art Martin Luther King, wenn Sie so wollen. Oder vielleicht auch einen Malcom X, je nachdem.«

»Ist Gott ihnen denn nicht genug?«

»Vermutlich nicht«, seufzte der Imam, »denn sehen Sie, Gott hat keine Beine.«

»Gott hat keine Beine«, murmelt Pater Martin vor sich hin, während er über den Hof zur Sakristei hastet. »Gott hat keine Beine, Gott kann keine Bürgerrechtsbewegung anführen, was für ein Schwachsinn. Aber einen Neffen soll er haben.«

Tatsächlich hatten die unterschiedlichen Gruppierungen des Landes die verschiedensten Meinungen zu der Sache. Die orthodoxen Juden hofften darauf, dass der Engel ihnen helfen würde, ihr in alle Richtungen verstreutes Volk endlich zu vereinen, während die Araber darauf setzten, der Engel würde ihnen Gerechtigkeit bringen und Freiheit schenken. Die New-Age-Anhänger mit ihrem esoterischen Hippie-Klimbim hatten nichts Geringeres als den Weltfrieden im Sinn (den Engel gäbe es als Dreingabe dazu) und scherten sich wenig um nationale oder konfessionelle Zugehörigkeiten. In ihren Augen hätte der Engel nicht nur heilende Kräfte, sondern stünde auch in direktem Kontakt zu geheimnisvollen Mächten, inklusive allen jemals ins himmlische Panoptikum aufgestiegenen Wesenheiten. Die Atheisten des Landes hingegen waren in dieser Frage (wie in allen anderen) gespalten. Die einen hielten den Engel für einen lebensmüden Jungen mit geringen Geistesgaben, während die anderen in ihm einen anarchisch eingestellten potenziellen Terroristen sahen – Aufrührer und Lichtgestalt in einem.

Missmutig hebt Pater Martin eine Getränkedose auf, die jemand einfach im sauber gefegten Innenhof fallen gelassen hat und wirft sie mit einem vollendeten Bogen in den nächsten Abfalleimer. Dann fallen die Schüsse.

* * *

Später würden Fernsehsender und Zeitungen erklären, die Eskalation in Jerusalem sei auf die anhaltende Atmosphäre der Gewalt innerhalb des palästinensischen Lagers zurückzuführen und dass die Ausschreitungen vor dem Tempelberg von langer Hand geplant gewesen seien. Der kleine Junge, der aus der Menge der Demonstranten auf die Soldaten zugestürmt war, sei Teil einer Terrorzelle gewesen, deren Anführer sich selbst als Engel bezeichne und selbst noch aus dem Gefängnis die zersetzende Saat des Terrors verbreite. Da der Junge sich nach seiner Verhaftung weigerte, ein einziges Wort zu sagen, konnte man über seine Motive nur spekulieren, doch die Zeugen, die gehört wurden, schworen, er habe wie ein kleiner Irrer ausgesehen.

Das Chaos, das danach ausbrach, war lange nicht unter Kontrolle zu bringen. Die Schüsse, die von den Mauern der Altstadt widerhallten, bildeten eine Kakophonie des Zorns, und die Männer, die sie abfeuerten, würden noch tagelang von diesem Echo träumen. Eine Kugel durchdrang den Oberkörper eines jungen Mannes, der ein Bild des Engels in die Höhe hob, und blieb anklagend in der gegenüberliegenden Mauer stecken, wo die Spurensicherung sie später fand. Der junge Soldat, der den Schuss abfeuerte, konnte nicht verhört werden, da er aufgrund des schweren Schocks kaum in der Lage war, einen zusammenhängenden Satz zu äußern. Er umklammerte sein Gewehr, als wollte er sich an etwas festhalten, das real war, und noch Tage später waren auf seinen Handflächen die Abdrücke des Metalls zu erkennen.

Während die Rettungswagen sich durch die verwinkelten Gassen Jerusalems kämpften, um die Verletzten zu versorgen und die zahlreichen Toten zu bergen, riegelte die Polizei die Umgebung ab. Der Polizist Dror Oron nahm ruhig und gefasst alle verfügbaren Zeugenaussagen auf und trug die Beweise zusammen. Er erstattete vorschriftsmäßig Bericht und setzte sich dann in seinen Einsatzwagen, um den Kopf aufs Lenkrad zu legen und sein Leben zu verfluchen. Das tat er zwanzig Minuten lang, während im Radio Bruce Springsteen lief, »Devils and Dust«. Als der Wind nachließ, legten sich roter Sand und Schmutz wie ein dünner Schleier auf die Stadt. Als Dror dem Chef der Sicherheitspolizei Chaim Levy gegenübertrat, konnte er den Staub wie Schmirgelpapier auf seinen Lippen schmecken.

***

In der Wohnung herrscht Dämmerlicht, weil vor allen Fenstern dunkle Bahnen aus Stoff hängen, die Lior angeschleppt hat, um die gleißende Sonne auszusperren. Als Dror erschöpft von seinem Einsatz nach Hause kommt, meint er einen Augenblick lang ein Gespenst (oder einen Engel?) zu sehen, doch dann sieht er, dass der Irre, der im Halbdunkel aufgetaucht war, Lior ist, der wie ein stummer Geisteskranker weit ausholende Gesten macht.

»Was zur Hölle machst du da?«, murmelt Dror und späht aus halbgeöffneten Augen zu ihm hinüber. Ein Stab aus Licht fällt durch einen Spalt im Vorhang, und von der Straße ertönt das vertraute Auf und Ab des Tel Aviver Morgenverkehrs.

»Chi Gong«, erwidert Lior knapp und fährt fort, die Luft mit seinen Armen zu zerschneiden. »Bringt die Chakren ins Gleichgewicht.«

»Du elender Irrer«, seufzt Dror und lässt sich auf einen abgewetzten Futon im Wohnzimmer fallen. Er hat nach seinem Einsatz, dem schrecklichsten seiner Laufbahn, nicht geschlafen, und langsam spürt er die Erschöpfung in seine Knochen kriechen. Er bekommt den Anblick der Toten und des vielen Blutes einfach nicht aus dem Kopf. Dror hat nicht eine Sekunde lang an das Märchen vom wundertätigen Engel geglaubt und war wie jeder im Polizeidezernat von Anfang an davon überzeugt, dass der Kerl ein gefährlicher Fanatiker ist. Doch das Bild, das die Demonstranten in die Höhe hoben, hat sich in seine Netzhaut gebrannt, und aus irgendeinem Grund ist Dror sich plötzlich nicht mehr so sicher.

Er hätte gerne einen Anhaltspunkt, der ihm zu verstehen hilft, was die Eskalation in Jerusalem ausgelöst haben könnte. Infrage kommt alles, von religiösem Fanatismus bis hin zu einem umgekippten Sack Zement. In Polizeikreisen geht das Gerücht um, dass ein solcher Sack einmal Ausschreitungen verursacht hat, die über Wochen andauerten, weil er ausgerechnet auf einem Flecken Land umfiel, den beide Seiten für sich beanspruchten. Der Regen verwandelte den Zement in eine betonartige Masse, und das war es dann. Dror weiß, dass die Demonstranten seit der Verhaftung des Engels außer sich sind. Was er nicht versteht ist, warum.

»Chi Gong solltest du auch mal versuchen«, sagt Lior, wobei er eine halbe Drehung auf den Zehenspitzen macht und im Ausfallschritt zum Stehen kommt. »Lässt dich ausgeglichener sein.«

»Ganz genau«, murmelt Dror. »Das musst du gerade wissen.«

Letzte Woche hatte Dror genug vom verdrießlichen Anblick seines Freundes und schlug ihm vor, sich wieder mit anderen Frauen zu verabreden, doch Lior warf ihm nur einen empörten Blick zu. Seit Wochen hat ihn keine seiner früheren Verehrerinnen angerufen, die Kellnerinnen im Café wenden die Köpfe ab, wenn er hereinkommt, und selbst Marsha macht ein mitleidiges Gesicht, wenn sie ihn sieht. Warum wollen die Frauen nicht mehr mit ihm ausgehen? Weil er so einen sonderbaren Blick hat? Weil er angefangen hat, an merkwürdige Dinge zu glauben? Weil er seltsame Obsessionen entwickelt hat? Ja, um es mit einem Wort zu sagen.

Seit Lior bei Layla war, rührt er sich nur noch vom Fleck, um zur Arbeit zu gehen. Den Rest der Zeit sitzt er wie ein Fakir bei zugezogenen Vorhängen in seinem Zimmer, hält die Augen fest geschlossen und meditiert. Lior testet die Wirkung, die Meditation auf das Gehirn haben soll, an sich selbst. Mit demselben Eifer, mit dem er in seiner Jugend allerlei Drogen konsumierte, sucht er nun nach transzendenten Erfahrungen. In Wahrheit wartet er nur auf das Klingeln des Telefons, doch er würde eher seine Zunge in Marshas scharfe Spezialsauce tunken, als das zuzugeben. Er kann tatsächlich spüren, wie die Meditation wirkt. Je mehr er sich darauf konzentriert, seinen Geist von allen Gedanken frei zu machen, umso mehr fühlt er sich beflügelt, denn jeder Gedanke, der seinen Geist verlässt, strebt geradewegs zu Layla. Es gibt Tage, an denen er sich so leicht fühlt, dass es ihn nicht überraschen würde, wenn er sich als Nächstes hoch oben an der Zimmerdecke wiederfinden würde. Er hat von Menschen gehört, denen das gelungen ist, sie warfen so viel Ego und emotionalen Ballast ab, dass sie tatsächlich schwerelos wurden. Wenn Levitation möglich ist, denkt Lior, warum dann nicht auch andere Wunder. Frieden im Nahen Osten beispielsweise. Oder richtig guter Sex mit Layla.

Dror ist klar, dass er es hier mit einem klaren Fall von Besessenheit zu tun hat, und darum fühlt er sich, trotz seiner Erschöpfung, berufen, seinen Mitbewohner auf den Boden der Tatsachen zu holen. Er hat alle Zeitungsartikel aufgehoben, die von den Wundertaten des angeblichen Engels handeln, aus dem einfachen Grund, weil er gerne Kuriositäten sammelt. Als die Ausschreitungen begannen, meldeten die Nachrichten freilich keine Wunder mehr. Stattdessen machten sie endlich auf das Offensichtliche aufmerksam: Es herrscht Krieg.

»Lior, Alter, komm mal her.«

Lior, der sich in der Zwischenzeit einen Kaffee gemacht hat, taucht einen Keks in die Tasse und knabbert daran wie ein großes Nagetier. Die drahtigen Haare stehen ihm in alle Richtungen vom Kopf ab. Seit seinem Besuch bei Layla fühlt er sich, als hätte sich sein Innerstes nach außen gekehrt, er fühlt sich, als trüge er seine Nervenbahnen direkt auf der Haut anstatt tief unter Muskeln und Venen vergraben. Obwohl er sich krampfhaft bemüht, nicht darüber nachzudenken, geht ihm nicht aus dem Kopf, was Layla über Freiheit gesagt hat, und er beginnt sich zu fragen, ob sie nicht vielleicht recht hat. Wer ist er eigentlich zu beurteilen, was in einem anderen Menschen vor sich geht? Was lässt ihn glauben, das Leid der anderen sei aus irgendeinem Grund weniger wert als das der eigenen Seite? Und was genau hält ihn eigentlich davon ab, zu glauben, dass die Wirklichkeit aus mehr besteht als nur aus gebündelter Materie?

»Das da«, sagt Dror und wirft ihm den Stapel Zeitungen in den Schoß, »beweist, dass dein angeblicher Engel aus dem Tagebuch der Kleinen nichts weiter ist als ein Terrorist, der von den Palästinensern als eine Art Märtyrer oder Freiheitskämpfer gefeiert wird, wie alle anderen Mörder und Terroristen auch. Der Kerl ist kein unschuldiger Heiliger, sondern ein gewalttätiger Fanatiker, wie damals der Typ, der mit drei Handgranaten in der Unterhose durch Jerusalem gelaufen ist. Glaub mir, ich kenne diese Typen. Das ist schließlich mein verdammter Job, Gott weiß warum.«

»Woher willst du das wissen?«, fragt Lior.

»Der kleine Araberjunge, den wir gestern in Jerusalem erwischt haben, weißt du, was der gerufen hat, bevor er angriff? ›Für den Engel von Palästina‹ hat er gebrüllt. Das ist neu, was? Sonst hieß es immer nur ›Freiheit für Palästina‹. So verändern sich die Dinge.«

* * *

»Macht euch mal keine Hoffnungen, bald hier raus zu sein«, sagen die Veteranen jedem, der neu ankommt. »Von Dingen wie einem fairen Prozess könnt ihr hier drin nur träumen, und in den Hungerstreik will niemand treten, bei dem Gourmetessen, das wir hier bekommen, hahaha.« Sie alle tragen stolz die Spuren unzähliger Kämpfe wie Abzeichen vor sich her, und wenn sie ächzend über den Hof gehen, dann machen die Neuankömmlinge ihnen respektvoll Platz. Selbst die Eidechsen, die in den Betonritzen wohnen, haben sich daran gewöhnt, im Schatten der hohen Gefängnismauern zu leben, doch das bedeutet nicht, dass sie nicht versuchten hinauszukommen. Majed versteht sie vollkommen, er weiß genau, wie es ist, wenn man entkommen will, verzweifelt entkommen will. In all den Monaten seit er hier gefangen ist, hat sich die Zeit nicht bewegt. Es ist, als würde er in einem leeren Raum existieren, in dem eine Sekunde eine Ewigkeit andauert. Während der vielen Nächte, die er hier verbracht hat, hat Majed versucht, nicht nachzudenken, denn er findet noch immer keinen Schlaf. Zunächst vertrieb er sich die Zeit damit, sich Kreuzworträtsel auszudenken, doch dann begannen sich Bilder seiner Vergangenheit in seine Gedanken zu schieben, und wann immer das passiert, springt er auf und absolviert hundert Liegestütze auf dem kalten Betonboden, damit er nichts weiter empfinden muss, als das Brennen seiner Muskeln und seinen stoßweise gehenden Atem. Es war ein Fehler, den Auftrag anzunehmen. Die Drogen, die er gekauft und verkauft und selbst konsumiert hat, waren eine Sache. Es war kein Problem, Tütchen mit Crack und Heroin in den Obstkisten zu schmuggeln, und Abnehmer fanden sich immer genügend. Er konnte davon leben, doch aus irgendeinem Grund überstiegen seine Ausgaben regelmäßig die Einnahmen, und eines Tages, als er besonders abgebrannt gewesen war, schlug ihm jemand vor, eine Lieferung von Ost-Jerusalem über die grüne Linie zu bringen. Er nahm den Auftrag an, fragte nicht nach dem Inhalt des Paketes und hatte nicht vor, auch nur darüber nachzudenken. Doch einige Tage später stand die Polizei vor seiner Tür, und man warf ihm Mitgliedschaft in einer terroristischen Vereinigung vor. Gemeinsam mit anderen Gefangenen wurde er nachts gefesselt in einen gepanzerten Lieferwagen gesteckt. Als Majed die hohen Gefängnismauern sah, war ihm klar geworden, dass er für eine lange Zeit nicht mehr von da wegkommen würde, womöglich nie mehr. Das Gefängnis erhob sich auf einem kargen Hügel, wo das Licht so gleißend war, dass es einem in den Augen wehtat, und es war an jeder der vier Ecken von hohen Wachtürmen flankiert. Hier nisteten Resignation und Zorn, und die wenigen Menschen, die in den Dörfern unterhalb des Gefängnisses lebten, schauten lieber nicht zu oft nach oben, um die Silhouette des festungsähnlichen Gebäudes nicht sehen zu müssen. Den Gefangenen wurde eine Nummer zugeteilt, dann bekamen sie ein Stück grüne Seife in Zellophan und ein Bündel mit abgetragener Bettwäsche in die Hand gedrückt. Zwei Wachmänner begleiteten Majed zu einem winzigen Raum, in dem es nichts weiter gab als einen in die Wand eingelassenen Metalltisch und eine Pritsche mit einer dünnen Matratze. An der Decke flackerte eine Neonröhre. Als sich die Stahltür hinter ihm schloss, kauerte sich Majed auf die Liege und versuchte, sich mit den zerlumpten Laken zu wärmen, die Kälte des Ortes kroch ihm unter die Haut.

Die Routine half ihm. Einmal am Tag wurden die Gefangenen für eine halbe Stunde auf den Hof geführt, wo sie in der sengenden Hitze ihre Runden drehten. Das Essen bestand stets aus irgendeinem gräulichen Fleischeintopf zu dem kleisterartiger Gemüsebrei und Brot gereicht wurden. Die Gefangenen wurden angehalten, ihre Zellen in militärischer Ordnung zu halten, doch abgesehen von den regelmäßig stattfindenden Kontrollen und Verhören bestanden die Tage aus nicht enden wollenden Stunden voller Leere. Die Gänge, der Hof und der Speisesaal standen unter extremer Bewachung. Wo man hinsah, traf man auf Wachposten mit stechendem Blick und geschultertem Gewehr.

Mehr als einer seiner Mitgefangenen hat ihm erzählt, die ersten drei Monate seien am schlimmsten, danach habe man sich an die Eintönigkeit und die Hoffnungslosigkeit gewöhnt, und dann vergehe die Zeit wie im Flug. Das stimmte auch, doch seit dem Tag, an dem der Engel verhaftet wurde, haben sich die Dinge verändert. Manchmal, im Hof, hört Majed ihn sprechen. Wenn er sich anstrengt, hört er die geflüsterten Worte, die keinerlei Sinn zu ergeben scheinen, Majed aber trotzdem nicht loslassen.

»Beachte ihn gar nicht«, riet ihm einer der anderen Häftlinge. »Es ist jeden Tag dasselbe, er ist total bescheuert. Aber glücklich dabei.«

Der andere war Teil jener Gruppe von Langzeithäftlingen, die sich Veteranen der Hölle nannte, und Majed hielt sich so gut es ging fern von ihnen, aus Furcht, auch bald diesem Club der lebenden Toten anzugehören.

»Es klingt, als ob er betet«, sagte Majed.

»Hier kommt man nicht her, um zu beten. Hier kommt man nur noch her, um zu sterben. Stör ihn nicht, wenn er glücklich ist.«

Doch Majed kann nicht anders, er fühlt sich wie magisch angezogen von den heiser geflüsterten Worten des Engels und seinen Liedern, die er jede Nacht singt. Selten hebt der Engel den Blick, doch wenn er es tut, dann ist es, als ob man von einem Speer durchbohrt würde. Der Blick geht einem direkt durchs Herz, unwillkürlich schnappt man nach Luft, und für den Bruchteil eines Augenblicks fällt man in einen Abgrund, in dem sich die Gedanken auflösen und man in einem Atemzug alles vergisst, was man je zu sein geglaubt hat.

Majed hat begonnen, mit dem Engel zu reden.

***

Letzte Nacht setzte Layla sich im Bett auf und wusste, sie sollte sich nicht von der Stelle rühren. Sie sollte einfach hier liegen bleiben, eingehüllt in die dünne Decke, und darauf warten, dass die Dinge vorübergehen. Sie hat wieder von den Vögeln geträumt, hat zugesehen, wie sie in den Himmel fliegen. Im Traum wusste sie, dass etwas Grauenhaftes passieren würde, doch sie konnte das Grauen nicht benennen. Sie kann es auch jetzt nicht, und darum redet sie sich ein, dass sie nur deshalb eine Gänsehaut auf den Armen hat, weil sie gerade dabei ist, die Eiswürfelmaschine zu reinigen. Anschließend stellt sie neue Flaschen mit Olivenöl auf die Tische und vergewissert sich, dass das Fett in der Fritteuse heiß genug ist, bevor sie die Falafel hineingleiten lässt.

Layla hat gelernt, sich so sehr auf eine Sache zu konzentrieren, dass sie alle anderen Gedanken ausblenden kann, selbst diejenigen, die so bohrend sind, dass sie winzige Löcher durch ihre Haut zu brennen scheinen. Der Zettel mit Liors Telefonnummer steckt in der hinteren Tasche ihrer Jeans, und es ist, als könnte sie ihn atmen hören. Noch immer fühlt sie die Beklemmung aus ihrem Traum, doch sie fährt einfach fort damit, die Theke mit einem feuchten Lappen zu wischen und die Spülmaschine auszuräumen.

Während Layla bei Ephraim Zitronenkuchen glasiert und die Behälter hinter dem Tresen mit Sesamsoße auffüllt, stellt sie sich vor, zu Hause in den Olivengärten zu sein, die Netze für die Ernte auszulegen und den Geruch nach Erde und Öl einzuatmen, der die nahenden Regenfälle des Winters ankündigt. Bei der Olivenernte am Ende des Sommers werden in Kfar Jalah die frischen Oliven in einer Eisenpfanne über offenem Feuer erhitzt und dann mit Hilfe großer Steine durch saubere Baumwolltücher gepresst. Diese erste Pressung bringt ein schweres, dunkles Öl hervor, das die Bauern löffelweise auf die Brote gießen und ihren Familien einflößen, da man ihm nachsagt, alles zu heilen – von Liebeskummer bis hin zur Ruhr.

Obwohl die Bezahlung nicht besonders gut ist und ihr am Ende des Tages der Rücken wehtut, gefällt ihr der Job in der Imbissbude. Ephraim ist freundlich, und sie mag die Monotonie der Arbeit. Sie muss nicht darüber nachdenken, was sie tut, und kann den ganzen Tag ihren Gedanken nachhängen. Sie ist sogar gut fürs Geschäft. Unter ihren Händen werden die Gerichte zu einer Delikatesse. Vorbei sind die Zeiten, in denen fettige Würzsoßen die Falafel-Sandwiches in traurige Gebilde von matschiger Konsistenz verwandelt haben. Layla garniert sie mit frischer Minze und Granatapfelkernen und sie hat auch einige Verbesserungen in der Rezeptur vorgenommen, was zu erstaunlichen Ergebnissen geführt hat. In den Nachmittagsstunden kommen die Surfer vom nahe gelegenen Strand vorbei, um sich mit Sandwiches und Bier zu stärken, und seit Layla hier arbeitet, hat sich deren Zahl fast verdoppelt. Die Jungs beobachten sie und machen ihr Komplimente, doch sie beachtet sie nicht einmal. Sie zählt das Wechselgeld ab, fragt nach, ob sie Zwiebeln oder scharfe Pfefferschoten dazu möchten und konzentriert sich darauf, möglichst viele Stunden zu arbeiten. Hier gibt es keine Geister, keine Träume und keine unangenehmen Überraschungen, und im Augenblick ist das genau das, was Layla will. Deswegen rutscht ihr fast das Herz in die Hose, als an jenem Tag ihr Telefon in ihrer Handtasche klingelt. Bei Ephraim ist es den Angestellten verboten, während der Arbeit zu telefonieren, doch er ist heute nicht da, und darum geht Layla mit ihrem Handy durch die Hintertür nach draußen, wo die Mülltonnen stehen und sie ihre Ruhe hat.

Rückblickend betrachtet hätte ihr klar sein müssen, dass es Schwierigkeiten geben würde, immerhin ging in der letzten Zeit beinahe alles schief. Doch als sie die Stimme von Youssef Aboud, dem Teppichhändler hört, kann Layla nur an eines denken, nämlich daran, dass das alles ganz alleine ihre Schuld ist. Sie drückt die Fingernägel in die Handfläche und zwingt sich, tief und regelmäßig zu atmen, als hoffte sie, aus einem schlechten Traum aufzuwachen, während sie ihm zuhört.

»*Sayeda*, sind Sie's?«

»Am Apparat«, entgegnet Layla schwach.

»Hören Sie, vermutlich sind die Nachrichten noch nicht zu Ihnen durchgedrungen, aber wir haben hier ein Problem.«

Layla mustert nachdenklich die Hauswand, während sie sich innerlich auf das vorzubereiten versucht, was auch immer an Unheil durch die Leitung gekrochen kommen mag.

»Also um es kurz zu machen, *Sayeda*«, sagt der Teppichhändler, »es sieht nicht gut aus. Gestern ist Omar verhaftet worden. Mitten in einer Demonstration. Es gab mehrere Tote. Ist nicht schön so was.«

»*Bismillah*«, bringt Layla heraus. »Was ist passiert?«

»Die Demonstrationen sind außer Kontrolle geraten. Kein Wunder, das war von Anfang an eine verlorene Sache.

Na, und unseren Omar, den haben sie jetzt auch mitgenommen wie seinen Bruder Majed. Ich habe es kommen sehen, unter uns gesagt.«

Layla kann sich nur erinnern, dass Omar ihr erzählt hat, sein Bruder sitze für ein Verbrechen im Gefängnis, das er nicht begangen habe, und er sei der mutigste Mensch, den man sich nur vorstellen kann.

»Bitte der Reihe nach«, sagt Layla. »Was ist denn genau passiert?«

»Es passierte gestern am Vormittag.« Youssef Aboud versucht, die Ruhe zu bewahren, das kann sie an seiner Stimme hören, als er sich bemüht, die Ereignisse des vorigen Tages für sie zu rekonstruieren.

Youssef Aboud war an jenem Vormittag mit dem Sortieren einer Lieferung von Teppichen beschäftigt, die von einem Händler aus Hebron gekommen waren. Der Teppichhändler hätte dabei die Unterstützung seines kleinen Gehilfen nötig gehabt, doch der war schon den ganzen Tag lang unauffindbar. Er wollte eben zu einer gemurmelten Schimpftirade ansetzen, als von der Straße laute Stimmen hereindrangen. Er sah mehrere Händler mit empörten Gesichtern und aufgeregtem Kopfschütteln vorbeigehen. Gleich darauf erschien Imam Abu Hawa, der sich mangels Taktgefühls als eine Art Sozialarbeiter, inoffizieller Sprecher des Viertels und Vermittler zwischen den Kulturen verstand, mit Pater Martin, dem Leiter des Österreichischen Hospizes im Schlepptau, der Augenzeuge der schrecklichen Ereignisse geworden war.

»Was ist denn los?«, fragte Youssef Aboud, als die beiden Geistlichen schwer atmend in seinem Laden auftauchten. »Ist die verfluchte Regierung endlich zurückgetreten, sagt schon ja«, bemerkte er hoffnungsfroh.

»Wenn es nur so wäre ...«, antwortete der Imam.

»Was ist denn passiert, nun sag schon!«

»Heute Morgen ist dein minderjähriger Angestellter Omar von der Armee inhaftiert worden, gerade als er dabei war, ein paar Soldaten anzugreifen.«

An dieser Stelle spürte der alte Teppichhändler sein Herz aussetzen.

Der Imam holte abermals tief Luft und fuhr fort: »Anscheinend sind er und sein kleiner Freund Tarik mitten in der Demonstration auf die Soldaten zugerannt, und einer der bewaffneten Schweinehunde hat daraufhin das Feuer eröffnet. Es gab eine Menge Chaos. Bevor Omar etwas tun konnte, hatten sie ihn auch schon in der Zange, und fort war er.«

»Das darf doch nicht wahr sein! Wo ich ihm doch tausendmal gesagt habe, er soll sich von allem Politischen fernhalten.«

Pater Martin nickte pastoral zu diesen Worten.

»Wir müssen etwas tun«, entschied Youssef Aboud schließlich. »Omar braucht uns. Aber ohne Hilfe kriegen wir das nicht hin.«

»Haben Sie eine Idee?«, fragte Pater Martin, die Hände bischöflich über der Soutane gefaltet.

»Ja, die habe ich. Wir schalten die Presse ein.«

»Und so kamen wir auf die Idee, Sie anzurufen, *Sayeda*«, schließt Youssef Aboud seinen Bericht. »Wir hoffen, Sie verzeihen uns, dass wir Sie da so mit hineinziehen. Wir wussten uns nicht anders zu helfen.«

»Das geht schon in Ordnung«, erwidert Layla.

»Diese Soldaten sind solche Scheißkerle«, sagt der Teppichhändler nachdenklich.

»Warum musste das passieren?«, fragt Layla. »Warum jetzt?«

In irgendeinem Hinterhof bellt ein Hund, es ist ein heiseres, hektisches Geräusch, das schon angefangen hat, an ihren Nerven zu zerren.

»Omar war so ein guter Junge«, sagt Youssef Aboud.

»Sie reden so, als wäre er tot«, sagt Layla konsterniert.

»Tot nicht, *Alhamdulillah*. Aber vielleicht so gut wie. Nun, sehen Sie, *Sayeda*«, fährt der Teppichhändler fort, »der Grund meines Anrufs ist der: Mit ist eingefallen, dass Omar ständig von einer Frau faselte. Yvonne heißt sie. Muss wohl so etwas wie eine Wahrsagerin oder so etwas sein. Er hat immer so eigenartige Ideen, Sie kennen ihn ja, aber es schien ihm sehr wichtig zu sein, dass Sie zu ihr gehen. Vermutlich wollte er es Ihnen selbst noch sagen, aber dann kam diese furchtbare Sache dazwischen.

»Yvonne? Ich kenne keine Yvonne.«

»Ich auch nicht, und ich kann nur Vermutungen anstellen. Omar sagte, sie lebe drüben in Jaffa. Muss ein komisches Weibsstück sein, aber wie gesagt, ich bin nur der Bote.«

»Und was soll ich bei ihr?«

»Das, meine Liebe, kann ich Ihnen wirklich nicht sagen. Vielleicht sollen Sie sich den Kaffeesatz lesen lassen. Aber Spaß beiseite, womöglich kann diese Yvonne ja irgendwie helfen. Und wir können jede Hilfe gebrauchen. Können wir auf Sie zählen?«

»Ich tue, was ich kann«, versichert Layla. Sie betrachtet den schmutzigen Hinterhof und die dunstigen Wolken, die vom Meer herziehen. Sie hat noch immer Gänsehaut, aber es macht ihr nichts mehr aus. Man kann sich an alles gewöhnen, sogar an die Angst.

Layla muss daran denken, wie sehr sie sich als Kind vor

den Soldaten gefürchtet hat, die man ab und zu auf den Straßen sah, wo sie in Jeeps und Armeelastwagen zu ihren Kasernen fuhren oder an Bushaltestellen, wo sie mit gepackten Wäschebeuteln warteten, um das Wochenende zu Hause bei ihren Müttern zu verbringen. Vor ein paar Jahren sah sie eine junge Soldatin, nur wenige Jahre jünger als sie, die in ihrer khakifarbenen Uniform und mit einem rosaroten Hello-Kitty-Koffer auf den Bus wartete. Ein *I love New York*-Sticker klebte auf dem Koffer, daran kann sich Layla noch genau erinnern. Die ganze Szene war so erstaunlich banal, dass Layla dem Mädchen beinahe zugelächelt hätte, doch dann fielen ihr die Dörfer ein, die hinter der grünen Linie zerstört wurden und die Checkpoints, die von Soldaten bewacht wurden. Ihr fielen die Männer mit den Eisenstangen ein und Kinder, die von Bomben zerfetzt wurden, und sie wandte sich ab.

Plötzlich fühlt sich Layla schwach und zittrig. Sie muss sich auf die Betonstufe setzen, um nicht ohnmächtig zu werden und fühlt sich dennoch wie ein jämmerlicher Schwächling.

»Bitte, bitte, lieber Gott, *bismillahi rahmani rahim*«, betet sie auf gut Glück, »hilf uns. Mach, dass es aufhört.« Sie weiß nicht, wofür oder zu wem sie eigentlich betet, denn im Grunde ist ihr völlig klar, dass es absolut nutzlos ist. Schließlich ist das ein Land, in dem unaufhörlich gebetet wird, ohne dass sich auch nur das Geringste verändert. Doch nun hat Layla das Gefühl, die Dinge nicht mehr ertragen zu können.

Sie hat die letzten Tage damit zugebracht, alle möglichen Menschen ausfindig zu machen, die etwas über den Engel zu berichten hatten. Da gab es eine Frau drüben in Caesaria, die Stein und Bein schwor, der Engel würde sie nachts in ihrem Schlafzimmer besuchen, um ihr unanständige Reime ins Ohr zu singen. Andere, ernst zu nehmendere Berichte drehten sich darum, dass der Engel, wo auch immer er hingeht, eine Spur der Verwüstung hinterlässt: Er zerstört Vorurteile, er lässt alte Feindschaften dahinschmelzen, er schneidet durch Hass wie ein heißes Messer durch Butter. Und das alles tut er, ohne es zu merken, einfach nur weil die Menschen ihn ansehen und plötzlich vergessen, dass sie gerade dabei waren, Zorn oder Angst zu empfinden. Layla hat gar nicht erst versucht, sich auf all diese Berichte einen Reim zu machen, sie schrieb einfach auf, was ihr erzählt wurde, und versah die Berichte sorgfältig mit Namen und Daten, so wie sie es gewohnt war. Wenn sie ehrlich ist, muss sie zugeben, dass diesem Sammelsurium nur schwerlich irgendein Sinn zu entnehmen war, doch nun wünscht sie sich einfach nur, es gäbe irgendetwas da draußen, das einem Wunder gleichkommt.

»Weinst du?«, fragt eine Stimme, die zu einem Paar ziemlich schäbig aussehender Turnschuhe zu gehören scheint, die plötzlich vor ihrem Gesichtsfeld aufgetaucht sind. Sie war so in Gedanken vertieft, dass sie nicht bemerkt hat, dass Lior im Hinterhof aufgetaucht ist, doch hier steht er leibhaftig und starrt sie an.

Sie wirkt allerdings ganz anders als beim letzten Mal – sie war so schön und irgendwie geheimnisvoll, doch heute sieht sie aus wie ein Gemälde von Edvard Munch, das man versehentlich in die dunkle Wäsche gegeben hat. Ihre Wimperntusche ist verlaufen und bildet dunkle Ringe unter ihren Augen. Als er sie anspricht, bricht Layla erneut in Tränen aus, sodass ihr der Rotz aus der Nase läuft. Lior kniet sich neben sie.

»Das war jetzt keine Absicht«, murmelt er.

Es ist natürlich purer Zufall, dass er gerade jetzt in dieser Seitenstraße vorbeigekommen ist. Eigentlich hatte er vorgehabt, nur bis zum Gordon Beach zu joggen, um den Kopf frei zu bekommen, doch dann beschloss er, bis rüber nach Jaffa zu laufen, sich ein Sandwich und ein kaltes Bier zu gönnen, ein Weilchen auf dem Wellenbrecher zu sitzen und darüber nachzudenken, warum er so ein Versager ist. Wenn er ehrlich ist, hat er tatsächlich nach Layla Ausschau gehalten, doch jetzt wünscht er sich, er hätte sich etwas anderes angezogen und wäre nicht so verschwitzt. Verstohlen schnuppert er an seiner Achsel.

Er hat einen schwarzen Hund im Schlepptau, vermutlich derselbe, der schon den ganzen Tag bellt. Jetzt setzt er sich hin und sieht Layla mit schräg gelegtem Kopf an.

»Ist das deiner?«, fragt sie und wischt sich über das Gesicht. Noch immer strömen Tränen aus ihren Augen.

»Sieht so aus«, antwortet Lior und kommt sich dümmer vor, als jemals zuvor in seinem Leben.

In der Mittelstufe war er schockiert zu entdecken, dass Frauen offenbar zu einer völlig anderen Sorte Mensch gehörten, einer, von der er nichts versteht, und obwohl er seither viel dazugelernt hat, wird ihm plötzlich klar, dass er an dieser Situation zu scheitern droht. Er kann mit Gefühlen nicht umgehen, das konnte er noch nie. Niemand nimmt sich bewusst vor, sich in eine Frau zu verlieben, die in einem Hinterhof neben den Mülltonnen weint, und trotzdem passiert ihm genau das. Er hat gehört, dass das anderen Männern passiert ist. Sie gehen ahnungslos ihren eigenen Angelegenheiten nach, und alles ist bestens, und plötzlich verlieben sie sich so heftig, dass sie zu stammelnden Idioten werden, denen das Herz in der Brust herumschwappt wie ein Goldfisch im Glas. Während er neben ihr hockt und geistesabwesend ihre Schulter streichelt, hat er das Gefühl, nie wieder von den Knien hochzukommen.

Layla schirmt die Augen vor der Sonne ab und blinzelt. Lior sitzt dicht neben ihr, ihre Knie berühren sich beinahe. An der Mauer hinter der Imbissstube lassen die Rosen die Köpfe hängen und sind staubig. Die ganze Zeit über hat sich Layla kein einziges Mal gestattet, darüber nachzudenken, was als Nächstes passieren würde. Manche Leute halten das für einen erstrebenswerten Zustand: So ganz im Hier und Jetzt zu leben. Aber Layla sieht, dass es einfach nur eine etwas raffiniertere Art war, deprimiert zu sein. Auf diese Art musste sie sich nicht mit den profanen Details auseinandersetzen, brauchte nicht daran zu denken, was alles schiefgehen konnte. In diesem Limbus der Unentschlossenheit konnte sie sich in ihrem Selbstmitleid suhlen, ohne wirklich etwas unternehmen zu müssen. Ohne wirklich aktiv werden zu müssen.

»Willst du mir nicht erzählen, warum du weinst?«, fragt Lior, und Layla hat den Verdacht, er habe ihre Gedanken gelesen. Lior jedoch, der nur möchte, dass dieses Weinen aufhört, lehnt sich neben sie an die Mauer. Hier, neben den Mülltonnen und mit dem Zuckerguss der glasierten Kuchen an den Fingern, wünscht sie sich, sie würde sich nicht so zu ihm hingezogen fühlen. Es ist ihr Pech, dass es ihr eine geradezu lächerliche Freude macht, an ihn zu denken, und nun, da er neben ihr sitzt und sie besorgt ansieht, möchte sie einfach nur, dass er damit aufhört. Deswegen holt sie tief Luft und beginnt.

Als Layla ihm die ganze Geschichte erzählt hat, ist die Sonne hinter den Hausdächern versunken. Layla streichelt den Hund, der sich ihr schließlich zu Füßen gelegt hat und sie aus melancholischen Augen ansieht. Sein Schwanz schlägt rhythmisch auf den Asphalt, während er ihre Hand leckt. Nachdem Layla versucht hat, die Ereignisse der letzten Wochen zu rekonstruieren, wurde ihr klar, wie verworren sich das Ganze anhören muss, vor allem, da sie sorgsam darauf geachtet hat, Lior die Details, die ihn nichts angehen – etwa ihre Träume oder die Tatsache, dass sie fürchtet, verrückt zu werden –, zu verschweigen. Obwohl sie nicht aufsieht, ahnt sie, mit welchem Blick er sie betrachtet. In seinen grauen Augen ist so ein Glimmen – Mitleid vielleicht, oder auch Skepsis, wer weiß das schon? –, und plötzlich wünscht sie sich, sie hätte den Mund gehalten.

Lior ist nachdenklich geworden. Aus Laylas Worten sprach Traurigkeit und weit mehr Wut, als er erwartet hatte. Sein Leben lang hat er versucht, die Politik möglichst auszublenden. Er beteiligte sich nicht an den hitzigen Diskussionen seiner Kommilitonen oder Kollegen, und wenn die Sprache darauf kam, blieb er still. Es war nicht so, dass er keine Meinung dazu hatte, das Problem war eher, dass er keine Idee hatte, wie eine Lösung aussehen könnte.

Während seiner Militärzeit bewachte er einen Checkpoint drüben bei Nablus. Inmitten von Schlamm und Geröll musste er stundenlang zwischen den Betonblöcken stehen und Horden von Männern, Frauen und Kindern in Schach halten. Am schlimmsten war es, wenn die Frauen weinten, weil ihnen die Erlaubnis, den Checkpoint zu passieren, verwehrt wurde. Die Männer wurden in diesen Situationen manchmal laut und ausfallend, die Kinder starrten nur ausdruckslos aus leeren Augen vor sich hin, doch die Frauen weinten. Sie weinten und bettelten, schlugen sich auf die Brust und riefen »Bitte lass mich durch, mein Vater liegt im Sterben, und ich werde ihn nie wieder sehen, wenn du mich nicht durchlässt.« Sie riefen »Bitte lass mich durch, ich muss mein Kind zum Arzt bringen, vielleicht stirbt es, wenn du mich nicht durchlässt.« Sie riefen »Bitte lass mich gehen, ich möchte mir ein Hochzeitskleid kaufen, in was soll ich heiraten, wenn ich nicht gehen kann?« Sie riefen »Ich sterbe in diesem Land, ich sterbe an der Enge. Erschieß mich, wenn du willst, aber lass mich vorher noch hinüber.« Die Soldaten versuchten, ihre Angst mit Härte zu überspielen. Mit unbewegten Gesichtern, vorgeschobenen Kinnen und ausgestreckten Ellbogen teilten sie die Horden in gefährlich und ungefährlich ein, trennten Frauen und Männer, Alte und Junge, Kranke und Gesunde, Laute und Stille und hofften, dabei keinen Fehler zu machen, denn Fehler konnten tödlich sein. Der junge Mann, der nur seine alte Großmutter besuchen wollte? Könnte am Ende des Tages mit einem gestohlenen Lastwagen in eine Menschenmenge rasen. Die Frau, die so bitterlich weinte? Könnte ein Messer unter ihrem Kleid verborgen halten, das sie in die Kehle des nächsten Passanten rammen würde. Fehler, das wusste Lior, sind tödlich. Auch das Heimweh war groß an Regentagen, wenn die festgetretene Erde rund um die Checkpoints sich in roten Schlamm verwandelte und der stählerne Himmel drohend und grollend über ihnen hing. Lior tat das, was ihm befohlen wurde und versuchte, nicht darüber nachzudenken, doch noch heute fragt er sich, ob es das alles wert ist. An manchen Tagen, wenn Tel Aviv um ihn herum vor Leben sprüht und niemand an Krieg denkt, hält er inne und fragt sich, ob es jemals Frieden geben wird.

»Mein Freund Dror«, sagt er langsam zu Layla, »arbeitet bei der Polizei.« Er wählt seine Worte sorgfältig, und er spricht leise. Vorsichtig setzt er ein Wort vor das andere, so als ob er sich über vermintes Gebiet tasten würde. »Er hat gute Kontakte. Vielleicht kann er dir helfen.«

Layla, die ihn mit verschleiertem Blick ansieht, hebt eine Augenbraue, streicht sich das Haar hinter die Ohren und steht auf.

An manchen Tagen ist es am besten, wenn man aufhört nachzudenken und sich einfach darauf konzentriert, einen Schritt nach dem anderen zu machen. Zum ersten Mal, nach all diesen Monaten, spürt sie in ihrem tiefsten Inneren so etwas wie Entschlossenheit und Mut. Manche würden es auch den Mut der Verzweiflung nennen, doch Layla weiß es besser, denn mit Verzweiflung kennt sie sich aus.

»Gib mir die Nummer von deinem Freund. Ich möchte mit ihm reden«, sagt sie und kann nicht verhindern, dass es sich anhört, wie eine Drohung.

∗ ∗ ∗

Sie haben ihn gepackt und in Handschellen abgeführt, aber Omar denkt gar nicht daran, sich unterkriegen zu lassen.

»Ich denke gar nicht daran, mich unterkriegen zu lassen«, schleudert er jedem ins Gesicht, der sich ihm nähert. Er ist davon überzeugt, dass die Männer, die ihn eingesperrt haben, ihn irgendwann holen werden, um ihn zu quälen, und so wappnet er sich jedes Mal, wenn die Zellentür aufgeht und spannt jeden Muskel in seinem kleinen Körper an. Niemand hat ihm gesagt, warum sie ihn verhaftet haben, doch Omar hat von solchen Fällen gehört. Er ist davon überzeugt, sie haben ihn eingesperrt, weil sie glauben, er könnte ihnen etwas über seinen Bruder verraten. Es macht Omar ein bisschen stolz, dass sie ihn für so etwas wie einen Komplizen seines Bruders halten, und außerdem muss das bedeuten, dass Majed noch lebt, und das ist gut.

Wenn er alleine in seiner Zelle sitzt, übt Omar das, was

Majed immer »den Panzer« genannt hat. »Lass sie nie sehen, was du denkst, lass nie zu, dass sie spüren, was wirklich in dir vorgeht«, hat er gesagt. »Du musst dir einen Panzer aufbauen.« Bislang hat noch niemand Hand an Omar gelegt, und das bedeutet vermutlich, dass sein Panzer funktioniert. Vermutlich spüren sie, dass mit ihm nicht zu spaßen ist. Nach vielen Verhören haben die Polizisten aufgegeben und ihm stattdessen eine Sozialarbeiterin geschickt, die sich mit ihm unterhalten soll, doch als sie sich neben ihn setzte und ihm ihren besten einfühlsamen Blick schenkte, da kniff er nur den Mund fest zusammen und drehte ihr den Rücken zu. Die Sozialarbeiterin, eine junge engagierte Frau mit rundem Gesicht, die noch nicht viel Gelegenheit gehabt hat, ihren Idealismus den Bach runtergehen zu sehen, gab indes nicht auf und bat ihn mit sanfter Stimme, ihr zu erzählen, was bei der Demonstration in Jerusalem geschehen war. Statt einer Antwort bohrte Omar nur demonstrativ in der Nase.

»Willst du mir nicht erzählen, was dich dazu gebracht hat, den Polizisten anzugreifen?«, fragt die Frau. »Ich bin hier, um dir zu helfen, weißt du?«

»Sie sind hier um mich auszuhorchen, und außerdem finde ich, dass Sie nicht sehr schlau sind. Ich bin zehn. Wie soll ich einen Polizisten angreifen?«

»Du hast den Polizisten also nicht angegriffen?«, insistiert die Frau geduldig.

»Das sagte ich doch gerade, haben Sie's vielleicht ein bisschen an den Ohren?«

Omar hält den Zeigefinger vor sein Gesicht und betrachtet eingehend das, was er soeben aus seiner Nase gezogen hat. Gleichgültig wischt er die Hand an seiner Pritsche ab und starrt dann eigensinnig aus dem Fenster. Seit er hier ist, versucht er krampfhaft, nicht zu weinen, denn diesen Triumph will er ihnen nicht gönnen. Es geht darum, ein Mann zu sein, sagt er sich, und er würde lieber sterben, als vor all diesen Polizisten einzuknicken und zu weinen wie ein Baby. Natürlich merkt er ganz genau, dass sie nicht wissen, was sie mit ihm anstellen sollen. Er muss der jüngste Insasse sein, den es in diesem Bau je gegeben hat, weil die Polizei sich längst nicht mehr darum schert, wen sie einsperren, und obwohl er sich bereits wie ein Veteran fühlt, entnimmt er dem Tonfall der nervtötenden Sozialarbeiterin, dass sie ihn für ein Kleinkind hält. Die Frau hat endlich aufgegeben und seufzend ihren Schreibblock wieder eingepackt, und als er alleine ist, kann er nicht anders. Er rollt sich auf seiner Pritsche zusammen und weint lautlos in sein Kissen, während draußen die Nacht hereinbricht.

***

Als Layla die Terrasse des Cafés betritt, in dem sie mit Dror Oron verabredet ist, denkt sie an den Engel. Ihr ist plötzlich klar geworden, warum sie an seine Wunder glaubt, ausgerechnet sie, die sich immer etwas auf ihren Sinn fürs Praktische eingebildet hat. In diesem Land sind die Übergänge zwischen Realität und Wahnsinn fließender als in anderen, aber wo Schatten ist, muss es auch irgendwo Licht geben.

Neulich Nacht hat sie geträumt, der Boden unter ihren Füßen färbe sich rot wie Blut, doch das war nichts, verglichen mit der Nacht davor, als sie träumte, ein toter Mann hinge über ihr an einem Strick und baumele sacht im Wind. Wenn all diese Dinge mit ihr geschehen, warum sollte es dann nicht möglich sein, dass irgendwo anders genau die gegenteiligen Dinge geschehen? Licht statt Dunkelheit. Wunder statt Leid. Während sie sich eine Tasse Kaffee bestellt und auf Dror wartet, denkt sie, dass es schwer sein wird, dem Polizisten diese Dinge zu erklären, und natürlich hat sie recht.

Dror hat sein Pistolenhalfter ausgezogen und ins Handschuhfach geworfen und zwei Aspirin zerkaut, bevor er sich entschließen konnte, aus seinem Wagen auszusteigen. Es ist die verdammte Feuchtigkeit in der Luft und der Schlafmangel. Er parkt in zweiter Reihe und hat sich nicht die Mühe gemacht, den Wagen abzusperren, und wenn er ehrlich ist, hat er nicht die geringste Lust, mit Layla zu plaudern. Er tut es für Lior, das ist der einzige Grund. Dror hatte immer geglaubt, ihre Freundschaft sei unerschütterlich, doch manchmal gibt es Dinge, die zwei Männer füreinander tun müssen, um zu beweisen, dass sie noch Freunde sind.

Als er die Straße überquert, kommt er sich alt vor. Obwohl es mitten in der Woche ist, ist die Terrasse des Cafés voll mit jungen Leuten, die mit gelangweilter Miene herumsitzen und Couscous essen, und er hat schon jetzt die Nase voll von ihnen. Ganz hinten sitzt eine Frau an einem Tisch, auf die Liors Beschreibung passt.

»Bist du Layla Al-Riadh, die Journalistin?«, fällt er ohne Umschweife mit der Tür ins Haus.

»Genau die. Und du bist Dror Oron, der Polizist?«

»Genau der.«

Während die Kellnerin zwei Tassen mit dampfendem Kaffee bringt und dazu ein riesiges Pastrami-Sandwich für Dror, betrachtet Layla ihn verstohlen aus den Augenwinkeln. Er sieht haargenau aus wie ein Polizist in Israel aussehen sollte: Die Muskeln seines Oberkörpers sind gestählt und wölben sich unter dem T-Shirt, und als er sich setzt, schweift sein Blick kurz über die Cafébesucher, als würde er seine Umgebung auf potenzielle Bedrohungen hin scannen. Dror sieht jünger aus, als sie sich vorgestellt hat, mit seinen militärisch kurzgeschorenen blonden Haaren, doch seine Augen liegen tief in den Höhlen, und es liegt ein resignierter Zug in seinem Gesicht, der ihm ein verlebtes Aussehen verleiht.

»Dir ist klar, dass du die Bekanntschaft eines Geisteskranken gemacht hast«, fragt Dror, um das Eis zu brechen.

Layla blinzelt. Dror hat diese Art, auf lässige Weise selbstbewusst zu sein, und das bewirkt, dass Layla sich plötzlich unsicher fühlt.

»Meinst du Lior?«, fragt sie.

»Wen denn sonst? Er glaubt nämlich, Visionen zu haben«, vertraut Dror ihr an und rührt bedächtig Zucker in seinen Kaffee. »Nichts Ernstes natürlich. Ein paar Gespenster hier, ein paar Hirngespinste dort. Aber rein körperlich ist bei ihm alles in Ordnung, falls dich das interessiert.«

Dror grinst, aber Layla blickt bei diesen Worten beunruhigt auf. Wahnsinn ist ansteckend, das hat sie immer schon geahnt.

Sie registriert, dass Dror sie aufmerksam betrachtet.

»Lior hat gesagt, du könntest mir helfen«, sagt sie.

»Er irrt sich«, antwortet Dror. »Aber weil er mein bester Freund ist, bin ich bereit, dir deine Fragen zu beantworten.«

»Also ein Interview?«, fragt Layla. Es ist nicht ganz das, was sie erwartet hat.

Dror lehnt sich zurück und verschränkt die Hände über dem Bauch. »Mein Beruf ist es, Menschen zu beschützen. Deiner ist es, Reportagen zu machen. Ich mache meinen Job, und du machst deinen. Deswegen sind wir doch hier, oder nicht?«

Dagegen ist nichts einzuwenden, findet Layla. Dror sieht müde aus. Sie sieht den matten Ausdruck auf seinem Gesicht und erkennt ihn sofort. Es ist der Ausdruck ihres eigenen Gesichts. Es ist der Ausdruck von Verzweiflung. Verzweiflung verläuft in mehreren Stadien: Zunächst ist sie mit Hoffnung vermischt und nimmt die Gestalt von hektischer Betriebsamkeit an. Dann, je mehr sie voranschreitet, verwandelt sich die Verzweiflung in Resignation, und am Ende steht Zynismus, rein und unverdünnt. Drors Gesicht spiegelt das Stadium wider, in dem die Sorge in Hoffnungslosigkeit umzuschlagen droht. Für einen Augenblick verspürt sie Mitleid mit ihm. Doch dann nimmt sie ihren Kugelschreiber in die Hand und blickt Dror in die Augen.

»Ihr habt Omar verhaftet«, stellt sie fest.

»Das war unser Befehl.«

»Und ihr habt den Engel verhaftet.«

»Stimmt.«

»Und trotzdem hast du dich bereit erklärt, mit mir zu sprechen? Obwohl wir auf verschiedenen Seiten stehen?« Es ist eine Feststellung, doch Layla lässt es klingen wie eine Frage.

»Dasselbe gilt für dich«, sagt Dror lakonisch. »Du hättest genauso viel Grund, mich zu meiden wie ich dich.«

Die Wahrheit dieser Aussage verblüfft Layla, und für einen Moment hält sie inne und starrt Dror an.

»Ist doch so, oder nicht?«, fragt er und beißt von seinem Sandwich ab.

Layla lässt den Kugelschreiber klicken. »Mag sein. Aber es geht nicht um mich oder um dich.«

»Nein, das stimmt. Es geht um das, was wir tun.«

»Da hast du recht. Sag mal, dein Chef ... ist der immer so schnell bei der Hand mit Verhaftungen? Zeugt ja nicht gerade von Größe, einfach kleine Kinder einsperren zu lassen.«

»Tja«, antwortet Dror zwischen zwei Bissen, »auch Jugendliche können Terroristen sein.«

»Sicher, aber wir sprechen hier von einem Kind. Der Junge, den ihr verhaftet habt, hat sogar noch Milchzähne, bei allem Respekt. Und was ist überhaupt in euch gefahren? Seid ihr immer so leichtfertig mit der Waffe? Einfach loszuballern mitten in die Menge hinein ...«

»Das«, erwidert Dror mit ernstem Blick, »ist genau der Grund, warum ich mich entschlossen habe, mit dir zu sprechen.«

Als Dror das sagt, merkt er, dass es stimmt. Es war Lior, der ihn um diesen Gefallen gebeten hat, aber Dror ist plötzlich klar geworden, dass sich seit jenem Einsatz etwas in ihm verschoben hat. Sein Bericht wird ihn aller Wahrscheinlichkeit nach seine Beförderung kosten, doch aus irgendeinem Grund ist ihm das egal. Seit er all die Bilder des Engels sah, die von den Demonstranten in die Höhe gehalten wurden, ist ihm, als würde er sich selbst von außen betrachten. Es ist ein irritierendes Gefühl, so viel steht fest.

»Dann leg mal los«, sagt Layla. »Es stört dich doch nicht, wenn ich mir Notizen mache, oder?«

Dror nickt. »Ich habe das alles schon in meinem Bericht geschrieben, wie es zu der Eskalation kam, und wenn du es genau wissen willst, damit habe ich mir keine Freunde gemacht. Aber wir haben den Befehl, die Sicherheit in der Altstadt von Jerusalem unter allen Umständen zu gewährleisten, vor allem, wenn es Demonstrationen gibt. Unter allen Umständen, verstehst du? Wir stehen kurz vor einer dritten Intifada, also müssen wir Gefahrensituationen schnell entschärfen.«

»Mit scharfer Munition um sich zu schießen ist nicht gerade eine konstruktive Art, eine Situation zu entschärfen, wenn du mich fragst.«

»Du hast keine Ahnung wie das ist«, erwidert Dror. »Du weißt nicht, wie das ist, wenn du dort stehst und dir jeden Moment alles um die Ohren fliegen kann. Einige der Demonstranten waren bewaffnet, und wir *müssen* uns selbst verteidigen.«

»Habt ihr es in eurer Einheit schon mal mit Entspannungsübungen versucht? Das soll Wunder wirken, ich meine ja nur ...«

Dror antwortet nicht. Er argwöhnt allmählich, dass diese Unterhaltung nicht unbedingt zu seinen Gunsten verlaufen könnte, also hält er es für das Klügste, den Mund zu halten.

Layla greift nach ihrer Handtasche und zieht das Foto des Engels heraus, das sie seit dem Besuch bei Khaddija immer bei sich trägt. Darauf hält der Engel den Kopf gesenkt, doch seine schwarzen Augen blicken ernst und in ihnen spiegelt sich die Kamera wider. Jemand hat dieses Bild von ihm gemacht, als er hellwach und aufmerksam war. Auf der Fotografie sieht der Engel aus, als wäre er zu allem entschlossen. Layla glaubt nicht, dass der Engel verrückt ist, wie viele behaupten, obwohl sie nie mit ihm gesprochen hat. Alles was sie von ihm weiß, steckt in diesem Foto, und als sie es ansieht, spürt sie den Luftzug der Klimaanlage in ihrem Rücken. Wortlos schiebt sie das Bild über den Tisch.

Dror hat aufgehört an seinem Sandwich zu kauen, und bevor er das Bild entgegennimmt, wischt er sich die Finger an seiner Jeans ab. Als er das Foto betrachtet, schleicht sich etwas Unangenehmes seinen Nacken entlang, er kann es spüren, direkt unter dem Haaransatz.

Es ist dasselbe Bild, das die Demonstranten dabeihatten, nur gestochen scharf. Der Junge sieht absurd unschuldig aus, und er erinnert Dror an ein angeschossenes Reh.

»Ich möchte wissen, wie ich ihm helfen kann«, sagt Layla. »Und wie ich Omar helfen kann.«

Dror zieht eine Augenbraue hoch. »Viel verlangt«, sagt er. Dror ist daran gewöhnt, sich durch Dickicht und Dornen zu kämpfen. Dort draußen herrscht Krieg, und alle wissen es. Alleine in den letzten drei Monaten hat Dror es mit mehr Toten zu tun gehabt, als in all den Jahren zuvor, und die meisten waren schrecklich zugerichtet. Es gibt so viele Terroranschläge, dass die Polizei ihre Sondereinheiten aufstocken musste. Immer, wenn er einen Tatort betritt, herrscht Stille, abgesehen vom Geräusch seines Atems und den Schritten seiner Kollegen, weil er alle Geräusche einfach ausblendet, aber jetzt hört er seinen eigenen Herzschlag überdeutlich. Er spürt das Blut in seinen Fingerspitzen pulsieren, genau dort, wo er die Fotografie berührt hat. Als er Layla das Bild zurückgibt, tut er das wie jemand, der sich eines Beweises entledigen möchte. Dror hat das schon oft beobachtet. Leute, die sich schuldig fühlen, haben diese abrupte Art, als müssten sie etwas von sich schütteln.

Doch nun kann er den Blick nicht von dem Foto abwenden, und wenn er es ansieht, spürt er, dass sich etwas in seiner Wahrnehmung verändert hat. Es ist nichts Augenfälliges. Es ist so unbedeutend und harmlos wie ein loser Faden, der aus einem Pullover hängt, doch sobald man anfängt, daran zu ziehen, beginnt das ganze Gebilde sich aufzulösen, und am Ende hat man nichts weiter als ein wirres Knäuel Garn. Dror spürt, dass er aufpassen muss. Ehe er sich's versieht, könnten sich seine Wertmaßstäbe auflösen. Er könnte vergessen, wer er ist und wofür er steht. Doch als er zu sprechen beginnt, ist es genau das, was geschieht.

»Ich habe von dem Engel zum ersten Mal direkt nach seiner Verhaftung gehört«, beginnt Dror mit leiser Stimme.

»Er war einfach einer der Jungs, die Ärger machen, mehr nicht. Aber als wir ihn auf der Wache hatten ... Ich weiß nicht, wie ich es ausdrücken soll ... Es war, als hätte er ...« Dror hält inne.

»Alles auf den Kopf gestellt?«

Dror schaut überrascht auf. »Ja, genau das. Ein paar der Kollegen, die mit ihm zu tun hatten, sind irgendwie verändert, heißt es.«

Layla nickt. Es ist genau das, was sie erwartet hatte. Doch sie verspürt ein gewisses Unbehagen und so etwas wie Neid. Aus irgendeinem Grund glaubt sie, eine Begegnung mit dem Engel könnte sie von der allgegenwärtigen Traurigkeit befreien, die sich wie eine Schicht Staub über ihr Leben gelegt hat. An manchen Tagen ist ihr, als watete sie durch Sirup, so schwer und trüb sind ihre Gedanken. Gedankenverloren macht sie sich Notizen.

»Er wurde kurz nach dem Vorfall mit dem jungen Soldaten in Tiberias verhaftet«, erzählt Dror weiter.

»Wurde der nicht später vom Dienst suspendiert? Wegen Fraternisierung mit dem Feind?«

»Nicht ganz.« Dror grinst. »Der Soldat wurde beurlaubt, weil er sich dienstunfähig fühlte. Als dieser – nennen wir ihn Engel – ihn dort am Hafen umarmt hat, da ist der Junge irgendwie durchgeknallt. Seither ist der arme Kerl nicht mehr derselbe, sagen zumindest seine Kameraden. Ich habe gehört, er lebt jetzt wieder bei seinen Eltern drüben in Be'er Sheva, trägt Leinenhemden und liest in der Bhagavad Gita.« In Drors Stimme schwingt Spott mit. Er tippt sich auf den Kopf. »Hat ihm den Schalter umgelegt, da oben.«

»Was passierte dann mit dem Engel?«, fragt Layla. Sie beißt sich leicht auf die Lippen wie immer, wenn sie nachdenkt.

»Das Übliche. Man hat ihn ins Gefängnis gebracht, der Sachverhalt wurde dem Staatsanwalt übergeben, den Rest kennst du.«

»Verstehe. Kann ich ihn besuchen?«

Dror lacht. »Du kannst ja mal versuchen, einen Antrag zu stellen, viel Glück dabei. Hast du einen Anwalt?«

»Sehe ich so aus, als könnte ich mir einen leisten?«

»Du könntest einen brauchen. Im Ernst. Wenn du weiterhin an dieser Story arbeitest, wirst du einen brauchen.« Er hat keine Ahnung, warum er all diese Sachen zu ihr sagt, es sind Dinge, von denen er nicht einmal wusste, dass er sie gedacht hat.

»Warum sollte ich einen Anwalt brauchen?«

»Vermutlich warst du nie mit der Justiz in Kontakt?«

»Bis jetzt nicht, nein.«

»Nun, vertrau mir. Du solltest dich absichern.« Er kann sich wirklich nicht bremsen, es ist, als hätte jemand auf einen Knopf gedrückt, und nun redet und redet er. »Es gibt Gruppen oder Organisationen, die bei solchen Dingen helfen könnten.«

»Du meinst so etwas wie Menschenrechtsorganisationen?«

»Okay, Layla«, sagt er. Plötzlich hat er Lust auf eine Zigarette, und er verflucht sich dafür, dass er aufgehört hat zu rauchen. »Ich bin sicher, Lior hat dir eine Menge über mich erzählt, oder? Manchmal kann er ein echtes Klatschmaul sein.« Als Layla ihn kühl ansieht, fügt er hinzu: »Wir sind nicht die Monster, die ihr in uns seht. Wir sind unserem Land verpflichtet, verstehst du? Ich habe geschworen, den Staat Israel zu verteidigen, mit meinem Leben, wenn es nötig ist. Ich war bereit, für Israel zu sterben. Ich bin es immer noch. Aber es ist kein leichter Job. Einsätze wie dieser gehen an niemandem spurlos vorüber.«

»Schon klar«, sagt Layla. Ihr Gesicht ist gerötet und glänzt vor Schweiß. »Du arbeitest für eine Armee, die den ganzen Tag lang nichts anderes tut, als Unrecht zu begehen. Jeden Tag sterben Menschen nur für das bisschen Freiheit, das ihnen zusteht, und ihr wollt davon einfach nichts wissen. Ihr tut, als ginge euch das gar nichts an.«

Dror hebt den Blick und betrachtet den harten Ausdruck in ihrem Gesicht. Aus irgendeinem Grund trifft ihn der Blick mitten ins Herz, doch er möchte nicht klein beigeben. »Wir begehen kein Unrecht, damit das klar ist. Dieser Staat tut was nötig ist, damit wir hier in Sicherheit leben können, wenn schon nicht in Frieden. Wir haben nämlich ein Recht auf dieses Land. Wir alle könnten längst in Frieden leben, doch jeder einzelne Terroranschlag und jeder verdammte Raketenbeschuss wirft uns weiter zurück. Mein Job ist es, solche Anschläge zu verhindern und, verdammt, ich mache meinen Job.«

Dror hat das Gefühl, er habe ein Déjà-vu. Er weiß bereits, wohin dieses Gespräch führen wird, es ist, als würde man Schach spielen.

»Schon mal darüber nachgedacht, wer mit dem ganzen Elend angefangen hat?«, entgegnet Layla kalt. »Und was die Sicherheit angeht – da sehe ich tatsächlich noch Verbesserungsbedarf.«

»Wenn du meinst«, sagt Dror kühl. Sie irrt sich, aber er ist diese Diskussion leid.

Laylas harter Ausdruck ist verflogen, und Dror meint, Mitleid in ihren Augen lesen zu können.

»Vielleicht ist es gut, wenn du dich an eine Menschenrechtsorganisation wendest«, sagt er nachdenklich.

Layla schaut ihn lange an. »Siehst du? Ich wusste ja, dass du diesem Staat nicht traust. Ich habe es dir angesehen.«

Dror versucht, wieder etwas von seiner Würde zurückzugewinnen.

»Und was kannst du sonst noch alles so in meinem Gesicht lesen?«

»Vor allem Angst.«

Dror versucht zu lachen, aber er bringt nur ein trockenes Grunzen hervor. Dieses Mädchen macht ihn fertig. Im Grunde ist sie dem Engel gar nicht so unähnlich. Sie schafft es mit wohlgewählten Worten dafür zu sorgen, dass man sich völlig entblättert.

»Dafür braucht man sich nicht zu schämen, weißt du?«, versetzt Layla mit kundigem Blick. »Ich weiß, Männer denken, wenn sie Angst zeigen, wirken sie irgendwie weniger männlich, so als ob das Ausmaß ihrer Furcht sich unmittelbar negativ auf die Größe ihrer Geschlechtsteile auswirke. Dem ist aber nicht so.«

Dror hebt resigniert die Hände. Es gibt Tage, an denen sein Adrenalinpegel so hoch ist, dass er glaubt, seinen Körper zu verlassen. Er fühlte sich schwerelos und leicht wie unter Wasser, doch die Angst begleitete ihn auf Schritt und Tritt. Als Jude ist er dazu erzogen worden, stets wachsam und in dauernder Alarmbereitschaft zu sein, und so empfindet er die Angst nicht als etwas Besorgniserregendes. Die Angst ist ihm so vertraut wie sein eigener Herzschlag, in dessen Takt sie pulsiert, doch manchmal, wenn er nachts von einem Einsatz nach Hause fährt, fragt er sich, wie es sich anfühlen würde, wenn er nur einen einzigen Tag lang glauben könnte, dass der Rest der Welt nicht sein Feind ist.

»Na gut, ich gebe es zu. Alleine dass ich hier mit dir sitze, könnte man mir als Verrat auslegen. Bei der Arbeit nennen sie mich einen Verräter und einen Schlappschwanz, seit ich meinen Bericht über die Ausschreitung in Jerusalem vorgelegt habe. Ich habe versucht, objektiv zu sein, aber das kam nicht gut an.«

»Aha. Na, wie auch immer, wie ein Feigling siehst du nicht aus.«

»Na, vielen Dank«, murmelt Dror.

»In meinem Dorf haben sie mir ein Stockholm-Syndrom attestiert«, sagt Layla leise. »Weil ich nach Haifa zum Studieren gegangen bin. Weil ich mit Israelis gearbeitet habe. Weil ich weggezogen bin, nach Jaffa. Das ist für manche Leute bei uns zu Hause schon Verrat.«

Dror sieht sie lange an. »Dann sitzen wir im selben Boot.«

»Na, solange du nicht am Ruder bist …«

»Was hältst du von dem Engel?«, will er wissen.

»Alles was ich weiß, ist, dass er etwas Besonderes ist«, antwortet Layla ausweichend. »Und du?«

»Ich bin Atheist. Ich glaube nicht an Gott«, sagt er. »Aber irgendwas an ihm lässt mich zweifeln, ob es nicht doch einen Gott gibt.«

Er redet wirklich wie ein Verrückter. Wenn er nicht achtgibt, wird er vielleicht bald ebenso durchdrehen wie Lior. »Vielleicht ist es aber auch das Gegenteil«, fährt er fort. »Die Wirkung, die er auf die Leute hat ist irgendwie schrecklich …«

Dror kann hören, wie Laylas Atem schneller geht, und er weiß, dass er zu viel gesagt hat. Wenn er nicht bald mit dem Reden aufhört, wird er sich selbst eine reinhauen müssen.

»Wie meinst du das?«, fragt Layla.

Das Licht, das durch die Markise der Caféterrasse fällt, ist so gelb und rein, dass Dror beinahe vergisst, wo er sich befindet. So ein Licht kann einen einlullen, doch Dror wurde zur Wachsamkeit erzogen. Als er dem Polizeidienst beitrat, ließ er sich in jeder Kampftechnik ausbilden, die er finden konnte, doch all die Entschlossenheit konnte nicht verhindern, dass die Angst sich wie ein zersetzendes Gift durch seinen Familienstammbaum zog.

Layla hat sich vorgebeugt und kneift die Augen zusammen. Dror bemerkt, dass sie ihren Kugelschreiber zu fest hält, ihre Fingerknöchel treten weiß hervor.

»Wie ich das meine?«, sagt er nun. »Hat dir je einer gesagt, dass du auf der richtigen Seite stehst?«, fragt er. »Hat dir je einer gesagt, dass alles, was du tust, notwendig und gut ist? Tja, mein Leben lang habe ich das geglaubt. Ich war stolz darauf, bei den ›Guten‹ zu sein. Jeden Morgen wachte ich auf, und das Leben war irgendwie richtig, verstehst du? Jetzt glaube ich, ich habe mir all die Jahre etwas vorgemacht.«

Sein Kaffee ist kalt geworden, also schiebt er die Tasse von sich und angelt stattdessen in seiner Jeans nach der Packung Zigaretten, die er für Notfälle bei sich trägt. Zum Teufel damit, denkt er. Für das, was er nun sagen wird, braucht er eine Zigarette. Er schüttelt eine heraus, zündet sie an und inhaliert tief.

»Meine Großmutter Maryam ist über achtzig Jahre alt«, sagt er und stößt den Rauch aus. »Sie wurde in Deutschland geboren, und als sie acht war, kamen sie und ihre Familie ins Konzentrationslager. Gott weiß, wie sie es fertiggebracht hat, aber sie hat das KZ und Nazi-Deutschland überlebt. Als Einzige. Ihr kleiner Bruder ist an Tuberkulose gestorben, oder vielleicht ist er auch schlicht erfroren, und ihre Mutter haben sie erschossen. Den Rest ihrer Familie hat man vergast, kurz vor Kriegsende. Dann hat sie meinen Großvater geheiratet. Und auch in seiner Familie sind alle tot: Auschwitz, Bergen-Belsen, Dachau und Majdanek. Vergasung, Folter, Hunger und Tuberkulose. Ich habe wo gut wie keine Verwandtschaft. Mein Leben lang wurde ich dazu erzogen, dafür zu sorgen, dass so etwas nie wieder geschieht. Niemandem. Und ich versage dabei.«

Er kann sehen, wie Laylas Kiefer sich anspannt.

»Du kannst sagen, was du willst, aber ich habe mich nicht geirrt«, sagt er. »Wir sind die Guten. Aber dein Engel, oder was auch immer er ist, bringt die Dinge in diesem Land durcheinander. Und das«, fährt er fort, »ist gefährlich.«

Er stippt die Asche von seiner Zigarette. »Psychologische Kriegsführung.« Das war das Wort, nach dem er gesucht hat. Das ist es, was der Engel seiner Meinung nach tut.

Layla ist blass geworden. »Psychologische Kriegsführung«, wiederholt sie mechanisch. In ihrem Kopf dreht sich alles. Sie ist sich nicht sicher, ob sie von den Worten des Polizisten so zittrig ist oder von dem Kaffee oder ob es einfach daran liegt, dass sie seit drei Nächten immer aus demselben Traum aufschreckt.

Sie hält die Hand ihrer Mutter ganz fest, als die Männer kommen und die Menschen in ihrer Baracke zusammentreiben. Sie müssen zwei Reihen bilden, und während sie, schnurgerade aufgereiht wie Saatkörner in einer Ackerfurche, im kalten Wind stehen, blickt sie hinauf in den Himmel, wo die dunklen Wolken sich langsam übereinandertürmen und ihre Regenfinger zur Erde strecken, als wollten sie sie aufheben, von dort unten, am Boden des Himmels, und sie emporheben – dorthin, wo die Luft rein und klar ist, und wo nachts die Sterne leuchten. Dann, als sie in den dunklen, fensterlosen Raum gebracht werden, wo sie sich nackt und frierend aneinanderdrängen und die Menschen in einem letzten Akt der Verzweiflung mit ihren Fingernägeln über die kahlen, glatten Wände kratzen, denkt sie an diese Wolkenfinger und wünscht sich, sie könnte sich daran festhalten. Während ihre

Mutter ihr tröstende Worte ins Ohr flüstert, die sie beruhigen
sollen, glaubt sie, draußen hinter den Mauern den Regen zu
hören. Dann schließt sie die Augen.

»Hey, alles in Ordnung?

Wie durch einen Nebel hört sie die Stimme des Polizisten und nimmt wahr, dass er seine Hand langsam vor ihrem Gesicht hin und her bewegt, als wollte er sichergehen, dass sie ihn sieht. Sie schnappt den Duft von Kaffee und Zigarettenrauch auf und kehrt langsam in die Wirklichkeit zurück.

»Fühlst du dich nicht gut?«, fragt Dror.

»Es geht mir gut«, sagt Layla und versucht zu lächeln. Noch immer fröstelt sie. »Du sagtest, die Wirkung des Engels ist schrecklich.«

»Ja.«

»Ich weiß, wie du das meinst.«

Dror sieht sie lange an. Dann nimmt er ihr den Kugelschreiber aus der Hand und greift nach einer Serviette.

»Hier, ich schreibe dir die Telefonnummer von einem Anwalt auf, den ich kenne«, sagt Dror. »Und die Namen einiger Organisationen, die dir vielleicht mit Omar helfen können. Was den Engel angeht … Ich kann nichts versprechen, aber ich werde mich umhören. Offengestanden ist die Beweislage nämlich äußerst dürftig, aber das weißt du nicht von mir.«

»Versteht sich. Ich danke dir. Wirklich. Du bist ein guter Mensch«, sagt Layla, und sie meint es ernst.

Heute Morgen hat sie zugesehen, wie Lulu, der Hund der Nachbarin, einen alten Schuh auf besonders psychopathische Weise ankläffte, er schien völlig in der Vorstellung aufzugehen, dass dieses ausgetretene Stück Leder eine feindliche Armee wäre, die in die Flucht geschlagen werden müsste. Doch als der Schuh nicht reagierte und einfach damit fortfuhr, nichtssagend herumzuliegen, hatte Lulu genau den gleichen traurig verlorenen Ausdruck im Gesicht wie Dror. Als Layla nachdenklich den Heimweg antritt, geht ihr dieser Anblick nicht aus dem Kopf.

* * *

Amal ist bereits wach und hantiert in der Küche herum. Soweit Layla das beurteilen kann, haben diese Aktivitäten nicht das Geringste mit Kochen zu tun.

»Du warst gestern also bei diesem Soldaten Dori«, ruft Amal, den Kopf tief im Kühlschrank vergraben. »Pass bloß auf, dass sie dich nicht auch noch einsperren. Diese Schweine haben zurzeit eine ganz gute Quote was Verhaftungen angeht«, verkündet sie, während sie ein Tablett mit Essen volllädt.

»Dror«, korrigiert Layla abwesend. »Der Mann heißt Dror. Und er ist Polizist.«

»Bist du noch ganz dicht? Wir reden nicht mit der Polizei, schon vergessen? Was hast du zu ihm gesagt? ›Hallo, ich bin Layla, die Journalistin, ich schreibe einen Bericht über eure faschistischen Gefängnisse‹? Da hat er sich sicher gefreut, dich kennenzulernen.«

Mit einem Plumps lässt Amal sich auf einem Sessel nieder und schenkt ihnen beiden heißen, starken Kaffee ein. Als sie damit fertig ist, wandert ihr prüfender Blick über Layla. Der Morgen ist bereits halb vorüber, und Layla lungert noch immer in einer alten Jogginghose und einem T-Shirt auf dem Sofa herum, das Haar ungewaschen und zerzaust.

»Was ist denn mit dir los?«, fragt Amal und zieht tadelnd eine Augenbraue hoch. »Hockst hier in diesen Lumpen herum ...«

»Du hättest mich mal sehen sollen, bevor ich mich angezogen habe«, murmelt Layla in ihre Kaffeetasse. Sie greift nach der Zuckerdose; dieser Kaffee benötigt Zucker und einen Bombenentschärfer. Seltsamerweise ist sie kein bisschen müde, obwohl sie kaum geschlafen hat. Es ist nicht der Kaffee, der sie wach hält, so viel steht fest.

»Was hast du jetzt vor?«, fragt Amal und zieht die Vorhänge zurück, um die Sonne ins Zimmer zu lassen.

»Ich weiß es nicht«, gibt Layla zu und stellt ihre Tasse auf den Couchtisch. »Wie kannst du dieses Zeug trinken?«

Sie hat die Nacht damit zugebracht, über ihre Möglichkeiten nachzudenken. Sie hat die Menschenrechtsorganisationen nachgeschlagen, die Dror empfohlen hat, und sie wird auch den Anwalt anrufen. Doch sie hat diesen Leuten nie vertraut. Als sie zwölf Jahre alt war, hat sie viel darüber nachgedacht, wie Menschen zu Krüppeln geschlagen werden und wie ihnen ins Gesicht gespuckt wird, wenn sie es wagen, sich deswegen zu beschweren. Menschenrechtsorganisationen und Anwälte haben ihnen damals nicht geholfen, warum also sollte es jetzt anders sein?

»Ich mache mir nur Sorgen um dich, Layla. Das weißt du doch?«

»Ich weiß.«

»Was ist mit dieser Frau, die du besuchen sollst? Yvette?«

»Yvonne. Ich weiß nicht. Ich kenne keine Yvonne. Ich habe keine Ahnung, was Omar damit gemeint hat.«

»Ich vielleicht schon. Es gab hier in der Gegend mal eine Frau namens Yvonne. Angeblich hing sie immer in den Bars unten am Hafen herum und hat den Leuten aus der Hand gelesen.«

»Ach, ich weiß nicht, was soll das bringen? Eine Handleserin? Du glaubst doch nicht an solchen Quatsch.«

»Hey, du bist diejenige, die glaubt, dass der Engel irgendwelche magischen Fähigkeiten hat.«

»Frieden. Ich glaube, dass er uns Frieden bringen kann.«

»Ist dasselbe.«

∗∗∗

Khaddija Sabateen, die seit der Verhaftung ihres ältesten Sohnes den größten Teil ihrer Zeit betend verbringt, hat das Gefühl, in eine fremde Welt katapultiert worden zu sein, von der sie nichts versteht. Noch nie hat sie so viele Besucher gehabt. Anfangs hätte sie sich nie träumen lassen, dass irgendjemand sich für das Schicksal ihrer Familie interessieren würde, doch in der Zwischenzeit hat sie sich daran gewöhnt, Unmengen von Tee zu kochen, um die unzähligen Besucher zu bewirten, die in ihrem Garten sitzen, Sonnenblumenkerne knacken und beten.

Obgleich die meisten Besucher Nachbarn sind, verirren sich auch immer wieder Fremde hierher. Menschen, die glauben, Malek habe sie geheilt. Menschen, die um Heilung bitten. Menschen, die vor ihrem Haus campieren, einander an den Händen halten und gemeinsam meditieren. Und tatsächlich hat Khaddija Sabateen begonnen, Zettel mit Gebeten und Wünschen entgegenzunehmen, die sie sorgfältig aufbewahrt für den Tag, an dem ihr Sohn aus dem Gefängnis kommt.

Hier ist sie, kocht Tee, spült Geschirr, doch in all der Zeit richtet sie ihre Gedanken zu Gott, damit er ihre Familie beschützen möge. Während sie sich um ihre anderen Kinder kümmert, spricht sie ununterbrochen mit Malek, hoffend, dass er sie hören kann, wo auch immer er sich gerade befindet. Sie stellt sich vor, dass ihre Gedanken durch die Luft sausen und sich unbemerkt durch die Gitterstäbe zwängen und ihn einhüllen wie eine samtene Decke. Sie hofft, dass von ihren Gedanken nur die Hoffnung bei ihm ankommt, und nicht die Panik, die manchmal in ihrer Brust flattert wie ein gefangener Vogel. Khaddija weiß, dass Menschen seinetwegen auf die Straße gehen, dass sie seinen Namen rufen und sein Bild an Wände malen, doch drüben in der Altstadt von Jerusalem gehen die Rufe der Demonstranten im dumpfen Dröhnen der Tränengasgeschosse unter.

Dort unten, in den Notaufnahmen der Krankenhäuser, werden Flügeltüren aufgerissen, staubige, angstgeschwängerte Luft strömt durch die Flure, und Schwestern und Ärzte in blauen Kitteln stehen bereit, um die Bahren mit blutüberströmten Menschen in Empfang zu nehmen. Oben auf dem Dach spucken Hubschrauber ihre menschliche Fracht aus: Stichverletzung, Schusswunde, Polytrauma, akuter Pneumothorax, rufen die Sanitäter, und die Fracht wird verladen, in Schockräume gebracht, reanimiert, intubiert, operiert, für tot erklärt.

Draußen geht das Leben weiter. Tränengasgeschosse explodieren, Messer werden gezückt, Steine geworfen, Auslöser gezogen. Steine treffen auf Köpfe, prallen gegen kugelsichere Westen, Kugeln durchdringen Knochen, Klingen bohren sich in Fleisch, und über allem schwebt eine Wolke des Grolls: Ihr habt angefangen, ruft die Wut von beiden Seiten. Wir sind die Opfer, schleudern die Menschen einander zornig entgegen. Und mit dem Hass wächst das Leid, und mit dem Leid wächst der Groll und überzieht das Land mit einer Schicht aus geronnenem Blut vermischt mit Trauer.

* * *

Morgenstund hat Blei im Arsch, denkt Lior und gießt sich noch einen Kaffee ein. Missmutig starrt er in seine Tasse, wo der Kaffeesatz winzige Schwebeteilchen bildet, die ihn zu verhöhnen scheinen. Seit er sie vor einer Woche im Hinterhof von Ephraims Imbiss getroffen hat, hat Layla sich nicht mehr gemeldet, und langsam muss er sich eingestehen, dass die Sache verloren ist. Er hat ihr einen Gefallen getan, aber sie ist keine Frau, die ihre Prinzipien verrät. Schließlich steht er für sie immer noch auf der anderen Seite, und selbst wenn sie ihn vielleicht nicht als Feind sieht, so ist sie wohl dennoch weit davon entfernt, ihn als Freund zu betrachten.

»Weißt du, Alter, vielleicht solltest du aufhören, dir Hoffnungen zu machen«, schlägt Dror vor. Die schlechte Laune seines Mitbewohners geht ihm allmählich auf die Nerven, aber Lior wirft ihm nur einen geringschätzigen Blick zu.

Dror gibt nicht auf. »Ich meine es ernst. Geh aus, triff dich mit anderen Frauen, zieh nicht so ein Gesicht und hab mal wieder Spaß. In deiner Gegenwart kommt man sich ja vor wie ein Clown auf einer Beerdigung.«

»Gute Laune ist nur ein Mangel an Lebenserfahrung«, entgegnet Lior eigensinnig und fährt fort, mürrisch in seinem Kaffee zu rühren. So langsam entwickelt er ein gewisses Verständnis dafür, dass es Leute gibt, die sich einfach so mal ordentlich prügeln wollen.

Lior sieht aus wie ein Nagetier, wenn er blinzelt, und als Dror seinen Gesichtsausdruck sieht, tut ihm plötzlich leid, was er gesagt hat. »Ich dachte, du wolltest ihr helfen. Ich dachte, darum ginge es.«

»Ja, sicher«, stimmt Lior zu. »Du hast recht.«

»Schau, es ist nicht deine Schuld«, versichert Dror ihm. »Wenn es das ist, was dir Sorgen macht. Die Sache war von Anfang an aussichtslos.«

»Großartig.« Lior macht sich nicht die Mühe aufzuschauen.

»Sie ist in Ordnung«, sagt Dror und meint es ernst. »Sicher. Aber sie ist immer noch Araberin, Kumpel. Selbst wenn sie in Ordnung ist, hat sie immer noch eine Familie. Haufenweise Brüder und Cousins, die dich lebendig rösten würden, wenn du sie anfasst.«

Lior schweigt. Er möchte nicht einmal ansatzweise darüber nachdenken, doch Dror kann, wenn er einmal angefangen hat, nicht den Mund halten.

»Und die Sache mit diesem Engel, ich weiß nicht, was ich davon halten soll. Mit der ganzen Sache stimmt etwas nicht.« Noch immer kann Dror das unangenehme Gefühl nicht abschütteln, das sich unter seine Haut gegraben hat wie ein Parasit. Zweifel, das ist es, was er spürt. Zweifel und Angst. Eine schreckliche Mischung. »Der Kerl hat einen Soldaten mit einem Messer bedroht. Dir ist klar, was das heißt.«

»Scheiße«, sagt Lior.

»Ich will nur nicht, dass du dich in etwas verrennst«, sagt Dror zu ihm. »Dieser beschissene Krieg«, fügt er hinzu, denn aller Wahrscheinlichkeit nach wird dieser Horror noch sehr lange so weitergehen, und es ist weit und breit kein Ende in Sicht.

Lior weiß genau, was Dror meint. Er wurde in eine Familie geboren, in der fast jede Generation in irgendeinem Krieg gekämpft hat. Sein Vater wurde vom Jom-Kippur-Krieg derart gezeichnet, dass er, als er die Uniform schließlich auszog, nur noch schlafen konnte, wenn er vor dem Zubettgehen mindestens zwei Gläser Hochprozentigen trank, und er hörte damit erst auf, als er die Religion als Ersatz für den Alkohol entdeckte. Mit einer solchen Familiengeschichte muss Lior niemand erklären, was Pech bedeutet. Dass er am Arsch ist, weiß er auch so.

Und trotzdem hat Lior immer schon eine erstaunliche Willenskraft besessen. Wenn er sich etwas in den Kopf gesetzt hat, ist er so besessen davon, dass er alles um sich herum vergisst.

Als das Telefon klingelt, hebt er den Hörer mit derselben Konzentration ab, und als er Laylas Stimme hört, ist er versessen darauf, bei ihr Boden gutzumachen. Und so tut er das, was er immer tut, wenn in seinem Leben etwas Gutes passiert: Er verpfuscht alles.

»Ich habe mit Dror gesprochen«, sagt Layla ohne Einleitung. Sie hat diese Art, mit der Tür ins Haus zu fallen, vor allem wenn sie nervös ist, und heute ist sie ein Nervenbündel. Immer wenn Layla an das Gespräch mit Dror zurückdenkt, fließt das vage Gefühl der Angst in ihre Magengrube, und sie weiß, es ist nicht ihre eigene Angst. Es ist die Angst der Menschen in der Kammer. Es ist die Angst davor, in Rauch aufzugehen.

»Ich weiß«, sagt Lior und gießt sich noch eine Tasse Kaffee ein. »Er hat es mir erzählt.«

»Tja. Also danke für die Hilfe.« Layla klingt, als wäre sie unter Zeitdruck. »Ich werde ein paar dieser Anwälte anrufen. Vielleicht können die helfen, den Engel und Omar freizubekommen. Wenn wir Glück haben, bekommen wir auch einen richtig guten Anwalt für Omars Bruder Majed.« Ihre Stimme klingt atemlos. »Weißt du, ich glaube, dein Freund Dror fühlt sich schuldig wegen des Engels und Omar und überhaupt. Kein Wunder, er hat ja auch jeden Grund dazu.«

Sie ist im Besitz einer einzigen Tatsache, nämlich der, dass der Engel unschuldig ist, doch das ist nicht genug. Ohne

Beweise werden er und Omar niemals freigelassen werden, und wenn die Polizei Omar befragt, wird er erstarren, oder er wird beißen und um sich schlagen und hundert Flüche ausstoßen, und wenn sie ihn schließlich vor Gericht stellen, werden sie ihm kein einziges Wort mehr glauben. Sie weiß nicht, ob der Anblick des Engels in Dror irgendetwas bewirkt hat, doch es ist die einzige Chance, die sie hat. Je mehr Zeugen sie auf ihrer Seite hat, umso besser.

»Wieso sollte er sich schuldig fühlen?«, fragt Lior. Er erinnert sich an die Dinge, die dem Engel zur Last gelegt werden. »Störung der öffentlichen Ordnung« war der harmloseste Posten auf der Liste, viel schwerer wog der Vorwurf »Gründung einer terroristischen Vereinigung«. Dror hat recht, es ist nicht ungefährlich, was Layla da versucht, nicht nur, weil sie dabei ist, sich mit der Obrigkeit anzulegen, sondern auch, weil man nie wissen kann, wen man da aus dem Gefängnis holt. Es fällt Lior schwer, den Wundertaten des Engels Glauben zu schenken. Erst als er Laylas gekränktes Schweigen vernimmt, wird ihm bewusst, dass er diese zweifelnden Gedanken laut ausgesprochen hat.

»Glaube ist Geschmackssache«, sagt Layla kühl, »das ist mir schon klar. Du musst auch gar nicht davon überzeugt sein, dass Malek Sabateen ein Engel oder so was ist. Aber wenn du wirklich glaubst, dass er ganz alleine eine Terrorzelle gegründet hat, dann bist du weitaus dümmer, als ich dachte.«

»Hör mal, ich meine es ja nur gut«, improvisiert Lior und kann nicht verhindern, dass sich Ärger in seine Stimme schleicht.

»Du verstehst das nicht«, schnaubt Layla. »Der Engel ist kein Terrorist, und er ist nicht gewalttätig. Leute wie du müssen immerzu versuchen, ihn in eine Schublade zu stecken, weil ihr es nicht ertragen könnt, wenn etwas sich außerhalb eurer Vorstellungskraft bewegt. Ihr müsst immer für alles einen Namen und ein Label haben, aber manche Dinge lassen sich nicht erklären. Für euch gibt es nur schwarz oder weiß, der Engel ist entweder böse oder irre, doch er ist keines von beiden, und du wirst ihn nie verstehen.«

»Und woher weißt du, wie der Engel wirklich ist? Du kennst ihn doch gar nicht.« Lior weiß in dem Moment, in dem er den Satz ausspricht, dass es ein Fehler war.

»Du kennst ihn auch nicht«, sagt Layla, und ihre Stimme klirrt wie Glas. »Aber du musst ja unbedingt ein Urteil über ihn fällen, das ihn entweder als das eine oder das andere brandmarkt. Ich dachte, du seist anders, aber du bist genau wie alle anderen.«

»Layla …«, beginnt Lior, doch sie hat bereits aufgelegt.

Lior hat gesehen, was mit Menschen passiert, die sich chronisch missverstehen. Das falsche Wort zur falschen Zeit gesagt, ein falsch verstandener Blick, eine ausgestreckte Hand, die abgewiesen wird, ein Satz, der nicht ausgesprochen wird, drei einfache Worte – ›Ich liebe dich‹ –, die so lange auf der Zunge liegen bleiben, bis sie kalt geworden sind, das sind die Ursachen. Gewöhnlich kann man herausfinden, was schiefgelaufen ist, wenn man die Augen schließt und sich vorstellt, wie es hätte sein können, wenn man richtig reagiert hätte.

Als er auflegt, möchte er darum nichts lieber tun, als seinen Kopf gegen die Wand zu schlagen, und gerade als er dabei ist, diesen Plan in die Tat umzusetzen, steht Dror vor ihm.

»Es geht schon wieder los«, sagt er, die Uniformjacke unter dem Arm.

In diesem Moment bricht draußen ein Gewitter los, das

die Fensterläden klappern und Büschel trockenen Grases, so groß wie Kaninchen, über den Asphalt wehen lässt.

Lior ist sich nicht sicher, ob Dror das Wetter meint oder den Krieg, und es ist ihm auch egal.

* * *

Vor der Ankunft des Engels im Gefängnis war der gewohnheitsmäßige Ablauf in der Haftanstalt präzise, vorhersehbar und beruhigend routiniert. Einige der Gefangenen nutzten die Zeit dafür, ohne Unterlass zu beten. Sie trugen lange Bärte und hatten allesamt ein fanatisches Funkeln in den Augen, das Majed an den irren Blick der Polizeihunde erinnerte, wenn diese die Zähne fletschten und tief unten in der Kehle knurrten. Die übrigen Gefangenen vertrieben ihre Zeit mit zynischen Wetten darüber, wer von ihnen als Erster abkratzt und verbrachten ihre Nächte damit, sich Größe und Form des Gesäßes der Frau des Gefängnisdirektors vorzustellen.

Die Monotonie der Abende wurde regelmäßig von dem Gefangenen am Ende des Ganges unterbrochen, der zu bestimmten Zeiten von seiner Pritsche aufstand, sich zur Tür schleppte und aus voller Kehle »IhrverfluchtenScheißkerlewerdetalledraufgehendasschwöreichihrverdammtenPenner« brüllte, bis einer der Wärter kam und ihm mit kalter Entschlossenheit Einzelhaft androhte, sollte er nicht ein für alle Mal Ruhe geben, worauf der Gefangene für gewöhnlich ausspuckte und sich in gemurmelten Flüchen erging, bis für die Nacht zugeschlossen wurde.

Seit dem Auftauchen des Engels in diesen Zorn und Hass ausschwitzenden Räumen, hat sich die Situation verändert. Freilich springen einem die Veränderungen nicht gleich ins

Auge, niemand, der einen flüchtigen Blick hinter die Mauern wirft, würde einen Unterschied bemerken. Schließlich sind die Zellen noch immer in demselben makel- und seelenlosen Zustand, die Mauern sind noch immer hoch und undurchdringlich, die Bewachung scharf und das Essen schlecht. Und dennoch ist etwas anders geworden. Vielleicht liegt es daran, dass einige der Gefangenen begonnen haben, die gemurmelten Grüße der Wärter zu erwidern, wenn diese morgens mit einem schroffen »*Boker Tov*« die Sichtblenden aufschließen. Auf dem Hof sieht man jetzt manchmal einen der Bewacher freundlich nicken, wenn die Gefangenen durch die Tür gehen – und das Nicken wird erwidert.

Neulich stellte Majed sogar fest, dass es die Atmosphäre eines ganzen Gebäudes verändern kann, wenn jemand darin lacht. Es war bei der Essensausgabe, als der Kerl, der ihnen für gewöhnlich wortlos den Kleister auf die Teller klatschte, Majed eine zerdrückte Zigarette schenkte. Majed, angenehm überrascht, gab dem anderen die Hand und bedankte sich.

»Obwohl ich eigentlich aufgehört habe zu rauchen«, sagte er.

»Aufgehört zu rauchen? Seit du hier drin bist, oder was?«

»Nein, vorher schon. Bisschen was für die Gesundheit tun und so.«

Das Gelächter, das darauf folgte, hallte von den Wänden wider und fand in den Minen der Umstehenden ein Echo. »Schon klar, schon klar«, sagte der andere zwischen zwei Lachern. »Nimm sie trotzdem, ok?«

»Klar, danke.«

Der andere Vorfall fand einige Tage später statt, als der Engel in der Dämmerung sein allabendliches Lied anstimmte.

Seine Stimme, heiser von Feuchtigkeit und Zugluft, klang, entsprechend der verzweifelten Lage, in der er sich befand, sehnsüchtig und traurig, denn er sang eine schwer zu verstehende Version von »Ain't no sunshine«, was sich für die übrigen Häftlinge anhörte wie ein Requiem. Berührt von der Melodie fielen die Männer, einer nach dem anderen, in ihren Zellen summend mit ein, und nach den ersten Takten sang der ganze Block. Die Wärter, die diesem Schauspiel schweigend zuhörten, sahen sich ratlos an und zogen sich dann, in stummem Einvernehmen, zurück.

»Was ist los mit ihm?«, fragte einer der Wärter Majed am folgenden Tag beim Hofgang, als der Engel gerade dabei war, eine der gelben Blumen, die aus den Mauerritzen wuchsen, zärtlich an sein Gesicht zu drücken.

»Was soll mit ihm sein? Er ist ein Engel. Nicht von dieser Welt, wie Sie sehen.«

»Und da heißt es, der Spinner wäre Sabateen«, murmelte der Wärter, doch er klang nachdenklich.

»Malek Sabateen ist kein Spinner«, entgegnete Majed gut gelaunt. Tatsächlich ist er in letzter Zeit fröhlicher als jemals zuvor in seinem Leben. Er kann sich nicht erinnern, jemals eine solche innere Ruhe verspürt zu haben oder auch nur das Gefühl, dass das Leben, so wie es ist, gut ist. In Wahrheit hat er all die vielen Jahre seines Lebens damit zugebracht, sich selbst, die Menschheit und seine gesamte Existenz zu verachten und war nur aus einem einzigen Grund noch am Leben, nämlich darum, weil er es, bei allen Bemühungen, nie geschafft hat, sich mit Drogen umzubringen. Nun aber fühlt er sich lebendiger denn je, und er ist erstaunt, dass ihn das tatsächlich glücklich macht.

In den ersten Wochen konnte er spüren, wie das Gift durch seine Poren drang und seinen Körper verließ, und er hockte tagelang vor Schmerzen zitternd und mit kaltem Schweiß bedeckt auf seiner Pritsche, doch seit es vorbei ist, genießt er das saubere Gefühl in seinen Adern und die Tatsache, dass er tatsächlich klare Gedanken fassen kann. Doch all das ist nicht der Grund, warum Majed sich so frisch fühlt, wie ein neugeborenes Baby. Es ist die Stimme des Engels, die ihn daran erinnert, dass das Leben einen Sinn hat. Ein Blick in die verträumten Augen von Malek Sabateen genügte, und Majed wusste – wusste tief in seinem Inneren –, dass er Teil eines Organismus war, der kein Anfang und kein Ende hatte. Er berührte die feuchten Mauern seiner Zelle und hatte das Gefühl, über seine eigene Haut zu streichen. Der Wärter, der morgens seine Zelle durchsuchte, war ihm so vertraut wie sein eigener Körper, und als dieser sich an einem besonders heißen Morgen den Schweiß von der Stirn wischte, war es Majed, als könnte er die Berührung am eigenen Körper fühlen, so als wären sie ein einziges Wesen. Und bei alldem hatte Majed das unerklärliche Gefühl, dass das Leben es tatsächlich wert ist, gelebt zu werden.

Daran vermochte nicht einmal die Tatsache, dass er im Gefängnis saß, etwas zu ändern. Im Gegenteil – Majed erkennt selbst in dieser so ausweglos erscheinenden Situation einen Sinn, und wenn er morgens aufwacht, dann atmet er lange und tief ein, nur um das erfreuliche Gefühl zu genießen, wie die Luft in seine Lungen strömt und seine Bronchien weitet. Wenn er jetzt darüber nachdenkt, dann fällt ihm nicht einmal mehr ein, warum er jemals irgendjemanden gehasst hat. Selbst die Israelis, die Soldaten, und die gesamte Obrigkeit, die er früher mit lodernder Leidenschaft verabscheute, kann er nicht mehr verachten. Wie auch, wo ihm doch klar geworden ist, dass es zwischen ihnen keine Trennung gibt. Wären da nicht die wöchentlichen Tests,

Majed wäre sicher, tonnenweise Dope im Leibe zu haben, doch so wie es aussieht, ist Lebensfreude die womöglich stärkste Droge, die es gibt.

»Malek Sabateen ist ein Engel«, versichert Majed dem Wärter.

»Ihr glaubt das wirklich, oder?«, fragt dieser nach einer Pause.

»Was wir glauben oder nicht, spielt keine Rolle. Wichtig ist, woran er glaubt.«

»Und woran glaubt er?«

Statt einer Antwort weist Majed nur mit dem Daumen vage in Richtung des Engels, der mit ausgebreiteten Händen in einer Lache gelben Lichts steht und lachend zum Himmel emporblickt. »Ihr müsst ihm einfach nur in die Augen sehen«, rät Majed dem Wachmann. »Dann werdet ihr es merken.«

Wiederkehr

Das Universum als Straße zu begreifen,
als viele Straßen,
als Straßen für reisende Seelen

Walt Whitman, »Gesang von der offenen Straße«

Heute Abend ist die Erde auf den Feldern trocken von der Hitze des Tages, besonders südlich von Kfar Jalah, wo die Abendsonne das Gras blutrot färbt. Ende Mai fängt es erst um halb acht an zu dämmern, und obwohl es noch immer heiß ist, ist die Luft in diesem Zwielicht dunstig – ungewöhnlich für diese Gegend. Um diese Tageszeit geht man besser nicht in die alten Olivengärten, vor allem nicht alleine, das behaupten jedenfalls die Menschen, die hier aufgewachsen sind. Sogar die mutigsten Männer würden es nicht wagen, die ausgetretenen Pfade zu verlassen, und selbst diejenigen, die alt genug sind, sich an die *Nakba* zu erinnern, und die nur sehr wenige Dinge auf der Welt fürchten, haben es eilig, von den Feldern nach Hause zu kommen, sobald die Sonne untergeht. Mit ihren Gehstöcken hasten sie krumm und gebückt an den Obstgärten entlang, die Augen fest auf die Straße gerichtet.

Denn jeder weiß, dass man sich dort hinter den Hügeln leicht verirren kann, selbst wenn man in der Gegend aufgewachsen ist, und jeden Stein kennt. Wenn man nicht aufpasst, locken einen die Geister der Vergangenheit in die Irre und dann landet man womöglich in der Nähe des Checkpoints, wo einen die Soldaten mit geschulterten Gewehren empfangen. Zwischen den Olivenbäumen gibt es Schlangen, so zahlreich, dass selbst die vorsichtigsten Menschen Gefahr laufen, einer zu begegnen.

Das ist ein Grund mehr, den Olivenhain zu meiden, doch Sabah Al-Riadh, die hier seit über sechzig Jahren lebt, macht der Weg durch die Bäume nichts aus. Womöglich ist sie von allen Bewohnern des Dorfes die einzige, die es wagt, nach Einbruch der Dämmerung durch die Olivengärten zu gehen, was wahrscheinlich der Grund dafür ist, dass sie an jenem Dezembertag vor vielen Jahren die Erste war, die die Männer sah, welche die Hügel hinunterkamen. Damals hatte die Dämmerung lange Schatten auf die von der Hitze ausgedörrten Hänge geworfen. Im Schutz des Zwielichts hatten sich die Männer nahe an das kleine arabische Dorf herangewagt. In der Dämmerung sahen sie selbst aus wie Schatten – grau und gedrungen. Sabah duckte sich hinter einen der knorrigen Bäume und behielt die Männer im Auge. Ihre Augen waren so scharf wie die eines Adlers, und so konnte sie genau erkennen, dass einer der Männer eine Eisenstange bei sich trug. Sabah hatte genug gesehen und genug erlebt, um das unangenehme Kribbeln wahrzunehmen, als sich die Haare auf ihren Armen aufstellten. Mit der Fußspitze scharrte sie die Erde vor einem der großen Felsbrocken weg, die terrassenförmig um den Olivenhain angelegt waren, um zu verhindern, dass die winterlichen Regenfälle das Erdreich den Hang hinunterspülen. Als sie genug Erde beiseitegeschaufelt hatte, gab sie dem Stein einen Schubs, und er kollerte schwer den Hang hinunter. Wie erwartet schreckten die Erschütterungen die Schlangen und die Wildkaninchen aus ihren Verstecken auf, und die Schwalben, die in den Baumkronen saßen, flogen in Schwärmen davon. Das Zwitschern und die umherhuschenden Kaninchen lenkten die Männer unten am Hang ab, und der mit der Brechstange schlug der Länge nach hin.

Noch heute fragt sich Sabah manchmal, ob es ihre Schuld war, dass diese Kerle ihre Wut schließlich an ihrem Mann ausließen. Wäre sie nicht gewesen, so überlegt sie, als sie mit zwei Eimern reifer Feigen über die Hügel geht, dann hätten die Männer ihm vielleicht nichts getan. Vielleicht hätten sie es sich anders überlegt, die Brechstange und ihre Knüppel in das nächste Gebüsch geworfen und wären zurück in ihre eigenen Dörfer gefahren, um mit ihren Familien zu Abend zu essen. Doch das taten sie nicht. Sie zerrten Mahmoud aus seinem Wagen und verprügelten ihn aus keinem anderen Grund als dem, dass er keiner von ihnen war. Als der Wind durch die Olivenbäume fährt, gibt es ein raschelndes Geräusch und ein Seufzen das klingt, als würde jemandem das Herz brechen. Sabah weiß, dass es dort draußen Menschen gibt, die so viel Hass und Rachsucht empfinden, dass sie diese Gefühle ausschwitzen. Das sind keine Menschen, die sich Frieden wünschen. Das sind Menschen, die sich den Sieg wünschen. Nun pfeift der heiße Wind scharf durch die Gärten, und selbst das Gras findet keinen Halt mehr in der trockenen Erde, sodass ganze Büschel davon durch das Dorf treiben bis hinab in die Hänge, die zum Kibbuz führen. Mit den nächsten Regenfällen wird sich der Sand in Schlamm verwandeln und die Straßen unpassierbar machen, doch hier oben im Dorf herrscht Unruhe, vor allem seit den Demonstrationen. Bereits jetzt fürchten einige der ältesten Dorfbewohner, dass ein paar der Jugendlichen auf die schiefe Bahn geraten könnten, und tatsächlich hat Sabah in den Gesichtern einiger Jungen einen harten Zug entdeckt und einen stechenden Blick. Einige von ihnen verlassen kaum noch das Haus, nicht einmal mehr, um auf den Feldern zu helfen, wie es ihre Aufgabe wäre. Stattdessen verbringen sie die meiste Zeit vor ihren Mobiltelefonen und betrachten Bilder, die die Wut in ihren Adern kochen lassen. Die Luft um sie herum scheint zu brennen, und wenn man an ihnen vorbeigeht, riecht man den Zorn – ein schwefeliger Geruch, der zu gleichen Teilen aus Schweiß und Tabakrauch besteht. Sabah fürchtet, dass aus diesen Jugendlichen eines Tages Männer werden könnten, die genauso sind, wie die mit den Eisenstangen. Fanatismus, das weiß Sabah, schert sich schließlich nicht um nationale oder konfessionelle Zugehörigkeiten. Von all diesen Dingen hat Sabah ihrer Tochter nichts erzählt und auch nichts davon, dass Mahmoud in letzter Zeit im Schlaf weint. Wenn sie morgens die Betten macht, entdeckt sie Tränenspuren auf dem Kissen ihres Mannes, doch er verrät ihr nicht, ob er aus Trauer oder vor Schmerzen weint. Sie würde all das gern ihrer Tochter erzählen, doch obwohl sie es versprochen hat, ist Layla bisher nicht ein einziges Mal zu Besuch gekommen, und obwohl ihr die Bitte wie eine bittere Pille auf der Zunge liegt, erwähnt Sabah dies bei keinem ihrer wöchentlichen Telefonate. Während sie die reifen Feigen zusammen mit Zucker und Zitronensaft zu Marmelade verkocht, kann sie den Regen riechen, der bald weiter im Süden fallen wird, unten am Meer, wo ihre Tochter jetzt lebt.

***

Layla hat so lange zwischen Obstbäumen gelebt, dass sie den Reifegrad eines Apfels im Schlaf erkennen würde, und sie kann Bitterorangen und Limetten allein an ihrem Duft unterscheiden. Sie weiß so viel über Obst, dass sie begonnen hat, winzige Zitronenpflanzen auf dem Fensterbrett in der Wohnung ihrer Cousine zu ziehen. Wenn das Licht durch die Küchenvorhänge auf das frische Grün fällt, könnte man fast vergessen, dass es noch andere Orte auf der Welt gibt – diese Stadt zum Beispiel, wo man selbst mitten in der Nacht nicht sicher ist vor dem Lärm der unzähligen Bars, und wo sich die schwüle Luft wie eine nasse Wand anfühlt, sodass nicht einmal die Bienen entkommen können. Genau so ein Abend ist es, der Himmel ist dunkelblau und dunstig, und die Pflastersteine verströmen einen fauligen Geruch. Obwohl Layla nicht vorhatte, jemals hier zu leben, ist sie doch aus freien Stücken gekommen. Gestern Abend klingelte das Telefon und Layla, die gelernt hat, das Klingeln zu fürchten, musste sich hinsetzen und dreimal tief durchatmen, bevor sie abheben konnte, doch es war nur der Teppichhändler Youssef Aboud, der sich nach dem Stand der Dinge erkundigen wollte.

»*Sayeda*, hier oben in Jerusalem drehen sie alle durch.«

»Wer dreht durch?«

»Alle. Jeden Tag diese Demonstrationen, die machen mir mein Geschäft kaputt.«

»Kann ich mir vorstellen.«

»Gibt es etwas Neues von Omar?«

»Leider nein.«

»Verflixt.«

»Ich tue was ich kann«, versichert Layla. »Ein Polizist hat sich bereit erklärt, mir zu helfen.«

»Ein Polizist? Einer von denen?«

»Ich weiß, es klingt verrückt.«

»Das tut es tatsächlich«, brummt der Teppichhändler. »Diesen Leuten kann man nicht trauen.«

»Das Gleiche behaupten die von uns.«

»Tja, da ist was dran«, sagt Youssef Aboud. Er schweigt einen Augenblick. »*Sayeda*, waren Sie schon bei Yvonne? Sie müssen da unbedingt hin. Omar ist zwar nur ein verlauster Bengel, aber es schien ihm sehr wichtig zu sein, dass Sie zu ihr gehen.«

»Um mir die Zukunft vorhersagen zu lassen?«

»Ich glaube zwar nicht, dass Omar das im Sinn hatte, aber warum eigentlich nicht, kann ja nicht schaden. Nein, im Ernst, ich weiß nicht, warum Omar unbedingt wollte, dass Sie zu ihr gehen, Sie kennen ihn ja. Wenn er sich einmal etwas in den Kopf gesetzt hat, dann ist er davon nicht so schnell wieder abzubringen, er beißt sich an so einer fixen Idee fest wie ein kleiner Blutegel. ›Die *Sayeda* sollte zu Yvonne gehen‹, das waren seine Worte. Ich frage mich, wie es ihm geht, da drin im Gefängnis … Denken Sie, die behandeln ihn anständig?«

»Ich hoffe es …«

»Also, werden Sie Yvonne suchen?«

»Hören Sie, Ich weiß nicht mal, wer das ist oder wo sie wohnt. Das ist so, als würden Sie ein bestimmtes Sandkorn in der Wüste suchen.«

»Ich kann Ihnen da auch nicht helfen, aber an Ihrer Stelle würde ich am Hafen anfangen. Fragen Sie einfach in den Geschäften, irgendjemand wird sie schon kennen. Eine Wahrsagerin, du meine Güte, so viele kann es davon doch nicht geben, oder?«

Und darum ist Layla nun hier am Hafen, spät am Abend, und sucht nach einer Hellseherin, obwohl sie das ganze Unterfangen ausgesprochen sinnlos findet. Amal und sie sind seit Stunden unterwegs, irrten durch die Straßen von Jaffa, vorbei an einer blau gestrichenen Türe nach der anderen, und ernteten nichts als Gelächter, wann immer sie nach Yvonne der Wahrsagerin fragten. Während all der Zeit bemühte sich Layla nach Kräften, nicht an Lior zu denken. Sie konzentriert sich darauf, sich nicht sein Gesicht vorzustellen und nicht darüber nachzudenken, was er wohl gerade tut.

Immer wenn sie bemerkt, dass ihre Gedanken zu ihm streben, so wie Wasser seinen Weg durch ein ausgetrocknetes Flussbett findet, dann ruft sie sich seine letzten Worte in Erinnerung. Er hält den Engel für einen Verbrecher, vielleicht sogar für einen Terroristen, auch wenn er das nicht zugeben will. Er kann nicht verstehen, was der Engel für sie bedeutet, für ihn ist Malek Sabateen nur ein Palästinenser, den man eingesperrt hat, damit er keinen Schaden anrichten kann. Immer wenn sie daran denkt, schleicht sich ein bitterer Geschmack in ihre Kehle, von dem sie nicht sicher ist, ob es Zorn ist oder Bedauern. Nun stehen sie am Hafen und atmen den Geruch von Fisch und Motoröl ein. Der Kioskbesitzer hat seinen Laden bereits zugemacht, das bunte Schild bewegt sich quietschend im Wind. In diesem Land beschwört die Hitze Geister herauf. Man sieht sie nicht und man hört sie auch nicht, aber sie sind da. Man merkt es, wenn das eigene Herz beginnt, aus dem Takt zu geraten. Man merkt es, wenn man an einem Spiegel vorbeigeht, und die Tatsache, dass man nur sein eigenes Spiegelbild darin erblickt einen nicht davon überzeugen kann, dass niemand hinter einem steht. Layla redet sich ein, dass sie nicht an Wahrsagerei glaubt, doch wenn sie ehrlich ist, hat sie einfach nur Angst davor, was diese Hexe ihr erzählen könnte. Was, wenn sie tatsächlich verrückt ist, und man es ihr ansieht?

»*Yalla*, wir geben jetzt nicht auf«, ruft Amal entschieden

und schlägt mit der Faust auf die Mauerbrüstung. Sie lässt keine Widerrede gelten. »Wenn dieser kleine Bursche gesagt hat, du sollst Yvonne finden, dann findest du Yvonne, kapiert?«

»Wie soll ich in dieser verdammten Stadt eine Frau finden, von der ich nur den Vornamen kenne?«, fragt Layla zum hundertsten Mal. »Und wozu soll das überhaupt gut sein? Ich glaube nicht mal an Wahrsagerei, das ist doch Schwachsinn.« Nicht zum ersten Mal wird Layla die Ironie der Sache bewusst, doch sie würde sich eher hier und jetzt dort hinunter ins Hafenbecken stürzen, als zuzugeben, dass ihre eigene Art des Irrsinns nicht weniger bizarr ist.

Amal, noch immer fasziniert von dieser Geschichte, lässt nicht locker. Ihr detektivischer Ehrgeiz ist geweckt.

»Du glaubst doch auch an den Engel, wo ist da der verdammte Unterschied? Die Frau ist sicher berühmt, wenn sie so eine gute Wahrsagerin ist. Wir müssen eben nur die richtigen Leute finden. Außerdem wollte ich mir schon immer mal die Zukunft voraussagen lassen, das ist doch wahnsinnig spannend! Ob sie auch aus der Hand liest?« Sie streicht nachdenklich über die Linien in ihrer Handfläche. Ohne ihre Cousine zu beachten, stapft Layla weiter. Wahnsinn, das hat sie entschieden, ist auf jeden Fall das richtige Wort für das, was sie hier tun, vielleicht ist es auch schlichte Verzweiflung. Sie ist müde und hungrig und macht sich ununterbrochen Sorgen. Seit sie mit Dror gesprochen hat, ist sie keinen Schritt weitergekommen. Die Menschenrechtsorganisationen, die sie angerufen hat, versprachen, sich um Omar zu kümmern, doch als Layla den Engel erwähnte, erlebte sie eine herbe Niederlage. »Ein Engel? Sagten Sie gerade, es geht um einen Engel?«

»Nennen Sie ihn, wie Sie wollen«, antwortete Layla, »aber

Malek Sabateen ist für alle, die ihn kennen, ein Engel.« (Das stimmte nicht ganz, für manche war er auch ein Terrorist, aber das tat hier nichts zur Sache.)

»Nun, das mag ja sein, aber die Justiz glaubt nun einmal nicht an Engel«, hatte die Frau am Telefon entgegnet. »Wenn wir hingegen beweisen können, dass der junge Mann möglicherweise unzurechnungsfähig ist ...«

»Aber das ist er nicht«, widersprach Layla und verspürte das Bedürfnis, auf irgendetwas einzuschlagen.

»Das sollte er aber besser sein, meine Liebe, denn ansonsten hat er keine guten Karten.« Nach diesem Telefonat packte Layla eine Welle der Verzweiflung, aus der sie sich noch immer nicht befreien kann. Sie kann nichts dagegen tun, dass sie sich wie eine jämmerliche Versagerin fühlt. So viele Menschen bauen auf sie und vertrauen darauf, dass sie ihnen hilft und alles was sie tut, ist nach einer Wahrsagerin zu suchen. Unten auf den Straßen des arabischen Viertels drücken sich Jugendliche in den Hauseingängen herum und schmieden Pläne für einen Aufstand. Hinter der grünen Linie, in den Dörfern und Städten des Westjordanlandes, ist die Anspannung schier mit Händen zu greifen und in Jerusalem ist der Hass so groß, dass die Luft Funken sprüht, und die Banner der Demonstranten, die noch immer jeden Tag durch die Straßen ziehen, werden von den glänzenden Kuppeln der Altstadt reflektiert. Obwohl es Layla schwerfällt, all diese Ereignisse mit der Verhaftung des Engels in Verbindung zu bringen, muss sie zugeben, dass die Situation seitdem dabei ist, außer Kontrolle zu geraten. In all der Zeit war sie so damit beschäftigt, ihren Albträumen zu entkommen und die spärlichen Reste ihres Verstandes nicht zu verlieren, dass sie der Politik wenig Aufmerksamkeit geschenkt hat. Doch nun kann sie an nichts anderes mehr denken als an

Omars kleines Gesicht und den bittenden Ausdruck in seinen Augen. Sie kann sogar seine Stimme hören – *Sie schaffen das, Sayeda* –, und mehr als alles andere wünscht sie sich, er möge recht behalten. Dass sie nun hier ist und nach dieser Yvonne sucht, bedeutet nichts weiter, als dass sie bereit ist, nach dem letzten Strohhalm zu greifen, doch für Amal scheint das Ganze ein großes Abenteuer zu sein. Von hier am Hafen aus können sie das Meer sehen, das heute Abend wie ein Spiegel daliegt. Weiter im Norden liegt Tel Aviv und streckt seine Wolkenkratzer in den Himmel. Das Licht ist dunstig, und bald wird die Sonne ganz untergegangen sein, doch als die beiden Frauen nach oben blicken, trauen sie ihren Augen nicht.

Zuerst denkt Layla, es sei einer dieser Wetterballons, die man manchmal am Himmel sieht. Dann erst realisiert sie, dass es der orangefarbene Vollmond ist, der dort über der Stadt aufsteigt, genau in dem Moment, in dem hinter ihnen die Sonne untergeht. Die Sonne und der Mond stehen einander exakt gegenüber, spiegeln sich auf der glatten Oberfläche des Meeres. Der Mond sieht aus, als könnte man ihn einfach so vom Himmel pflücken. Er ist so absurd groß, dass er wirkt, als wäre er doppelt so nah.

»Sieh dir den Mond an«, flüstert Layla, und Amal tut es. Sie stehen da, in der Mitte zwischen Sonne und Mond, während kleine Wellen an die Kaimauer schlagen, bis die Sonne untergeht und der Mond hoch am Himmel steht. »Ich hätte nie gedacht, dass dieser Ort so schön sein kann«, sagt Layla.

Hier unten am Strand ist es ruhig, doch von fern dringt Musik zu ihnen. Neugierig geworden, gehen sie weiter in die Richtung, aus der die Klänge kommen und hören, dass es Elvis ist, der »Hound Dog« singt. Die Musik kommt aus einem Zelt, das jemand aus schmutzigen Plastikplanen und Wellblech errichtet hat. Davor tanzt ein junger Mann um ein Lagerfeuer. Er lässt die Hüften im Takt kreisen, während er eine nach Marihuana riechende Zigarette schwenkt. Sein weißes Hemd steht halb offen, doch seine nackten Füße stecken in teuren Lackschuhen. »*Ahlan!* Willkommen« ruft er, und breitet die Arme aus, als er die beiden Frauen sieht, die ihn anstarren. »Willkommen in meinem Zuhause.« Dann steht er da, leicht schwankend mit ausgebreiteten Armen und geschlossenen Augen, während Elvis »You Are Always On My Mind« anstimmt.

Samir ben Alim war der einzige wirkliche Künstler der Stadt, verglichen mit dem traurigen Rest. Er war der Kopf einer Gesangsgruppe, genannt die Blauen Blumen, die nachts in den Varietés von Tel Aviv auftraten. Sie waren die Vorgruppe eines anderen Entertainers, einem Burschen ungewissen Alters, dessen witziger Einfall darin bestand, in einem funkelnden Paillettenkleid vor einem Pappaufsteller mit dem Porträt des Premierministers »I got you Babe« zu singen, und sich danach im flackernden Stroboskoplicht bis auf die Grundmauern auszuziehen, um am Ende zwei pralle Jaffa-Orangen aus seinem BH zu zaubern. Samir hingegen lag wirklich etwas an der Kunst, und wenn er, in seiner ägyptischen Perücke und mit Federn behängt, orientalische Lieder sang, herrschte Totenstille im Saal, weil jeder von seiner Darbietung ergriffen war. Als das Varieté vor einiger Zeit schließen musste, besann sich Samir auf sein handwerkliches Geschick und fertigt seither Ohrringe und Halsketten aus Muscheln und Glasperlen an, die er an Touristen verkauft. Als er die beiden Frauen sieht, die ihn anstarren, hält er sie zunächst für Hirngespinste – er hatte an dem Abend schon einiges getrunken. Dann aber realisiert er, dass er möglicherweise Kundschaft vor sich hat.

Samir pflegt eine nächtliche Lebensweise, was zur Folge hat, dass er bisher noch nicht sehr viel verkauft hat, doch sein Zelt ist mit so vielen bunten Lampions beleuchtet, dass man es für ein Zirkuszelt halten könnte.

Amal beäugt das Sammelsurium aus Blech und Kitsch kritisch, nur bestrebt, rasch fortzukommen. Aber Layla tritt neugierig näher. Als sie diese Ansammlung von Planen und Brettern betritt, stockt ihr der Atem. Die merkwürdige Behausung sieht aus wie das Innere eines Kaleidoskops. Das Licht unzähliger Lämpchen wird von Dutzenden Spiegeln zurückgeworfen, und der Effekt ist regelrecht hypnotisierend.

»Ich bin Samir ben Alim aus São Paolo«, stellt sich der Tänzer auf Englisch vor und wirft sich stolz in die Brust.

»Ich bin Layla, und das ist meine Cousine Amal«, antwortet Layla stellvertretend für sie beide, da Amal es offensichtlich vorzieht, sich in missbilligendes Schweigen zu hüllen.

Samir umschwirrt die beiden wie eine gute Fee, wedelt hier und da mit einem Staubwedel herum, während er die beiden Frauen aus den Augenwinkeln betrachtet und sich überlegt, ob es sie wohl stören würde, wenn er noch ein wenig Rum tränke. Dann zeigt er ihnen sein reichgeschmücktes Zelt, die verschiedenfarbigen Flaschen und Gläser, in denen buschige Farne und Papierblumen stecken, den tadellos sauberen Boden, der mit dicken Teppichen belegt ist und die Tische, auf denen säuberlich aufgereiht der mit Preisschildern versehene Modeschmuck liegt. Amal betrachtet die billigen Armbänder desinteressiert, während Samir bereits zu plaudern begonnen hat. Er eilt geschäftig und flink wie ein Kolibri von einer Ecke zur anderen. »Ich komme aus Brasilien, da wo man Samba tanzt«, erzählt er leutselig, »aber meine Großeltern flohen achtundvierzig mit dem Schiff von eben jenem Hafen da«, sagt er und wedelt mit einer Hand in Richtung Jaffa. »Wo hab ich nur den Rum?« Dann dreht er sich zu ihnen um und blickt ihnen ernst in die Augen, wobei er Schwierigkeiten hat, seinen Blick scharf zu stellen. »Ich bin zurückgekommen, um im Land meiner Väter zu leben.« »Wir sind aus Kfar Jalah«, hört er Layla antworten, und bei diesen Worten werden seine Augen feucht. Ergriffen kniet er sich auf den Teppich, teilweise deswegen, weil er in der Zwischenzeit Probleme mit dem Gleichgewicht hat, und schickt sich an, den Boden zu küssen, auf dem Layla steht.

»Kfar Jalah, das Dorf der Geister und Obstbäume«, ruft er. »Der Vater meines Großvaters kam aus diesem Ort! Oder vielleicht war's auch der Vater meiner Mutter. Ist auch egal. Was bin ich froh, euch getroffen zu haben, Schwestern!« Amal blickt sich geringschätzig um, sie hält nicht viel von diesem Verrückten, der nun dabei ist, mit der Hand umständlich die Asche seines Joints von Laylas Sandalen zu fegen. »Okay«, sagt sie zu Samir, der sich mühsam vom Boden hochrappelt. Sie spricht langsam und überdeutlich, als redete sie zu einem Schwachsinnigen. »Wir sind auf der Suche nach einer Wahrsagerin. Sie heißt Yvonne. Weißt du zufällig, wo wir sie finden können?«

Samir macht ein würdevolles Gesicht. »Medium«, sagt er und hebt einen Zeigefinger. »Nicht Wahrsagerin. Das ist ein Unterschied.« Er blinzelt Amal indigniert an und wirft den Kopf in den Nacken. »Immer wollen alle Leute nur zu Yvonne«, sagt er anklagend und schiebt sich hüftschwingend an den beiden Frauen vorbei. »Dabei ist sie gar nicht *so* gut, wisst ihr? Na, wie dem auch sei« – er zieht eine Karte aus einem akkuraten Stapel Broschüren auf einem Tischchen am Zeltausgang – »hier ist sie.« Samir reicht Amal die Karte mit spitzen Fingern.

Hellsehen, Fernheilung, Kommunikation mit dem Jenseits –
Yvonne Mousaid, Spiritistisches Medium und Hellseherin.
Termine nach Vereinbarung

Layla kann es nicht fassen. Die ganze Zeit über irrten sie wie konsternierte Kaninchen von einem Ort zum anderen, und dabei war sie die ganze Zeit über hier, direkt vor ihrer Nase. Amal wendet sich bereits zum Gehen.

»Ich habe nämlich auch das zweite Gesicht«, meldet sich Samir noch einmal zu Wort und deutet mit der Spitze seines Staubwedels auf die Karte, die Amal in der Hand hält. »Und wenn ich dir einen Rat geben darf«, er sieht Layla direkt ins Gesicht, als er das sagt, »dann lauf nicht vor den Dingen davon, die dir Angst machen.«

Es klingt so abgedroschen, dass Layla lachen muss.

»Hey«, sagt Samir und seine Augen leuchten auf, »das war gut, oder? Den Spruch könnte ich auf Postkarten drucken lassen.«

»Na klar«, sagt Amal gedehnt. »Aber sicher.«

Als Layla und Amal wieder draußen auf der Promenade stehen, dreht Layla sich noch einmal um, und da steht Samir mit seiner Zigarette in der Hand und sieht ihnen mit ernstem Gesicht nach. Dann hebt er die Hand zum Gruß und sieht zu, wie die Nacht die beiden Frauen verschluckt.

***

Die Unruhe, die im arabischen Viertel in Jerusalem ihren Anfang nahm, hat nun offenbar das ganze Land im Griff. Chaim Levy, der Polizeichef, dem die undankbare Aufgabe zufiel, sämtliche Einsätze zu koordinieren, hat es bereits jetzt mehr als satt, dabei ist es noch nicht einmal Mittag. Und zu allem Überfluss spielen nun auch noch seine Mitarbeiter verrückt. Gerüchte machen die Runde, schweben durch die Flure der Polizeistation, werden weitergetragen, aufgebauscht, bis zur Unkenntlichkeit verzerrt. Neulich hörte er, wie zwei seiner besten Beamten sich in der Polizeikantine über den angeblichen Engel unterhielten.

»Die Wärter im Gefängnis sagen, die Stimmung sei sonderbar.«

»Wie, sonderbar?«

»Naja, irgendwie still. Sonderbar ruhig.«

»Was geht da vor? Gibt es Probleme?«

»Eben das ist es ja. Es gibt keinerlei Probleme. Die Gefangenen sind irgendwie …«, der Beamte rang nach Worten, »… friedlich.« Als Chaim das hörte, platzte ihm schier der Kragen, und er ließ sein Sandwich fallen und baute sich vor seinen Männern auf.

»Wovon zur Hölle sprechen Sie da?«, donnerte Chaim. »Friedlich?«, er brüllte das Wort fast. »Friedlich? Haben Sie sich mal hier umgesehen? Wir leben in keinen friedlichen Zeiten, Sie Schwachkopf! Wir sprechen von einem Gefängnis, keinem Kinderspielplatz! In einem Gefängnis ist die Stimmung nie friedlich. Haben Sie das verstanden? Wir reden hier von gewalttätigen Verbrechern und Terroristen. Diese Jungs sitzen nicht ein, weil sie einem Kleinkind ein Bonbon geklaut haben, sondern weil sie eine Gefahr für diesen Staat und seine Bewohner darstellen!« Chaim hatte erwartet, dass diese Ansage Wirkung zeigen würde, doch der Beamte nickte nur knapp und hatte nicht einmal den Anstand, beschämt den Blick zu senken.

»Ist klar, Chef. Ich sage nur, was ich gehört habe. Diese, hm, ungewöhnliche Stimmung scheint von dem Gefangenen Malek Sabateen auszugehen, den man als den Engel kennt. Er singt. Und das beruhigt die anderen Gefangenen.«

Chaim Levy blähte die Nasenflügel und holte tief Luft.

»Sagen Sie, sind Sie unter die Volltrottel gegangen?«, zischte er, und das war fast noch bedrohlicher, als wenn er brüllte. »Wir sprechen von Männern, die im Begriff sind, schwerste Anschläge zu verüben. Ich muss Ihnen nicht sagen, wie solche Anschläge aussehen: Tote. Zerfetzte. Menschen!«

»Ich verstehe schon, Chef. Aber sehen Sie, dieser Gefangene scheint eine besondere Wirkung auf die Menschen zu haben. Selbst die Wärter sagen das. Seit Wochen gab es keinerlei Probleme mehr in diesem Gefängnis, angeblich haben die Wärter und die Gefangenen tatsächlich Spaß miteinander.«

»Nicht Sie auch noch. Sagen Sie mir nicht, Sie glauben diesen Schwachsinn! Muss ich Sie wirklich daran erinnern, dass Sie Polizist des Staates Israel sind und dass Sie Ihre verdammte Arbeit zu tun haben? Wir befinden uns am Rande einer dritten Intifada, und Ihr Job besteht darin, die Situation unter Kontrolle zu bringen. Haben. Sie. Mich. Verstanden?«

»Voll und ganz, Chef.« Doch Chaim weiß, dass nichts unter Kontrolle ist. Die Gewalt nimmt überhand: Zwei gewalttätige Ausschreitungen in den letzten beiden Wochen und mehrere nur knapp vereitelte Terroranschläge. Erst vorgestern wurde drüben in Rehovot wieder eine junge Frau mit einem Messer attackiert. Augenzeugen zufolge soll der Angreifer vom Wahnsinn blutunterlaufene Augen gehabt und bösartige Beschimpfungen von sich gegeben haben. Es gibt Hinweise, dass der Terrorist die Frau kannte, einige glauben sogar, dass die beiden eine Beziehung hatten und dass es sich bei der Tat in Wahrheit um Mord aus Leidenschaft handle, doch wer hat schon je davon gehört, dass sich eine anständige israelische Frau in einen Terroristen verliebt? Chaim hält von dieser These genauso viel wie von Romantik und Beziehungen, nämlich gar nichts. Liebe und Leidenschaft sind für ihn nichts anderes als albernes, weibisches Gewäsch, das die Leute schwach macht und in Trottel verwandelt. Er selbst hält es mit Disziplin und dann und wann einer verschwiegenen Nummer in einem Hinterzimmer.

Als er an diesem Morgen seine Uniform anzog und das Pistolenhalfter enger schnallte (offenbar hatte er abgenommen, gar nicht schlecht), umfassten ihn die vom Schlaf noch schlaffen Arme seiner aktuellen Geliebten. »Komm bald wieder, Chaim«, flüsterte sie.

Ärgerlich schüttelte er ihre Arme ab. Es war doch immer dasselbe mit diesen Frauen, nach einiger Zeit werden sie anhänglich wie Hundewelpen. »Ich muss los«, sagte er, doch einem Impuls folgend gab er ihr einen zerstreuten Kuss auf die Wange, bevor er sich abwendete und ging.

In der Zentrale werfen sich die Beamten amüsierte Blicke zu, als er an ihnen vorbeigeht, und einige haben tatsächlich den Nerv, verhaltene Kussgeräusche zu machen. Chaim nimmt sich vor, den betreffenden Beamten bei der nächsten sich bietenden Gelegenheit ein Disziplinarverfahren an den Hals zu hängen, doch als er im Waschraum in den Spiegel blickt, bemerkt er die schwachen Lippenstiftspuren auf sei-

nem Hemdkragen und verflucht diese Frau, die es fertigbringt, ihn vor all seinen Mitarbeitern lächerlich zu machen,
ohne überhaupt jemals einen Fuß aus ihrer Tür zu setzen.

Während er sich von seinen Beamten auf den neuesten
Stand bringen lässt und die Akten studiert, geht draußen
alles seinen gewohnten traurigen Gang. Als es Abend geworden ist und die Dämmerung sich bleiern über die Stadt
legt, tauchen überall in den Straßen, in Hauseingängen und
in verwinkelten Gassen dunkel gekleidete Figuren auf, die
Kapuzen tief über die Gesichter gezogen und mit leidenschaftlich glühendem Blick in den verschatteten Augen. Am
nächsten Tag sind die Mauern und Hauswände der Stadt
übersät mit Bildern geflügelter Engel.

* * *

Weglaufen ist keine Option. Manche Leute begreifen das,
wenn sich Handschellen um ihre Handgelenke legen oder
wenn sie sich zum letzten Mal in ihrem Leben verlieben.
Layla Al-Riadh erkennt es in dem Moment, als sie an die
Tür von Yvonne, der Wahrsagerin klopft. Yvonnes Haus
war nicht schwer zu finden, als sie einmal die Adresse hatten.
Früh am nächsten Morgen machten Amal und Layla sich auf
den Weg ins Ajami Viertel. Das Haus lag oben auf einem
Hügel in einer Seitengasse, nicht weit entfernt von der Ma-
ronitischen Kirche. Vor dem Haus wächst eine Tamariske,
deren rosafarbene Blüten einen betörenden Duft verströmen,
und im Hof stehen zwei ausrangierte Autos und setzen Rost
an. Neben der schlichten Holztür hängt ein ausgeblichenes
Stück Karton, das jemand mit Reißzwecken und Klebeband
an der Hausmauer befestigt hat. Darauf steht auf Hebräisch,

Arabisch und Englisch: *Yvonne Mousaid, spiritistisches Medium, Termine nach Vereinbarung.* Die Telefonnummer, die darunter steht, ist so verblasst, dass sie nicht mehr zu entziffern ist. Als Layla anklopft, schwingt die Tür quietschend auf und gibt den Blick auf ein unordentliches Zimmer frei. »Schätzchen, würde es dir was ausmachen, die Tür hinter dir zu schließen? Ich habe es am Ischias, und mein Hintern verträgt keine Zugluft.« Als Layla und Amal gehorsam eintreten und die Türe schließen, wird es schlagartig dunkel im Raum, da es in diesem Hinterzimmer kein Fenster gibt und die einzige Lichtquelle aus dem geöffneten Kühlschrank kommt, der halb von einer fülligen Frau verdeckt wird, die darin herumkramt. »Schön, dass mal jemand kommt, Leute!«, ruft sie mit einer Stimme, die klingt, als würde jemand in eine Gießkanne husten. Sie spricht englisch mit einem leichten arabischen Akzent. »Normalerweise laufen die Geschäfte im Sommer besser, aber dieses Jahr ... Vermutlich liegt's am vielen Regen.« Die Frau lacht ein schepperndes Lachen, das in einen rasselnden Husten übergeht. »Eiscreme?«

»Nein, vielen Dank.« Layla späht durch das Halbdunkel und versucht, etwas zu erkennen. »Na, wie auch immer. Ich bin übrigens Yvonne, aber das wisst ihr natürlich schon, wenn ihr euch die Mühe gemacht habt, mich zu besuchen. Ach, mach doch mal das Licht an, Schätzchen, damit ich euch sehen kann.« Layla und Amal sehen sich um. Die winzige Wohnung ist mit Katzen bedeckt und sieht aus wie in einem surrealistischen Film. Zwei liegen auf dem Sofa und eine ist über den Fernseher drapiert wie ein Platzdeckchen. Zwei weitere sind über den fleckigen Orientteppich verteilt und beäugen die beiden Besucherinnen misstrauisch aus gelben Augen. Yvonne dreht sich schwungvoll um, den Becher Eis in der Ellbogenbeuge und einen Löffel davon im Mund, und schließt die Kühlschranktür. Sie trägt Leggings mit Leopardenmuster und ein pinkes T-Shirt von den New York Mets und sieht so wenig nach Wahrsagerin aus, dass Layla fast glaubt, sie hätten sich in der Tür geirrt. Sie weiß nicht genau, was sie erwartet hat, bunte Vorhänge vielleicht oder wenigstens ein paar Kerzen, doch der ganze Raum strahlt, abgesehen von den Katzen, eine erstaunliche Normalität aus. In der Ecke steht eine Kommode, auf der Familienbilder verstauben, und hinter der Tür entdeckt sie einen Wischmopp in seinem Eimer. Ein Plakat an einer Wand zeigt den menschlichen Körper und seine Energie-meridiane, wie in der Überschrift erklärt wird. Ein Seiten-blick auf Amal genügt, um festzustellen, dass auch sie etwas anderes erwartet hatte. »Und dafür bin ich heute früh aufge-standen«, mault sie halblaut, während sie sich umsieht.

Yvonne ist bereits damit beschäftigt die Katzen vom Sofa zu pflücken und den Couchtisch freizuräumen. Ihr Blick fällt auf Layla.

»Ach, nun steh da nicht so verloren rum! Du hast schlecht geträumt, na und? Das kommt vor.«

»Woher wissen Sie das?« Layla ist ehrlich verblüfft.

Yvonne lässt eine dröhnende Lachsalve los, die ihren gan-zen Körper erbeben lässt und schüttelt ihre blond gefärbte Mähne. »Woher ich das weiß? Schätzchen, du siehst aus, als hättest du mehr als nur eine schlaflose Nacht hinter dir, und dass da kein Kerl dahintersteckt, sieht man mit einem Blick. Würde dir aber ganz guttun, um ehrlich zu sein. Aber egal. Na kommt, setzt euch. Wie kann ich euch helfen, Leute? Wollt ihr ein Horoskop? Eine Reiki-Behandlung für mehr Energie? Oder seid ihr einfach nur neugierig, wie's mit der Liebe läuft, hä?«

»Omar schickt uns.«

»Omar schickt euch? Das sieht ihm ähnlich, dem kleinen Schlingel. Was hat er ausgefressen?«

»Er ist im Gefängnis.«

»Tatsache? Na, das kommt nun doch unerwartet.«

»Das kommt unerwartet?«, mischt sich Amal ein. »Ich dachte, Sie sind Hellseherin. Wieso kommt das dann für Sie unerwartet?«

»Meine Liebe, du hast da eine ziemlich naive Vorstellung von medialen Fähigkeiten, wenn ich das so sagen darf. Tut mir sehr leid, wenn ich euch enttäusche. Wenn ihr wollt, hole ich noch schnell meine Kristallkugel.«

»Nicht nötig«, antwortet Amal schnippisch, doch Layla beschwichtigt.

»Ich weiß nicht, warum Omar uns zu Ihnen geschickt hat. Er dachte wohl, Sie könnten ihm helfen. Oder uns helfen, ihm zu helfen. Vielleicht auch umgekehrt.«

Yvonne ist damit beschäftigt, sich eine Zigarette zu drehen. Als sie das Papier ableckt, sieht sie für einen Augenblick aus wie eine große Schildkröte, die ein Salatblatt isst.

»Immer schön langsam«, murmelt sie und klaubt sich Tabakkrümel aus dem Mund, »ich komme gar nicht mit.«

Als Layla die ganze Geschichte erzählt hat, ist Yvonne bei ihrer zweiten Zigarette angelangt und sieht sie durch eine Wolke aus Tabakrauch aus halbgeschlossenen Augen an.

»Omar und sein Bruder haben sich also mit der Obrigkeit angelegt, und ihr seid auf der Jagd nach einer guten Story über den Engel von Palästina. Na, das nenne ich doch mal ein Abenteuer.«

»Wir sind nicht auf der Jagd nach einer Story oder einem Abenteuer. Wir wollen den dreien helfen.«

»Du willst die Story, Schätzchen. Ist ja auch in Ordnung, das ist schließlich dein Job. Mein Job ist es, Leute zu durchschauen, und du bist, mit Verlaub gesagt, sehr einfach zu lesen.«

»Ach ja?« Layla spürt, wie der Zorn ihre Wangen rötet. »Sie wissen rein gar nichts über mich oder meinen Beruf oder meine Motivation. Sie kommen wahrscheinlich noch nicht mal von hier und haben keine Ahnung, was uns der Engel bedeutet. Und außerdem haben Sie keine übersinnlichen Fähigkeiten, hellsehen können Sie auch nicht, Sie haben ja nicht mal ein verdammtes Fenster!« Das letzte Wort schreit sie beinahe. »Ich weiß nicht, warum ich meine Zeit bei Ihnen verschwende«, murmelt sie und rafft ihre Handtasche zusammen.

»Es ist jemand an der Tür«, gibt Yvonne ungerührt zurück.

Layla lauscht, doch sie hört weder eine Klingel noch ein Klopfen. Da ist nichts, außer dem Geräusch der Klimaanlage und dem Schnurren unzähliger Katzen.

Yvonne nimmt den Löffel aus dem Eisbecher und deutet auf Layla, als wollte sie sie damit aufspießen. »Da ist jemand an der Tür«, wiederholt sie ungeduldig, und nun kann es auch Layla hören. Jemand klopft an die Tür, begehrt verzweifelt Einlass. Das Klopfen klingt wie Faustschläge, die gegen eine Stahltür hämmern, und Layla erstarrt.

Amal springt auf. Doch als sie die Tür öffnet, strömt nur die warme Luft von der Straße herein und bringt den Geruch nach Benzin mit sich.

Da spürt Layla den Sog, und als sie versucht zu atmen, legt sich ein feiner Nebel auf ihre Lungen, und ihr Kopf wird leer.

Sie ist nackt wie der erste Mensch, nackt bis auf die Angst, die sich um ihre Haut schmiegt wie ein Mantel mit einem Futter aus

kalter Seide. Die Wände scheinen näher zu kommen, und die
Menschen drängen sich aneinander, weichen in die Ecken zurück,
als sich die Angst im Raum ausbreitet. Der erste Atemzug
fühlt sich an wie scharfe Klingen, wie die raue Bruchkante eines
Eiszapfens, doch schon der zweite Atemzug glättet die Schärfe,
legt sich über sie wie flüssiges, warmes Quecksilber, glänzend und
sanft. Die Menschen im Raum klettern hastig übereinander, als
die Angst wie eine schwere Wolke nach unten sinkt, versuchen ihr
zu entkommen, indem sie sich aufrichten, hinauf, hinauf, und mit
den Fäusten an die Tür aus Stahl hämmern, sodass das Klopfen
durch den Raum hallt wie Donnerschläge. Doch der dritte Atem-
zug macht alles weich wie Watte. Wie Nebel. Wie die Wolken,
die heute schnell über den Himmel ziehen, genährt von dem
grauen Rauch, der aus schwarzen Schornsteinen aufsteigt.

»Da war niemand.« Amals Stimme bringt sie zurück in die
Wirklichkeit. »Also was ist nun? Helfen Sie uns jetzt, oder
nicht?« Amals Augen sind auf Yvonne gerichtet.

»Ihr seid nicht nur deswegen gekommen«, stellt Yvonne
fest und zieht an ihrer Zigarette. Sie sieht Layla an, die lei-
chenblass auf dem Sofa sitzt.

»Ich wüsste nicht, weswegen sonst«, bringt Layla hervor,
aber ihre Stimme klingt schwach.

»Was du nicht sagst.«

Layla atmet tief ein. Noch immer steht sie unter dem Eindruck der Vision, und sie bemüht sich, gleichmäßig zu atmen, um die Fassung wiederzuerlangen. Sie schätzt Yvonne
auf etwa vierzig. Unter den Schichten von Make-up und
Wasserstoffperoxid ist noch der Abglanz ihrer einstigen
Schönheit zu erkennen. Ein paar der Katzen haben sich auf
ihren Schoß gesetzt, und halb rechnet Layla damit, dass sich
eine weitere auf ihrem blonden Haupt niederlassen wird,

doch Yvonne sieht sie mit einem so durchdringenden Blick an, dass Layla begreift, dass sie ihr nichts vormachen kann.

Es gibt eine Liste von Symptomen, die typisch sind: Benommenheit und eine Art geistige Abwesenheit. Die Tendenz, ins Leere zu starren, als wären dort Antworten zu finden. Die Fähigkeit, selbst die leisesten Geräusche zu hören – Kaninchen, die an Grashalmen kauen, beispielsweise. Bienen, die Nektar aus halbverwelkten Blüten saugen, das Geräusch einer erlöschenden Kerze, das klingt wie ein zittriges Ausatmen, sehr einsam und sehr endgültig.

Layla kennt die Symptome, denn es sind ihre eigenen. Es gibt Tage, an denen ihre Sinne so überreizt sind, dass sie sich mit einem kalten Tuch auf der Stirn aufs Sofa legen muss. Das sind Tage, an denen sie schwört, die Gedanken anderer Menschen hören zu können. Und so verwundert es nicht, dass sie Dinge wahrnimmt, die so weit weg geschehen sind, dass sie genauso gut ihrer eigenen Phantasie entsprungen sein könnten.

»Also gut«, sagt Layla resigniert. Sie zittert immer noch, und auf ihrer Stirn haben sich Schweißperlen gebildet. Das gerade eben war nur schlichte Geisteskrankheit, sie weiß es. Wahnvorstellungen, die sich leider immer zu den unpassendsten Zeiten zeigen.

»Sagen Sie mir nur eins. Bin ich verrückt?«

»Keine Angst, Schätzchen, du bist nicht verrückter als ich es bin«, sagt Yvonne und lacht ihr blechernes Lachen.

Amal sieht Layla zweifelnd an.

»Wenn du dich vor etwas fürchtest, dann dreh dich einfach um und schau den Dingen direkt ins Gesicht«, fährt Yvonne fort. »Das ist es, was ich machen würde, aber das musst du selber wissen.« Sie nimmt einen tiefen Zug aus ihrer Zigarette. »Ihr haltet mich für eine Hochstaplerin, habe ich recht?«, stellt sie fest und deutet mit einer schwungvollen Gebärde auf die wenigen Möbelstücke im Raum. Im flackernden Licht der Glühbirne tritt die Tristheit des Raumes offen zutage. Die Farbe an den Wänden ist abgeblättert und die einstmals bunten Teppiche sind abgetreten und ausgeblichen. »Es ist nichts Besonderes, aber dieses Haus ist das einzige Zuhause, das ich habe, und jetzt lebe ich von dem, was eben so reinkommt. Manchmal sind es Kunden, manchmal sind es nur Neugierige, so wie ihr. Manchmal sind es Geister.«

Yvonnes Familie, fromme katholische Palästinenser ohne irgendeinen Hang zum Mystischen, stammte aus Kfar Kanna, drüben in Galiläa, wo die Berge im Sonnenlicht ein so intensives Rot annehmen konnten, dass man glaubte, sie seien mit Blut durchtränkt. Doch als sie klein war, zog ihre Familie nach New York City, in eine üble Gegend in den Jackson Heights. Sie lebten in einer winzigen Wohnung in der Nähe des East River, wo nachts die Ratten mit den Junkies um die Wette in den Mülltonnen wühlten. Yvonne wurde in eine Klosterschule gesteckt und wuchs als einsames und trauriges Kind auf, dessen Eltern zu sehr damit beschäftigt waren, dem American Dream nachzujagen, als dass sie bemerkten, dass ihre Kinder, eines nach dem anderen, auf die schiefe Bahn gerieten. Als Yvonne dreizehn Jahre alt und widerspenstig war, behauptete sie, mit den Toten sprechen zu können und stellte fest, dass ihr das mehr Aufmerksamkeit einbrachte, als alle anderen Bemühungen zuvor. Mit dem Lügen war das natürlich so eine Sache. Wenn man einmal damit angefangen hatte, musste man es wieder und wieder tun. Schon bald entdeckte sie, dass sich mit diesen Geschichten sogar Geld verdienen ließ, und eine Weile lang hielt sie für die Nachbarn Séancen auf der Feuertreppe ab. Nachdem sie ein Jahr lang die Botschaften der Toten überbracht hatte, kamen ihre Eltern schließlich dahinter und ließen den Priester kommen, der ihr den Unsinn austreiben sollte. Der Mann kam mit einer schwarzen Kutte und einem großen Holzkreuz, zwang das Mädchen auf die Knie, bespritzte es mit Weihwasser und beschimpfte es auf Lateinisch als Teufel. Am Ende blieb ihr nur die Erkenntnis, dass man, wollte man es im Leben zu etwas bringen, sich am besten von der Religion fernhielt. Trotzdem oder gerade deswegen, kehrte sie nach Hause ins Heilige Land zurück, sobald sie die Highschool abgeschlossen hatte, und stellte fest, dass der Duft von Orangen nicht nur Heimweh, sondern auch Schwermut kurieren konnte. In der Klosterschule hatte sie gelernt, dass die Samen der gelben Quitten bei Krupphusten halfen und Sonnenbrand linderten, wenn man sie nur lange genug in frischem, kühlem Quellwasser liegen ließ. Sie erinnerte sich, dass Rosmarin nicht nur bei drei Tage altem Stockschnupfen half, sondern auch vorzeitigen Haarausfall verhindern konnte. Hibiskus, so fand sie heraus, war im Grunde nutzlos, außer man brühte sich daraus einen Tee, der so stark war, dass er nicht nur Ameisen vom Haus fernhielt, sondern tatsächlich auch die Hoffnungslosigkeit linderte, die fast jeden im Land in einem bleiernen Würgegriff hielt. Bald war ihr Name so bekannt, dass die Leute von weit her kamen, um sich Kräutermedizin gegen Nierensteine, Gicht und Depressionen zu holen und dabei feststellten, dass nach einem Besuch bei Yvonne ihre Kümmernisse gelindert worden waren. Den besonders Verzweifelten las sie manchmal aus dem Kaffeesatz oder gab ihnen gute Ratschläge mit, die tatsächlich zu helfen schienen. Das Geheimnis von Yvonne Mousaids

Erfolg war nicht etwa Magie oder Intuition, sondern Lebenserfahrung, eine ausgeklügelte Marketingstrategie und die Erkenntnis, dass Einsamkeit weniger wurde, wenn man sie teilte. Während sie den Leuten Tees und besondere Edelsteine verkaufte, die die Energiebahnen ins Gleichgewicht bringen sollten, lernte sie, ihnen zuzuhören und in ihren Gesichtern zu lesen. So erfuhr sie, dass Angst so lähmend sein kann, dass sie nicht nur hartnäckige Verstopfung, sondern auch geistige Verwirrtheit auslöst, und dass jene, die nachts vor lauter Traurigkeit nicht schlafen konnten, am nächsten Morgen oft lächelnd aufstanden, entschlossen, sich nichts anmerken zu lassen. Sie lernte, dass Rachsucht sich so tief ins Gesicht eingräbt, dass die Augen dieser Menschen aussehen, wie aus Stein gemeißelt und dass Hass nicht aus Angst entsteht, sondern aus schlichter Dummheit, gepaart mit einer Arroganz, der schwer beizukommen war. Doch am wichtigsten war die Erkenntnis, dass die Geschichte ein Kreislauf ist. Ein Kreislauf, der sich stetig wiederholt, wohin immer man auch geht, und dass ein Ausweg aus dieser Misere nur dadurch zu erlangen ist, dass man, und sei es auch nur für einen Augenblick, die Welt durch die Augen derjenigen sieht, die man als seine Feinde betrachtet. Doch in diesem Land schien das weder den Juden noch den Arabern möglich zu sein, was ein Jammer war, denn wie Yvonne festgestellt hat, glichen sich beide Lager wie ein Ei dem anderen. In all den Jahren, in denen sie hier lebt, hat Yvonne so viel Trauer und Leid gehört, dass es für zehn Leben reichen dürfte, doch noch immer erstaunt es sie, wie schwer sich die Leute von ihrem Groll lösen können. Nimm Chaim beispielsweise, der niemanden an sich heranlässt außer Loretta, dieser schrecklichen Dobermannhündin, die er bei all ihren Treffen im Auto lässt, da ihre gefletschten

Zähne Yvonne kalte Schauer über den Rücken laufen lassen. Chaim ist kalt wie Eis, und Gefühle kann er nicht zulassen, doch er weiß, dass Yvonne sich vor seinem Hund fürchtet, und so besteht er nicht darauf, sie mit ins Haus zu bringen, selbst wenn das bedeutet, dass Loretta die ganze Nacht im Wagen verbringen muss. Er kennt Yvonnes Vorliebe für Süßigkeiten und sorgt dafür, dass er immer eine Tüte mit kandierter Ananas im Handschuhfach hat. Als kürzlich ihre Klimaanlage kaputtging und die Temperatur in der Wohnung auf über dreißig Grad gestiegen war, kaufte er ihr kommentarlos eine neue und baute sie selbst ein. Was spielt es da für eine Rolle, dass er niemals »Ich liebe dich« sagt, oder dass er nach dem Sex sofort einschläft, mit dem Rücken zu ihr, und dass er sich weigert, ihre Hand zu halten. Neulich hat sie entdeckt, dass Chaim beim Küssen nie die Augen schließt, so als müsste er stets die Kontrolle behalten. Wenn sie mit der Hand über seinen nackten Rücken streichelt, spürt sie die Verspannungen unter der Haut so deutlich, dass sie eine Landkarte seiner Verletzungen zeichnen könnte. Sie sind da, gleich unter der Haut, für jeden sichtbar, der sich die Mühe macht, sich ihm zu nähern. Bis heute ist sie sich nicht sicher, ob sich unter Chaims harter Schale tatsächlich ein weicher Kern verbirgt, oder ob sie darunter nichts als Leere finden wird. Doch immerhin weiß sie eines. Sie weiß, wie sie Chaim dazu bringen kann zu tun, was sie möchte. Sie weiß, mit welchen in der Dunkelheit des Schlafzimmers geflüsterten Worten sie ihn erreichen kann und wie sie ihn davon überzeugen kann, ihr genau drei Wünsche zu erfüllen, einen für jeden Gefangenen. Immerhin hat sie ein oder zwei Dinge gelernt, seit sie die Klosterschule in Queens verließ, in der es den Mädchen nicht erlaubt war, mehr als fünf Zentimeter Haut zwischen Rocksaum und den weißen

Kniestrümpfen zu zeigen. Und wenn das nicht hilft – nun sie kennt schließlich die tiefsten und dunkelsten Geheimnisse des halben Polizeidezernates und auch die der zuständigen Staatsanwälte und Minister, von denen viele schon bei ihr waren, um Kräutertees, Liebe oder Trost zu kaufen. Sie erinnert sich genau, wem sie gemahlene Ginkoblätter zur Steigerung der Potenz verschrieben hat und wessen Ehefrau seit Jahren in dem barmherzigen Glauben lebt, ihr Mann mache jeden Abend Überstunden. Es wird ein Kinderspiel sein, Layla diesen Gefallen zu tun. Viel schwieriger ist es, ihr nicht all die Dinge zu sagen, von denen Yvonne ganz genau weiß, dass sie sie nicht hören will: Dass es beispielsweise einfach ist, seinen Feind zu lieben, sich selbst dafür zu vergeben jedoch Jahre dauert. Oder dass die Tatsache, dass man sich an eine Vergangenheit erinnert, die nicht die eigene ist, nicht unbedingt bedeuten muss, dass man verrückt ist, auch wenn das die einfachere Erklärung wäre. All das wird Yvonne Layla nicht sagen, weil sie ganz genau weiß, dass es Dinge gibt, die man alleine herausfinden muss.

»Ihr könnt euch auf mich verlassen«, sagt sie stattdessen. »Doch glaubt nicht, dass es damit getan ist, diese Jungs aus dem Gefängnis zu holen. Das Gefängnis aus ihnen herauszubekommen – das ist die Herausforderung.«

* * *

Chaim Levy sitzt in seinem Auto, starrt in den wolkenverhangenen Himmel und wartet darauf, dass sein Herzschlag sich beruhigt. Er betritt niemals den Friedhof und vermeidet es für gewöhnlich, auch nur in dessen Nähe zu kommen. Nur an einem einzigen Tag im Jahr kommt er hierher, und auch dann parkt er nur in der Nähe des Eingangstores, so wie jetzt, und denkt nach. Er hat Pizza in einem Karton mitgebracht, die Loretta heißhungrig hinten auf dem Rücksitz verschlingt, und er schert sich nicht um die Flecken, die das auf den frisch gereinigten Polstersitzen hinterlassen wird. Er hat auch daran gedacht, eine Dose Diätcola zu kaufen, da der Tag heiß und die Luft trocken ist, doch er hat nichts davon angerührt. Die schlichte Wahrheit ist, dass er lieber Auge in Auge mit einem bewaffneten Terroristen stehen würde, als hier zu sein. Er würde sich lieber Reißnägel unter die Fingernägel stecken lassen oder barfuß über rotglühendes Metall laufen, als auf den Friedhof zu gehen. Und dennoch ist er hier, und er wird erst wieder gehen, wenn die Sonne schon tief am Horizont steht und er seine Abendschicht antritt. Wenn er nach Hause geht, wird er die Tür hinter sich schließen und erleichtert sein, dass dieser Tag, der Schlimmste des Jahres, vorbei ist. Seit fünfzehn Jahren kommt er jedes Jahr an diesem Tag hierher, um sich daran zu erinnern, dass es Dinge gibt, für die es sich zu sterben lohnt. Er wäre für sie gestorben, wenn er gekonnt hätte. Wäre er da gewesen, bevor die Bombe an jenem Tag seine Schwester in Stücke riss, er hätte es verhindern können, dessen ist er sich sicher. Er hätte die Gefahr erkannt, er hätte es an den Augen des Attentäters erkannt, in denen der Hass loderte. Er hätte den Rucksack im Auge behalten, und als der Terrorist das Café verließ und die Tasche stehen ließ, da hätte er gewusst, was zu tun wäre. Er hätte sich auf die Bombe werfen können, bevor sie hochging, hätte das Café räumen lassen, die Menschen in Sicherheit bringen, seine Schwester retten können. Doch Ariana war zu jung und zu unbekümmert, um sich um so profane Dinge wie Sicherheit zu scheren. Sie lebte ihr Leben, als wäre es eine einzige Party. Chaim, der nicht nur älter, sondern auch der Vernünftigere von beiden war, prophezeite Ariana einen frühen Tod, doch er dachte dabei an Drogen, Alkohol und sexuell übertragbare Krankheiten. Dabei war es einfach ihre schlichte Freude am Leben, die ihn irritierte, die Art wie sie die Dinge hinnahm, ohne Bedauern oder Angst. Er redete sich gern ein, dass er sich um ihre Sicherheit sorgte, doch in Wahrheit wusste er, dass Arianas Leben viel intensiver war als seines. Wahrhaftiger. Sie lebte, während er nur existierte, und es gab Tage, an denen er sich wünschte, wie sie zu sein. Ariana war so gutherzig, dass sie alle Menschen für ihre Freunde hielt, ganz gleich, woher sie kamen oder woran sie glaubten, während Chaim damit beschäftigt war, jeden seiner Sinne darauf zu trainieren, Freunde von Feinden zu unterscheiden. Ariana war leichtfertig wie der Wind. Sie war die Art von Person, die an einem ganz gewöhnlichen Tag losgehen und sich ein Tattoo stechen lassen konnte, ohne an die Folgen zu denken. An jenem Tag war der Himmel bedeckt, und die Luft war so drückend, dass alle, die auch nur einen Funken Verstand im Leib hatten, bei angeschalteter Klimaanlage zu Hause blieben, doch Ariana war nicht wie andere Leute. Der kleine blaue Schmetterling, den sie sich auf die linke Schulter tätowieren ließ, diente später dazu, sie unter den anderen Opfern zu identifizieren, und bis heute erinnert sich Chaim daran, wie sehr er sich dafür schämte, dass er seine Schwester zuvor wegen der Tätowierung beschimpft hatte.

Er vermisst seine Schwester so sehr, dass es körperlich wehtut, tief unten in der Brust, dort wo die Koronararterien sein Herz in einem eisernen Würgegriff halten. Ariana hätte gehasst, was aus Chaim geworden ist, dessen ist er sich sicher. Sie hätte ihn ausgelacht, ihn einen Paranoiker genannt, einen kaltherzigen Cop ohne Freude am Leben. Ohne Freunde. Ohne Liebe. Doch sie ist tot, und er ist am Leben, und nichts wird diesen Umstand je rechtfertigen können. Er greift ins Handschuhfach, wo er seine Waffe aufbewahrt, und nachdem er sie entsichert hat, hält er sie sich an die Schläfe, wo der Schaft einen kreisrunden Abdruck auf der Haut hinterlässt.

Als er schließlich den Wagen wendet und im Nachmittagslicht die Hauptstraße hinunterfährt, denkt er darüber nach, wie seine Hand gezittert hat, als er sich die Waffe an den Kopf hielt. Als hätte er tatsächlich Angst zu sterben. Als wäre sein Leben auch nur irgendetwas wert.

Erwachen

We're one, but we're not the same
We've got to carry each other
Carry each other
One

Johnny Cash, »One«

An dem Tag, an dem die Reportage von Layla Al-Riadh in der Zeitung *Haaretz* erscheint, ist der Himmel weit, hell und von einem betörenden Blau. Nach all den Wochen dunkler Regenwolken, vom Wind gepeitschten Palmen und übergelaufener Gullys wirkt die Hitze ungewohnt, und obwohl die Cafés wieder ihre Tische und Stühle auf den Gehwegen aufbauen und die Touristen ihre Handtücher auf dem noch nassen Strand ausbreiten, trauen die Menschen im Land dem Wetter nicht. Bereits am Morgen ist es warm genug, um sich über die Hitze zu beklagen, doch die Leute blicken misstrauisch nach oben und halten ihre Regenschirme griffbereit. Sie haben allen Grund dazu, denn obwohl der Himmel wolkenlos ist, ist es schwül, und die Luft sinkt schwer und feucht zwischen die Hausmauern. Vielleicht ahnen die Menschen, dass der eigentliche Sturm erst noch kommen wird, und natürlich haben sie recht: nichts kann darüber hinwegtäuschen, dass sich dort draußen ein Gewitter zusammenbraut. Als Layla die Zeitung anrief, um ihren Artikel anzubieten, hatte sie damit gerechnet, sich mit einer halben Seite im Bereich *Vermischtes* zufriedengeben zu müssen, stattdessen bekam sie zwei volle Seiten und die Titelseite angeboten. Die Reportage ist gut geworden, selbst Layla muss zugeben, dass sie noch nie etwas Besseres zustande gebracht hat. Sie hat alle Menschen interviewt, die den Engel kannten, und auch zahlreiche Leute, die ihn nicht kannten, wohl aber zu kennen glaubten. Sie hat die Massenhysterie in Worte gefasst, die das ganze Land im Griff zu haben scheint und sie hat den Hoffnungen und Sehnsüchten der Menschen, die an den Engel glauben, eine Stimme verliehen. Auch das Interview mit Dror Oron, das sie auf seinen Wunsch hin anonym gehalten hat, findet seinen Platz. Außerdem natürlich Khaddija Sabateens emotionaler Appell, ihren Sohn freizulassen. Vor allem aber hat sie die Doppelmoral der Gesellschaft aufgezeigt: Während die einen den Engel als Heiligen feiern, sperren die anderen ihn ein und behandeln ihn wie einen Staatsfeind. Der Engel, davon ist Layla überzeugt, ist nichts weiter als eine gigantische Projektionsfläche, auf der jeder sich selbst mit all seinen Ängsten gespiegelt sieht. Das Einzige, was zur Krönung des Artikels noch gefehlt hätte, wäre ein Interview mit dem Engel selbst gewesen. Layla ist sich nicht sicher, was er sagen würde. »Fürchtet euch nicht!«, würde er vielleicht rufen. Oder vielleicht würde er auch sagen »Es ist nicht so, wie ihr denkt.«

An diesem Morgen steht Layla früh auf, um am Kiosk zu sein, wenn er aufmacht. Sie hat sich nicht die Mühe gemacht, sich anzuziehen, sondern trägt noch immer die Sachen, in denen sie am Abend zuvor ins Bett gegangen ist: Shorts und ein altes T-Shirt von Madonnas *Blond Ambition Tour*, das Amal gehört. Wenn Layla wüsste, dass auf dem Rücken des Shirts *Like a Virgin* steht, würde sie vor Scham im Boden versinken, doch so hat sie sich nur die strähnigen Haare zu einem Knoten zusammengebunden und wartet ungeduldig darauf, dass der Zeitschriftenverkäufer seinen Laden aufsperrt.

Als sie die Zeitung endlich in den Händen hält, kann sie es kaum fassen. Vorne auf der Titelseite prangt das Bild des Engels, und seine schwarzen Augen blicken so durchdringend und strahlend, dass Layla beinahe vergisst weiterzublättern. Die Schlagzeile lautet *Engel oder Terrorist – Was die Gesellschaft im Spiegel sieht.* Schon eine Seite weiter ist das anonyme Interview mit Dror abgedruckt, und die Stelle, an der er sagt, dass es Dinge gibt, die einen die eigenen Überzeugungen überdenken lassen, springt besonders ins Auge, und Layla kann dieser Aussage von ganzem Herzen zustimmen. Seit Tagen fühlt sie sich nervös, als ob sie Fieber hätte, und sie kann eine Anspannung unten im Bauch und tief in der Brust spüren. Obwohl sie den Engel nie getroffen hat, weiß sie, was Dror gemeint hat, als er sagte, die Kraft des Engels sei schrecklich. Sie brauchte den Engel gar nicht zu treffen, um zu erleben, was es heißt, wenn alles, von dem man glaubte, es sei gut und richtig, auf einmal zweifelhaft aussieht. Sie brauchte keine Begegnung mit dem Engel, um zu wissen, wie es sich anfühlt, wenn man sich sein Leben lang auf der richtigen Seite wähnte und plötzlich feststellt, dass nichts von dem, woran man glaubte, noch Gültigkeit besitzt. Seit ihrem Besuch bei Yvonne hatte Layla keine einzige Vision mehr, und ihre Nächte sind ruhig und friedlich. Stattdessen spürt sie, wo auch immer sie hingeht, die Emotionen jedes Menschen, der ihren Weg kreuzt, so deutlich, als würden sie ihr direkt ins Herz gemeißelt. Schon immer hatte sie die Gabe zu ahnen, was andere fühlen, doch das hier ist anders. Stärker. Schlimmer. Erst gestern beispielsweise, als sie unten im Laden war, um Shampoo und Toilettenpapier zu kaufen, da konnte sie die Angst der Kassiererin fühlen, die fürchtete, jemand würde ihr auf dem Weg nach Hause ein Messer in die Brust stoßen. Die junge Frau, die drüben in Hatikva wohnte, musste auf ihrem Heimweg durch die arabischen Viertel, und jedes Mal, wenn einer der Jungs, die an den Straßenecken herumhängen, sie ansah, begann ihr Herz panisch zu rasen. Wann immer sie Menschen auf der Straße Arabisch sprechen hörte, fürchtete die Frau sich, denn woher sollte sie wissen, worüber die Leute sprachen? Sie konnten über den Preis der Tomaten reden oder einen Anschlag planen, und sie würde es nicht erfahren, ehe es zu spät war. Layla konnte spüren, dass die Frau mit ihren Nerven am Ende war, vor Ende des Monats würde sie ihren Job kündigen und sich in Therapie begeben müssen. Aus diesem Grund wollte sie die Kassiererin aufmunternd anlächeln, doch alles, was Layla zustande brachte, war eine gequälte Grimasse, die nur die eigene Angst widerspiegelte. Yvonne hat ihr geraten, sich ihren Albträumen zu stellen, aber sie hat sie nicht davor gewarnt, was passieren würde, wenn Layla das tat. Und so machte sie genau das, sie sah ihren Albträumen direkt ins Gesicht, und das hat sie nun davon. Das Ausmaß des Mitgefühls, das ein Mensch empfinden kann, ist begrenzt, doch Laylas Psyche scheint dieses Memo nicht bekommen zu haben. Sie kann nicht aufhören, mit wildfremden Menschen zu weinen, und das raubt ihr den letzten Nerv. Sie würde freudig jede Nacht schweißgebadet aufwachen, wenn sie nur damit aufhören könnte, den Schmerz anderer Menschen zu fühlen. Denn natürlich weiß sie, was ihre Albträume zu bedeuten hatten. Sie war schließlich dabei, daran gibt es nichts zu rütteln. Sie war dabei, als Menschen wie Vieh in Züge verladen und wie Holzscheite in Öfen geschoben wurden. Sie war, verdammt noch mal, eine von ihnen – oder jedenfalls so gut wie, denn was ist denn schon der Unterschied zwischen Traum und Realität? Und weil sie eine von ihnen ist, kann sie nicht aufhören, über die Angst dieser Leute nachzudenken. Layla beginnt zu verstehen, warum manche Leute es vermeiden, ihre Feinde als Menschen zu bezeichnen: Wenn man es tut, stellt man fest, dass man nicht anders kann, als Mitgefühl mit ihnen zu empfinden, und dann steht plötzlich alles auf dem Kopf.

Nun, da ihre Reportage fertig ist und sie alles getan hat, was möglich war, bleibt ihr nur noch zu warten. Sie nimmt sich vor, nach Kfar Jalah zu fahren und ihre Eltern zu besuchen, doch aus irgendeinem Grund hat sie es bis jetzt nicht über sich gebracht, in den Bus zu steigen und ins Dorf zu fahren, wo alle sie hinter ihrem Rücken noch immer *Majnooni* nennen, die Verrückte. Das Mädchen, das hysterisch wird, wenn es auf einen Käfer tritt. Das Mädchen, das sich für etwas Besseres hält, weil es auf die Universität geht. Die Frau, die ihr Volk verraten hat und selbst mit beinahe dreißig noch immer keinen Ehemann vorweisen kann. »Sie gehört nicht mehr zu uns«, sagen einige Leute aus dem Dorf. Sie halten sie für eine Verräterin und eine Außenseiterin. Eine Lesbe vielleicht. Eine dieser Feministinnen, kinderlos und viel zu unabhängig für eine Frau.

»Scheiß auf sie alle. Wer braucht schon dieses alte, engstirnige Dorf?«, sagt Amal ein ums andere Mal, doch so einfach ist das nicht. Layla steht das Heimweh ins Gesicht geschrieben, denn immer wenn sie Zitronen riecht, nimmt ihr Gesicht einen träumerischen Ausdruck an, sodass sie sich bei der Arbeit kaum konzentrieren kann, vor allem dann nicht, wenn sie an der Reihe ist, die *Tabouleh* zuzubereiten, die mit

Olivenöl und frischem Zitronensaft gewürzt wird. Während sie nachdenklich die Stufen zu Amals Wohnung hinaufsteigt, die Zeitung in der Hand, kann sie nur daran denken, ob ihre Reportage tatsächlich etwas bewirken wird. Als sie sich auszieht und in die Dusche steigt, um sich auf einen weiteren Arbeitstag in Ephraims Imbissbude vorzubereiten, denkt sie immer noch darüber nach, ob sie den richtigen Weg eingeschlagen hat. Sie weiß, dass Menschen wie Lior den Engel für einen gefährlichen Irren halten, und sie ist sich nicht sicher, ob die Macht ihrer Worte stark genug ist, das falsche Bild, das die Leute von ihm haben richtigzustellen. Was, wenn sie genau das Gegenteil erreicht?

**

Obwohl die Sonne immer noch so intensiv sticht, dass Ephraim die Sonnenschirme auf der Terrasse aufspannt, wird die Luft über dem Meer diesig und undurchsichtig. Es ist Wind aufgekommen, und die runden weißen Wolken am Horizont werden langsam grau. Als Layla am Nachmittag gemeinsam mit Amal in der Imbissbude steht, zwingt sie sich, nicht an Lior zu denken. Inzwischen hat sie Übung darin: Sie konzentriert sich darauf, sich nicht in die Finger zu schneiden, während sie rote Zwiebeln in hauchdünne Scheiben schneidet. Sie püriert Kichererbsen für *Hummus* und denkt an den Engel, der in einem Limbus der Unsichtbarkeit existiert. Sie gibt Pfeffer und Rosmarin an die gebackenen Kartoffeln und denkt an Omar. Während sie in dem Topf mit Tomatensauce rührt, stellt sie sich vor, im Gefängnis zu sein, umschlossen von hohen Mauern und bewacht von Soldaten. Seit dieser letzten Vision bei Yvonne ist sie von Gedanken an den Tod besessen. Ist es möglich, so

zu sterben? Einfach durch einen Atemzug in einem kalt ge-
kachelten Raum, aus keinem anderen Grund als dem, weil
jemand anderer das eigene Leben als unwert erachtete? Ist
es möglich, sich an ein Leben zu erinnern, das nicht das
eigene ist?

»Hass ist nur etwas für dumme Leute«, pflegte ihr Vater
zu sagen, doch das war, bevor die Angreifer ihn zerbrachen.
Und dennoch weiß Layla, dass es Hass war, der unschuldige
Menschen in Rauch verwandelt hat, der durch die Schorn-
steine in den aschfarbenen Himmel zog.

»Was ist los mit dir?«, will Amal wissen, während sie
gleichzeitig die Kunden bedient und die Fritteuse im Auge
behält. »Nichts.« Layla zuckt mit den Achseln. Sie hat es
nicht über sich gebracht, mit Amal über Lior zu sprechen
oder darüber, dass sie sich wie eine Verräterin vorkommt.
Für Amal ist die Sache glasklar. Sie befinden sich in einem
Krieg, in dem es nur zwei Seiten gibt: die richtige und die
falsche.

»*Alhamdullilah*«, sagt sie, als sie in die Küche zurückkommt. »Vielleicht hat dein Artikel ja wirklich etwas bewirkt. In Jerusalem findet gerade eine riesige Demonstration statt. Wenn das so weitergeht, könnten wir sie wirklich
in die Knie zwingen, *Inshallah*!« Layla versucht, die letzte
Bestellung fertig zu machen, zwei Falafel-Sandwiches mit
extra Zwiebeln und Roter Bete, doch die Fladenbrote sind
matschig geworden und kleben zusammen. Sie versucht, sie
mit einem Messer voneinander zu lösen, doch es ist zu spät,
daraus wird nichts mehr. Sie wirft alles in den Abfalleimer,
und dann bricht sie in Tränen aus. »Was ist dein Problem?«,
fragt Amal. Sie hat von solchen Neurosen gehört. Es gibt
Anlässe, die völlig vernünftige Leute dazu bringen, zu heulen und zusammenzubrechen. Amal greift in ihre Schür-

zentasche, wo sie eine Packung Zigaretten aufzubewahren pflegt, aber sie ist leer. »Komm schon, das ist doch gut, oder nicht? Endlich sieht die ganze Welt, was unserem Volk für ein Unrecht angetan wird. Vielleicht bekommen wir endlich Gerechtigkeit. Dann war deine Arbeit wenigstens nicht umsonst.«

»Gerechtigkeit?«, wiederholt Layla.

»Ja, Gerechtigkeit! Darum geht es doch, Layla. Wir lassen uns seit sechzig Jahren herumschubsen. Es ist Zeit, das zu ändern.«

»Indem wir hassen?« Layla reibt sich die tränenden Augen. »Denkst du, darauf können wir stolz sein?«

»Meine Güte.« Amal zuckt mit den Schultern. »Denkst du, die hassen uns etwa nicht? Es ist Krieg, da tut man, was man tun muss. Warum sollte ich nicht diejenigen hassen, die mich tot sehen wollen?« Sie schaut im Abfalleimer nach den ruinierten Sandwiches. »Und was servieren wir jetzt den Kunden?«

Da holt Layla aus und wirft den Teller mit Zwiebeln durch den Raum. »Du bist schlecht drauf«, sagt Amal ungerührt und wendet sich um, um Besen und Kehrschaufel zu holen, »Das verstehe ich. Ist eine schlimme Zeit. Du solltest es trotzdem mal mit einer Therapie versuchen. Ruf einen Psychologen an und lass dir ein paar Tabletten verschreiben, oder so.«

»Ich mache das nicht mehr.« Layla ergreift das Schneidemesser und schleudert es in die Spülmaschine.

»Gut.« Amal hebt beschwichtigend die Hände. »Machen wir eben neue.«

»Ich meine nicht das Essen.« Layla zieht ihre Schürze aus. »Ich spreche von all diesem Mist hier.«

»Und was willst du machen?« Amal kann nicht verhindern, dass sie verletzt klingt. »Willst du so tun, als wäre alles in Ordnung? Love and Peace und all dieser Scheiß? Willst du ihnen vielleicht die Hände reichen wie so ein verdammter Hippie?«

»Ich weiß nicht, was ich tun werde.«

»Es ist dieser Lior, nicht wahr? Er hat dir das alles eingeredet.« Amal wird nicht zulassen, dass ihre Cousine einen Nervenzusammenbruch bekommt, nur weil sie sich in einen Typen verliebt hat, der auf der falschen Seite steht. »Bildest du dir ein, du könntest die Welt verbessern, indem du einfach hingehst und *verzeihst*?« »Es geht nicht ums Verzeihen«, sagt Layla. »Leute sterben. Andauernd sterben Leute. Weißt du, wie viele es alleine im letzten Monat waren?«

»Israelis oder Palästinenser?«

»Was spielt das für eine verdammte Rolle? Sie sterben. Unschuldige Menschen sterben.«

»Es spielt absolut eine Rolle«, entgegnet Amal.

»Nein, tut es nicht. Sie nennen uns Terroristen, wir nennen sie Besatzer, aber am Ende läuft alles auf dasselbe hinaus: Unschuldige Menschen sterben.« Layla tritt aus der Hintertür in den Hof, die zerknüllte Schürze in der Hand. Sie kann hören, wie drinnen im Lokal die Leute aufstehen und gehen, weil sie nicht bedient werden. Das Gewitter kommt näher. Sie schaut in den dunkler werdenden Himmel, an dem schmutziggraue Wolken entlangziehen und sich am Horizont zusammenballen. Lange sieht sie in die dunklen Wolken. Zu lange. Die hat sie schon früher gesehen. Die hat sie schon viel zu oft gesehen.

* * *

Dror schüttelt sich das Wasser aus den Haaren, stützt neben Lior die Ellbogen auf den Tresen und bestellt sich ein Bier. Er sieht grimmig und zufrieden auf die Straße hinaus, als hätte er sie gerade unter dem Gewehrfeuer von Heckenschützen überquert. Es schüttet wie aus Eimern, und das gerade jetzt, wo sich alle wieder an die stechende Sonne und die Hitze gewöhnt hatten.

»Der Regen ist ein Arschloch«, sagt Lior.

»Speziell im Sommer«, stimmt Dror zu, erfreut darüber, dass sie sich endlich mal wieder in etwas einig sind.

Es ist später Nachmittag kurz vor dem Wochenende. Am Tresen ist kaum Platz, und sie sitzen Schulter an Schulter gedrängt, inmitten von Alkoholdunst und Stimmenlärm, darauf bedacht, ihre Ellenbogen nicht in die Schaumpfützen auf dem Tresen zu platzieren. Marsha hat heute Schicht, sie nickt ihnen zu und bringt ihnen zwei Flaschen Goldstar und ein gegrilltes Käsesandwich für Lior.

»Geht aufs Haus«, sagt sie.

Lior nimmt das kalte Bier in Empfang und trinkt einen Schluck. Vor ihm liegt die aufgeschlagene Zeitung, und das Gesicht des Engels blickt zu ihm empor, als erwartete er eine Antwort.

»Du wirst darin erwähnt«, sagt Lior zu Dror. »Nicht namentlich natürlich.«

»Tja«, erwidert Dror lakonisch. »Dann wird es also nichts mit meinen fünfzehn Minuten Ruhm.«

Sie wissen es beide, doch weil sie die Männer sind, die sie sind, wird keiner von ihnen es jemals aussprechen: Der Engel trägt nichts Böses in sich, nicht einen Funken Hass. Doch etwas da draußen schon. Es kriecht auf sie zu, als Wind und Wolken verkleidet und schiebt sich in die Gesellschaft, so wie man einen Fuß in einen Türrahmen schiebt, wenn man verhindern möchte, ausgesperrt zu werden. Er ist da, der Hass, deutlich sichtbar.

Als Dror an diesem Nachmittag den Pausenraum seiner Dienststelle betrat, spürte er, dass sich die Dinge verändert hatten. Jeder kannte seinen Bericht, den er einige Wochen zuvor dem Chef der Sicherheitspolizei Chaim Levy ausgehändigt hat. Jeder weiß, dass er mit dem Gedanken spielt, seinen Dienst zu quittieren. Und jeder ahnt, dass er es war, der dieses Interview gegeben hat. Als er den Pausenraum durchquerte, konnte er hören, wie sie über ihn tuschelten wie kleine Mädchen in einem Ferienlager. Er weiß natürlich, was hinter seinem Rücken über ihn geredet wird. Er hat gehört, wie sie flüsternd über ihn schimpfen, ihn einen Verräter nennen. Doch Dror ließ sich nicht einschüchtern. Ruhig und gelassen schlenderte er zum Tresen, wo eine Kaffeemaschine und ein Mikrowellenherd standen, öffnete seine Plastikbox und legte sich ein Stück kalte Pizza auf einen Teller. Bedächtig schüttete er großzügig Tabasco und eine Prise Salz darüber, bevor er das Ganze mit einer solchen Wucht in den Ofen donnerte, dass sich die Köpfe aller ruckartig zu ihm umdrehten. Selbst Arazi, dieser versoffene Trottel, ließ lange genug vom Flipperautomaten ab, um ihn anzustarren. Während der Ofen brummend ansprang und er darauf wartete, dass sein Mittagessen warm wurde, lehnte Dror sich an den Tresen und schaute mit ernstem Blick in die Runde. Ruhig nahm er sie alle ins Visier, er sah sie alle der Reihe nach an, starrte ihnen direkt ins Gesicht. Sie sollten wissen, dass er weiß, was um ihn herum vorgeht. Während der Käse auf seiner Pizza langsam Blasen warf, machte sein Blick allen im Raum wortlos klar, dass er nicht aufgeben wird, dass er weitermachen wird, bis der Gerechtigkeit

Genüge getan wurde und dass er all das tut, weil er weiß, dass es richtig ist.

»Was ist jetzt mit dieser Kleinen, Layla?«, fragt Dror und wischt sich den Schaum vom Mund. Ende des Monats wird er wohl abgemahnt werden oder gar vom Dienst suspendiert, wenn die Sache mit diesem Interview herauskommt. Doch das spielt keine Rolle. Nicht heute.

»Layla hasst mich«, antwortet Lior.

»Tja. Frauen ...«

»Jep.«Der Rest des Gesprächs löst sich im Geräuschpegel der Stammgäste auf, die über Gerüchte diskutieren, dass der Premierminister eine pikante Affäre mit einer behaarten Matrone aus Caesarea habe. Dror ist abwesend und beteiligt sich nicht an der Diskussion, sondern betrachtet seinen Freund mit vom Alkohol verschleiertem Blick. Oder vielleicht schaut er auch nur das kleine Rinnsal Bier an, das Lior aus dem Mund läuft, als dieser mit geweiteten Augen aus dem Fenster starrt.

Es ist der Anblick von Layla, der Lior in seiner Bewegung erstarren lässt, denn da ist sie, mitten im Regen. Lior glaubt zunächst an eine Halluzination, genug von der Sorte hatte er heute bereits. Den ganzen Tag lang hat er geglaubt, Layla aus den Augenwinkeln zu sehen. Er glaubte, sie an der Mole zu sehen, dann noch mal an der Promenade, und jetzt ist sie schon wieder da. Aber diesmal ist es tatsächlich Layla. Sie steht auf der Straße vor seiner Stammkneipe und starrt zu ihm hinein. Als sie sich umdreht und geht, denkt Lior darüber nach, dass aus irgendeinem Grund alles, was er je verloren hat, auf diese Weise verschwand. Die Dinge machten einfach kehrt und liefen davon. In Wahrheit war Layla über eine Stunde im Regen herumgelaufen, zu wütend, um zurück zur Arbeit zu gehen und nicht in Stimmung, in die einsame Wohnung zurückzukehren. So lief sie einfach eine Weile ziellos durch die Stadt, wo ihr an jedem Kiosk und jedem Zeitungsständer ihr Artikel entgegensprang, und der Anblick all dieser Zeitungen verursachte ihr Beklemmungen.

Was auch immer sie hierhergeführt hat, Lior wird nicht zulassen, dass sie wieder geht. Durch die beschlagene Scheibe der Bar, an der der Regen nun in Sturzbächen hinunterläuft, sieht er, wie sie über die Straße und den Parkplatz des Supermarktes geht, vorbei an einer Reihe Einkaufswagen, die sich aus ihrer Absperrung gelöst haben, und nun den abschüssigen Parkplatz hinunterrollen. Er kramt in seiner Hosentasche, wirft fünfzig Schekel auf den Tresen und rutscht vom Barhocker, ohne sich auch nur einmal umzudrehen.

Als Lior auf die Straße tritt, hält er sein Gesicht in den Regen, und für einen Augenblick fühlt und schmeckt er sie überall auf seiner Haut. Sie ist in seinen Wimpern, zwischen seinen Fingern, in seinem Mund. Drüben auf dem Parkplatz ist Layla dabei, aus seinem Blickfeld zu verschwinden. »Layla! Warte!«, ruft er und bemüht sich, sie einzuholen. Da bemerkt er, dass er sein Käsesandwich noch immer in der Hand hält. Es ist dampfend heiß und riecht nach Zwiebeln.

Layla dreht sich um. »Oh mein Gott, du bist es tatsächlich«, sagt Layla. »Was tust du hier?« Ihre Stimme klingt heiser. Vermutlich bekommt sie eine Erkältung oder eine Panikattacke. »Mein Artikel ist heute erschienen.« Es klingt, als wäre sie eigens gekommen, um ihm davon zu erzählen, und das entspricht ganz sicher nicht der Wahrheit, doch sie kann nicht verhindern, dass sie sich wünscht, er hätte ihn gelesen. »Ich weiß«, sagt Lior. Er klingt noch besorgter als sie. Unter anderen Umständen wäre er bereit gewesen, wirklich alles für Layla Al-Riadh aufzugeben. Seinen Job, seine Familie – es wäre ihm egal. Er wäre bereit, sich kopfüber in diese Sache zu stürzen und niemals zurückzuschauen, wäre da nicht diese Wand, die sie trennt. Wäre da nicht dieser distanzierte Ausdruck in ihren Augen.

»Hast du ihn gelesen?«

»Jedes Wort.«

Layla fragt nicht, was er von ihrer Reportage hält, und so sagt Lior nicht, was ihm eigentlich auf der Zunge liegt: Nämlich, dass sie der Auslöser dafür war, dass sich sein ganzes Leben auf den Kopf gestellt hat.

Der Engel ist, was wir in ihm sehen, hat Layla in dem Artikel geschrieben. *Er ist das Monster, das wir visualisieren oder der Heilsbringer, den wir in ihm sehen wollen. Doch für ihn sind wir die Fremdlinge, deren grundloser Hass aufeinander ihn zur Verzweiflung treibt.*

Lior hat den Artikel beinahe so oft gelesen, wie er Laylas Notizbuch gelesen hat, und ihre Worte brannten sich ihm ein. Und sie hat recht. Er, der nie an etwas anderes geglaubt hat als an wissenschaftlich nachprüfbare Fakten, ertappt sich plötzlich dabei, dass er über Wunder nachdenkt. Er tut es in diesem Augenblick, denn er wünscht sich nichts sehnlicher, als dass dieser Konflikt aufhört, der für diese tiefen Gräben verantwortlich ist, die zwischen ihm und Layla bestehen. Sein Motiv mag egoistisch sein, doch hier steht er, willens und bereit, an Wunder zu glauben. Natürlich wäre es einfacher, wären die Dinge berechenbar, überschaubar und präzise eingeteilt in Schwarz und Weiß, Richtig und Falsch, doch die Grenzen sind bereits verwischt. Er wünschte, er könnte die Welt sehen, wie der Engel sie sieht. Lior kämmt sich das nasse Haar mit den Fingern zurück, und einen Moment lang meint er, in ihrem Gesicht etwas aufblitzen zu sehen. »Hast du Hunger?« Er hält das Sandwich hoch, das er mitgebracht hat.

»Ich will nichts«, sagt Layla unwirsch und schüttelt den Kopf.

Der Himmel wird immer dunkler, und der Regen prasselt in schweren Tropfen auf den heißen Asphalt, doch Lior kann nur Layla ansehen. Richtig und Falsch sind irgendwie bedeutungslos geworden.

»Lior, glaubst du, dass der Engel unschuldig ist?« Alles hängt von dieser Antwort ab, und sie sieht ihm fest in die Augen, als sie die Frage stellt. Er hatte kein einfaches Leben, sie kann es ihm ansehen. Sie sieht eine Menge Einsamkeit in seinem Gesicht, und unwillkürlich macht sie einen Schritt zurück.

»Ich weiß nicht, was ich glauben soll«, gibt er zu. »Ich weiß nicht, was ich tun soll. Ich bin nicht unparteiisch. Ich kann so tun als ob, aber ich bin's einfach nicht.«

Das ist die Wahrheit. Er hat in dem Moment aufgehört, unparteiisch zu sein, als er Layla zum ersten Mal gesehen hat. Seither sieht er den Konflikt durch ihre Augen. Er kann nicht anders. Er schaut in ihr Gesicht, das erhitzt ist vom Laufen und der feuchten Luft überall um sie herum, und sieht sich selbst darin gespiegelt. Sein Vater hatte ihm einmal gesagt, es gibt Frauen, die einen dazu bringen, sich selbst zu vergessen. Wenn du jemals einer solchen Frau gegenüberstehst, hat Mordechai zu ihm gesagt, dann dreh dich um und lauf so schnell du kannst. Doch in diesem Moment denkt Lior gar nicht daran wegzulaufen. Stattdessen steht er hier und sieht sich selbst dabei zu, wie er sich vergisst. Laylas Haare sind aus dem Gummiband gerutscht. Sie trägt Jeans und eine weiße Baumwollbluse und riecht nach Tomatensoße und Pommes frites. Sie ist schön, schöner als jede Frau, mit der er je ausgegangen ist, und er hat einen Knoten im Hals nur von ihrem Anblick. Er denkt an all die Dinge, die sie tun könnten, wenn sie allein wären. Wenn er nicht aufpasst, könnte er vergessen, wer sie ist und woher sie kommt. Er könnte vergessen, wer er ist. Er könnte einen wirklich dummen Fehler machen. Nur fühlt sich Lior im Moment wie das Kind, das bereits in den Brunnen gefallen ist. Er ist in die Liebe hineingefallen, und nun steckt er fest. »Du bist nicht unparteiisch«, wiederholt Layla, und ihre Stimme klingt bitter. »Wie könntest du auch?« Sie kann die Verwirrung spüren, die von ihm ausgeht, aber sie spürt auch Angst. Nur weiß sie nicht, ob es seine ist oder ihre eigene. Lior blickt auf den Parkplatz. Morgen wird er wieder in seinem Büro sein, und alles wird sein wie immer. Er wird die Post öffnen und seine E-Mails lesen, und nachmittags könnte er zum Strand gehen und die ganze Ha-Yarkon Street entlangjoggen bis vor zum Hafen. Doch was er wirklich will ist, hier im Regen zu stehen, während der Wind die Wolken vor sich hertreibt, und diese Frau ansehen. Sein Magen knurrt vor Hunger, aber das, wonach ihn wirklich verlangt, hat nichts mit Essen zu tun. Seine Augen brennen, und er weiß nicht, ob das, was aus seinen Augen rinnt, Tränen sind oder Regentropfen.

»Nicht«, sagt Layla, als sie ihn weinen sieht. Sie streckt die Hand aus, sie kann gar nicht anders, und sobald sie das getan hat, zieht er sie an sich. Sie ist überrascht, dass sie nicht in Flammen aufgeht. Seine Hände auf ihren Armen sind so heiß, dass sie glaubt, Brandblasen zu bekommen. Er vergräbt sein Gesicht in ihrer Halsbeuge, und Layla legt ihre Hände um seinen Nacken und zieht ihn näher zu sich. So muss es sein, wenn man Drogen genommen hat, denkt Layla, als Lior sie an sich drückt. So muss es sich anfühlen, wenn man verrückt wird. Seine Hände sind auf ihrer Haut, doch sie protestiert nicht. Als seine Lippen ihren Mund suchen, hält sie ihm ihr Gesicht entgegen und denkt nicht daran, ihn wegzustoßen. Sie, die ohne Plan und Strategie nicht funktionieren kann, möchte in diesem Augenblick versinken. Sie könnte sich verlieben, wenn sie es zuließe. Das alles sieht ihr selbst so wenig ähnlich, dass sie verblüfft ist, als sie seine Küsse erwidert. Als Lior seine Arme um sie legt, möchte sie es zulassen. Aber was würde es bringen, sich mit jemandem wie ihm einzulassen? Sie würde so viel fühlen müssen. Sie würde so viel aufgeben müssen. Es wäre alles so kompliziert.

Außer Atem zieht sie sich von Lior zurück.

Der Regen wird stärker, und der Himmel ist schwarz wie Tinte. Man hört Donner vom Meer her.

»Ich kann das nicht, Lior«, sagt sie, und in ihrem Mund ist ein bitterer, falscher Geschmack.

»Warum?«, fragt Lior und kann nicht verhindern, dass er verletzt klingt.

»Du kennst mich doch gar nicht. Du glaubst nur, mich zu kennen.« Sie will es beenden, bevor es kein Zurück mehr gibt. Bevor das, was sie fühlt, zu mächtig wird und ihr keine Wahl mehr lässt.

»Das stimmt. Das glaube ich.«

»Du denkst, ich bin wie alle anderen Frauen, die du kennst. Du denkst, ich bin so wie ihr alle. Aber ihr lebt in einer Blase, Lior, in der ihr von unserer Realität nichts mitbekommt. Du glaubst mich zu kennen, aber du kennst mich nicht, und das wirst du auch nie.«

Layla spuckt die Worte aus und ignoriert den Ausdruck in seinem Gesicht.

»Such dir eine israelische Frau«, sagt sie, und ihre Stimme klingt fragil. »Das mit uns wäre ein Fehler.«

»Was du sagst ist nicht wahr«, sagt Lior, und seine Stimme quält sie mehr, als sie es für möglich gehalten hätte. Er sagt es kalt und bestimmt. Als wäre er sich seiner Sache sicher.

»Lior.« Als sie seinen Namen ausspricht, klingt es in seinen Ohren wie *Liar* – Lügner, »du weißt, dass es so ist. Es ist ein Fehler. Es ist alles falsch.«

»Es ist kein Fehler«, sagt Lior, aber er lässt zu, dass sie sich umdreht und geht.

Obwohl sie nicht hinsieht, weiß sie, dass er noch da ist. Layla beschleunigt ihre Schritte, denn sie weiß, wenn sie sich umdrehen würde, würde sie ihn noch immer da auf dem Parkplatz sehen. Sie muss daran denken, was Yvonne zu ihr gesagt hat: »Wenn du die Wahl hast, dann liebe mehr. Nicht weniger.« Doch Yvonne irrt sich, und darum blickt Layla nicht zurück, denn wenn sie es täte, würde sie nicht die Kraft haben weiterzugehen.

Lior steht einfach nur da und sieht zu, wie sie ihre Tasche schultert, die Straße hinuntergeht und hinter der Ecke verschwindet, und er steht noch da, als der Wind stärker wird sodass die hohen Palmen sich biegen. Und er ist immer noch da, als die Platane auf der anderen Seite des Parkplatzes umknickt. Noch immer spürt er die Hitze in seinem Körper, und er wird sie noch den ganzen Heimweg über spüren. Er wird sie auch dann noch spüren, wenn er den Schlüssel im Schloss seiner Haustür dreht und die Schuhe abstreift, die nass vom Regen sind. Doch dann wird es vorbei sein. Lior weiß, dass er und Layla auf dem Parkplatz dasselbe gefühlt haben. Der einzige Unterschied besteht darin, dass er weiß, was er vermisst, während sie vor dieser Wahrheit davonläuft.

* * *

Chaim Levy trinkt in der hintersten Nische in Bernstein's Bakery Kaffee. Der Kaffee ist stark wie flüssiger Teer, aber das ist es nicht, was seinem Magengeschwür zu schaffen macht. Er weiß einfach nicht, was er mit diesen gottverdammten Demonstranten machen soll. Es ist diese aufgeheizte Stimmung und die viele Feuchtigkeit. Ehe man sich's versieht, hat man sich in etwas verrannt, und dann steht man mit leeren Händen da. Erfahrene Polizisten merken, wenn ihnen die Dinge entgleiten, und Chaim ist nicht umsonst Chef der Sicherheitspolizei. Er hat Auge in Auge mit bewaffneten Terroristen gestanden, hat mit Geiselnehmern verhandelt und ganze Terrorkommandos ausgehoben. Israel ist auch deswegen ein sichereres Land als noch vor zehn Jahren, weil er Tag und Nacht dafür arbeitet. Die Dinge, die er gesehen hat, würden jeden anderen Menschen keine Nacht mehr schlafen lassen, doch Chaim Levy legt sich nach getaner Arbeit in sein Bett, schließt die Augen und schläft die vollen fünfeinhalb Stunden durch, weil er niemals träumt. Er hat aufgehört zu träumen, als Ariana gestorben ist, und er hat nie wieder damit angefangen. Andere Kollegen, erfahrene Männer die sich nur vor sehr wenigen Dingen fürchten, berichten nach besonders schlimmen Einsätzen von wiederkehrenden Albträumen und von Flashbacks mitten am Tag. In seinen Jahren als Polizeichef hat Chaim mehr seiner Männer in Therapie geschickt, als er zählen kann, doch er selbst hat niemals therapeutische Hilfe in Anspruch genommen oder auch irgendeine andere Art von Hilfe. Nicht nach dem Tod von Ariana und nicht damals, als ihn eine Kugel erwischt hat, am rechten Oberschenkel. Noch heute schmerzt die Narbe manchmal an feuchten Tagen, doch für Chaim spielt das keine Rolle. Er hat seine Arbeit zu tun, und das ist es, was ihn an dieser Situation so verwirrt: Heute Vormittag bekam Chaim einen Anruf vom Staatsanwalt Amon Rosenfeld, der ihm ein Treffen in Bernstein's Bakery drüben in der Beit Lechem Street vorgeschlagen hat. »Wunderbar, dass es mit unserem Treffen geklappt hat«, sagt Amon Rosenfeld, als er sich in die Nische schiebt. Er reibt sich erwartungsfroh die Hände. »Die Donuts sollen hier sagenhaft sein.« Er wirft einen Blick auf Chaim, der ihn ausdruckslos mustert. »Schon einen probiert?«

Chaim hebt zur Antwort nur seine halb leere Kaffeetasse.

»Ach wunderbar, so einen brauche ich auch. Harter Tag heute.«

Chaim winkt der Kellnerin und bestellt zwei weitere Kaffee, während er gleichzeitig den Staatsanwalt im Auge behält, der hier in Anzug und Krawatte merkwürdig fehl am Platz wirkt.

»Wunderbar«, wiederholt Amon Rosenfeld, als die Donuts und der Kaffee kommen. Chaim lehnt sich zurück und wartet. Seiner Erfahrung nach beginnen die meisten Menschen zu reden, wenn man nur lange genug wartet. Und natürlich: Nachdem der Staatsanwalt seine ersten beiden Donuts gegessen hat, stützt er die Ellbogen auf den Tisch und beugt sich vor. »Sie wundern sich sicher, warum ich Sie einbestellt habe.« »Ich vermute, Sie werden es mir in einem der nächsten Augenblicke verraten«, erwidert Chaim mit unbewegtem Gesicht.

»Ich möchte, dass Sie mir einen Gefallen tun.«

»Was Sie nicht sagen.«

»Lassen Sie die Ermittlungen gegen Malek Sabateen ruhen.«

»Und warum?«

»Weil sie ohnehin bald eingestellt werden.« Amon greift nach dem Zucker, aber als er aufblickt, sieht er, dass Chaim

ihn so kalt mustert, als hätte ihm jemand den Strom abge-
dreht.

»Ich meine, warum sagen Sie mir das hier und nicht auf
dem normalen Dienstweg?« Das hier ist das längste Gespräch, das Chaim Levy mit dem Staatsanwalt je geführt hat,
und es verwirrt ihn.

»Ach, ich wollte Sie nur vorwarnen. Sie bekommen
schon noch die offiziellen Dokumente aus dem Sicherheitsministerium, aber ich dachte, wir unterhalten uns einfach
mal. Also, ich muss sagen, der Kaffee schmeckt hier wirklich
wunderbar.« Vorige Woche erhielt Chaim einen Anruf von
einem seiner Mitarbeiter: Dror Oron. »Ich werde kündigen«,
sagte er. »Ich wollte Sie nur vorwarnen.« Chaim fragt sich,
ob diese Unart des Vorwarnens neu ist oder ob die Menschen schon immer solche Schlappschwänze waren. Er kann
sich denken, dass beides, Drors Anruf und dieses Gespräch
mit dem Staatsanwalt, bei Kaffee und zuckrigen Donuts, etwas mit der Tatsache zu tun haben, dass dieser Malek Sabateen es irgendwie auf die Titelseite der *Haaretz* geschafft
hat. Dieser Artikel, der nicht nur unangenehm auf die Trä-
nendrüse drückt, sondern leider auch ein Interview mit
einem seiner Männer beinhaltet, scheint tatsächlich einen
Meinungsumschwung zu bewirken, denn plötzlich stellen
sich die Menschen nicht mehr die Frage, welche Art von
Terrorist Sabateen wohl ist, sondern ob er überhaupt einer
ist. Interessanterweise lässt damit der Druck auf Chaim nach,
und das ist etwas, was er nur begrüßen kann. Soll die Verantwortung doch beim Sicherheitsministerium liegen, er wird
nichts dagegen einwenden. Sie geben sich also die Hand,
besiegeln ihre Vereinbarung in der hintersten Nische von
Bernstein's Bakery. Sie reden jetzt nicht darüber und werden es auch niemals tun. Sie trinken noch eine Tasse Kaffee

zusammen, und Chaim lässt den Staatsanwalt die Rechnung bezahlen, ganz so, als wäre dieser Tag wie jeder andere.

* * *

Sie reden miteinander. Es ist ein leises und bedachtes Reden. Wer an einem gewöhnlichen Tag über den Hof des Gefängnisses geht, kann sie beieinanderstehen sehen, wo sie sich gegenseitig zuhören und dabei nicken. Es ist ein Reden, das zu gleichen Teilen aus Sehnsucht und Anteilnahme besteht – eine ungewöhnliche, fruchtbare Mischung. Dieser da und jener – weißt du noch? Die haben mit uns gemeinsam Datteln geerntet. Weißt du noch, damals als Kinder haben wir Obstbäume gepflanzt, man hat uns gesagt, das bringe gutes Geld. Weißt du noch, der Onkel von diesem und jenem hat ein Geschäft in Jerusalem. Wir wollten gemeinsam eine Firma gründen. Wir wollten Häuser bauen, drüben im Norden. Weißt du noch, wie wir aus Nablus wegmussten? Meine Großeltern wurden aus Haifa verjagt. Meine aus Hebron. Ich möchte nach Hause. Ich möchte leben. Da ist einer, der hat einen Menschen umgebracht. Mit einem großen Messer hat er ihn erstochen. Erst in den Bauch, dann in die Brust. Sie haben ihn geschnappt und hierhergebracht, da war er erst dreißig. Jetzt ist er alt, und sein Bart ist grau. Er ist schon lange hier, aber er hat nie viel gesprochen. Jetzt redet er.

Da ist einer, der hat mit einem Stein nach einem Soldaten geworfen. Er ist erst dreizehn Jahre alt. Ein Kind. Am Anfang hat er viel geweint, weil er Heimweh hatte, aber jetzt geht es ihm besser. Da sind die, die uns bewachen. Einer von ihnen hat eine Tochter im selben Alter wie mein Sohn. Auf den Tag genau. Er erzählt gern von ihr. Sie ist sein einziges Kind. Einer von ihnen hat seinen Bruder verloren. Er hat nie darüber geredet, sagte er, aber jetzt redet er.

Warum reden sie mit uns? Warum reden wir mit ihnen? Wir stehen auf verschiedenen Seiten. Wir haben immer geschwiegen. Selbst wenn wir redeten, schwiegen wir. Wir spielten ein Spiel miteinander, wir versteckten uns. Sie zeigten uns Gleichgültigkeit, wir zeigten ihnen Zorn. Wir bauten Mauern umeinander, genau wie die, die uns hier umschließen. Wir pflegten unsere Wut wie andere Leute ein Hobby oder ein Haustier. Mein Onkel hatte mal einen Papagei, der konnte in drei Sprachen bis zehn zählen. Mein Onkel liebte den Vogel mehr als seine Frau. So sehr lieben wir unsere Wut. Wir polieren unseren Hass, bis er glänzt wie eine Stahlkugel und warten nur darauf, ihn ihnen mitten ins Herz zu feuern. Sie verachten uns. Wir sinnen auf Rache. Es war ein Spiel, das uns lebendig hielt. Aber das Spiel hat seinen Sinn verloren. Ich fühle mich müde. Ich möchte nach Hause. Darum reden wir.

Majed beteiligt sich nicht an den Gesprächen, tatsächlich hat es eine ganze Weile gedauert, ehe er merkte, dass die Gefangenen und die Wärter begonnen haben, anders miteinander umzugehen. Plötzlich ist da ein gegenseitiger Respekt, der vorher nicht da war. Es ist noch weit davon entfernt, Verständnis oder sogar Achtung zu sein, doch da ist etwas, das bewirkt, dass sie einander mit anderen Augen betrachten. Die Wärter kennen die Eigenheiten der Gefangenen, sie kennen nicht nur die Taten und das Strafmaß jedes einzelnen Gefangenen, sondern sie wissen auch, welcher Häftling beim Hofgang stets alleine ist und welchen sie genauer im Auge behalten müssen. Sie wissen, wer nachts wach liegt und wer durch den kalten Drogenentzug Schweißausbrüche bekommt. Die Gefangenen kennen die Wärter. Sie kennen die Schichten jedes einzelnen, wissen welcher von ihnen die Angewohnheit hat, die Stahltüren mit einem Ruck zu öffnen, und welcher stets so leise auftritt, dass man ihn nie kommen hört. Irgendwann musste dieses gegenseitige Beobachten vielleicht dazu führen, dass beide Seiten beginnen, einander als Menschen wahrzunehmen. Majed aber glaubt, dass es in Wahrheit der Engel ist, der das Bindeglied zwischen diesen merkwürdigen Begegnungen ist. Wärter und Gefangene beobachten den Engel. Wenn er im Aufenthaltsraum auf seinem Metallstuhl sitzt und mit traurigen Augen zu den Melodien amerikanischer Popsongs singt, schleicht sich ein Lächeln in ihre Gesichter, und ihre Blicke kreuzen sich und bleiben für einen Augenblick aneinander hängen, während ihnen das Lächeln noch auf den Lippen liegt. Ein wortloser Austausch. Schon am nächsten Tag nicken diese Gefangenen den Wärtern zu, kurz nur und mit unbewegten Gesichtern. Wer nicht genau hinsieht, könnte diesen Moment verpassen oder als eine unwirsche Bewegung des Kinns abtun. Doch Majed beobachtet genau, und was er sieht, stimmt ihn nachdenklich. Majed war nie besonders religiös. Sicher, er fastete während des Ramadan und betete gelegentlich zu den vorgeschriebenen Zeiten, doch sein Fasten brach er mit einem Schuss Heroin in die Vene, und während er betete, dachte er nur daran, wie viel Geld er mit dem nächsten Einbruch verdienen könnte. Irgendwann hörte er ganz auf zu beten oder auch nur irgendetwas für andere Menschen zu empfinden, und dabei blieb er auch, doch während der Engel Motown-Songs singt, beginnt Majed etwas zu fühlen. Es dauerte eine Weile, bis er das Gefühl identifiziert hat, weil er es so lange nicht empfunden hat, doch nun ist er sich ganz sicher: Es ist Dankbarkeit.

Die Wärter beobachten die Wirkung des Engels auf die Gefangenen. Sie sind dankbar, dass er da ist, obwohl manch einer sich gelegentlich fragt, ob der Engel nicht vielleicht draußen mehr gebraucht würde. Draußen, wo die Menschen einander noch immer nicht in die Augen sehen, um nicht den Hass und den Schmerz der anderen erkennen zu müssen. Draußen, wo sie sich gegenseitig beschimpfen und umbringen. Doch am Tag seiner Entlassung mischt sich Wehmut in ihre Erleichterung.

* * *

Chaim Levy hasst es, wenn seine Leute kündigen; er nimmt es persönlich. Dass es einer seiner besten Männer ist, macht die Sache doppelt schlimm, und die Tatsache, dass dieser unsägliche Zeitungsartikel daran schuld ist, verbessert seine Stimmung kein bisschen. Er und Dror stehen auf dem Hof des Polizeidezernats und starren in den wolkenlosen Himmel, um einander nicht ansehen zu müssen. Chaim hat einen Becher Kaffee aus dem Automaten mitgebracht, er schmeckt scheußlich wie immer, aber das kümmert ihn nicht. Er nimmt einen Schluck und verzieht das Gesicht. »Was haben Sie jetzt vor?«, fragt er.

»Ich nehme an, ich werde mir einen neuen Job suchen. Etwas Ruhigeres. Vielleicht Verwaltung.«

»Verwaltung«, wiederholt Chaim. »Aha.« Er atmet tief ein und schüttelt den Kopf. Es kränkt ihn, dass Dror gekündigt hat, aber wenn er ehrlich ist, beneidet er ihn darum. Angesichts der politischen Lage wirkt das Problem mit dem angeblichen Engel wie eine Lappalie, und Chaim weiß das. Dieser Job ist die reinste Hölle, und wenn er könnte, würde Chaim ebenfalls seine Sachen packen und aus diesem verdammten Land abhauen, doch anders als die meisten seiner Männer fühlt er sich seiner Aufgabe verpflichtet. »Geben Sie mir eine Zigarette«, fordert er Dror auf.

»Kann ich nicht«, sagt Dror.

»Was soll das heißen?«

»Ich hab's aufgegeben.«

»Einfach so?«, fragt Chaim. »Großer Gott.« Er blinzelt in die Sonne. »Sind Sie sicher, dass Sie gehen möchten?«

»Nein«, gibt Dror zu. »Aber fürs Erste sollte ich.«

»Hat es mit dieser ganzen Geschichte zu tun?«, fragt Chaim und macht eine weit ausholende Handbewegung, um zu verdeutlichen, dass er nicht nur den Engel meint, sondern alles, was in den letzten Wochen geschehen ist. Dror bemerkt, dass Chaim ihn dabei nicht ansieht.

»Dieser Sabateen ist tatsächlich unschuldig«, sagt Dror. »In jedem Sinne des Wortes. Er hat diesen Einfluss auf die Leute, wissen Sie? Ab und zu passieren Dinge, die man sich nicht erklären kann. Manche sagen, er ist sich dessen nicht bewusst, was er tut, aber das glaube ich nicht. Der Kerl ist kein Dummkopf. Er weiß Dinge, die keiner von uns weiß. Und unter Umständen ist jemand wie Sabateen genau das, was diese Welt braucht.« Chaim schluckt den Rest seines Kaffees herunter, obwohl er mittlerweile kalt ist. Er weiß, dass man Sabateen freilassen wird und dass es zu keiner Anklage kommen wird. Er selbst hat diesem Deal sogar zugestimmt, aber das bedeutet nicht, dass er keine Zweifel mehr hätte.

»Und deswegen vergessen wir einfach, dass er ein Messer bei sich hatte? Und das Kind, das versucht hat, den Soldaten anzugreifen? Vergessen wir das auch?«

»Die Staatsanwaltschaft hat die Anklage gegen den Jungen fallen gelassen«, erwidert Dror, und sein Tonfall legt nahe, dass er diese Sache für erledigt hält. Er weiß, dass der Junge der Polizei nie verzeihen wird, und das erwartet er auch nicht. Tatsache ist, dass er sich selbst auch niemals verzeihen wird. Das Notwendige zu tun bedeutet nicht, dass man auch das Richtige tut. Es bedeutet nicht, dass man es nicht den Rest seines Lebens bereuen wird.

»Malek Sabateen ist genau das, was dieses Land braucht«, wiederholt Dror.

Sie starren einander an, ohne zu blinzeln. Chaim Levy kann sehr gut starren, er hat es dreißig Jahre lang geübt.

»Tja, eine gute Geschichte«, sagt Chaim nachdenklich. »Es wäre nur schön, sie wäre wahr.« Die Tauben, die oben in den Mauerritzen nisten, haben begonnen, sich auf dem Hof niederzulassen. Sie gurren und picken zwischen den Ritzen des Asphalts.

Chaim ist ziemlich sicher, dass er nicht wissen will, welche Wirkung Malek Sabateen auf die Leute hat, aber was immer es war, es hat Dror Oron verändert. Es hat vermutlich auch eine Menge anderer Dinge verändert, denn hier ist nichts mehr so wie früher, das steht fest. »Ich hasse Tauben«, seufzt Chaim. Wenn er Dienstschluss hat, wird er zu Yvonne fahren, auch wenn das bedeutet, dass er unterwegs tanken und eine Schachtel mit kandierter Ananas kaufen muss. Er wird sie einfach überraschen und für diesen einen Abend nicht an Terroristen und Engel denken. »Verdammt wertlose Kreaturen«, sagt Chaim und meint die Tauben.

Sie werfen ihre Kaffeebecher in die Mülltonne und gehen gemeinsam über den Hof zu den Parkplätzen. Chaim weiß, die meisten Leute denken, sie seien mehr wert als die Kerle, die im Gefängnis sitzen, oder die als der Abschaum der Geschichte gelten. Sie glauben, sie seien anders als die Mörder und Terroristen und die Nazis, aber sie irren sich. Diese Dinge stecken in jedem Menschen und warten nur darauf, herausgelassen zu werden. Alles was es dafür braucht, ist jemand, der einem die Erlaubnis dafür gibt. »Eines muss klar sein«, sagt Chaim, als sie den Parkplatz erreichen. »Ich werde dafür sorgen, dass kein Schuldiger einfach so davonkommt.«

»Das wird nicht passieren«, antwortet Dror. »Niemand, der schuldig ist, kommt einfach so davon.«

»Karma?«, fragt Chaim. Er erinnert sich, dass Yvonne ein paarmal darüber gesprochen hat.

»Nein. Nur eine herausragende Polizei.«

Chaim nickt. Daran glaubt er. Er glaubt an Gerechtigkeit und daran, dass sich harte Arbeit auszahlt. Dror wird die Arbeit nicht vermissen. Er wird sich einen Schreibtischjob suchen und jeden Morgen in dem Bewusstsein aufwachen, dass dieser Tag genauso verlaufen wird, wie der vorherige und wie der nächste, und er wird froh darüber sein. Höchstwahrscheinlich zerreißen sich einige der Kollegen bereits das Maul und behaupten, dass Dror Oron ein Schlappschwanz ist, aber sie können reden, so viel sie wollen. Sie werden nie die Wahrheit erfahren, nämlich dass es Menschen gibt, die die ganze Last der Welt auf ihren Schultern tragen und trotzdem nicht die Hoffnung verlieren – und dass ein Mann wie Dror nach all der Zeit an etwas glauben kann.

* * *

Der Tag an dem Dror Oron starb, war ein Freitag. Es war nicht geplant, dass er nach Jerusalem fuhr, und wäre er zu Hause in Tel Aviv geblieben und hätte Basketball gespielt wie jeden Freitag, wäre ihm nichts passiert. Wäre er an diesem Morgen aufgewacht und hätte Appetit auf Waffeln mit Honig verspürt oder auf glasierte Kuchen mit Erdbeerfüllung, so wäre er nicht frühmorgens in sein Auto gestiegen, um nach Jerusalem zu fahren. Er wäre lange im Bett geblieben und hätte Lior überredet, in der Bäckerei an der Ecke Waffeln zu kaufen oder Kuchen, und dann hätte er sie auf dem Weg zum Sportplatz verzehrt, im hellen Morgenlicht eines ganz gewöhnlichen Freitags. Doch Dror wachte auf mit dem nagenden Gefühl, dass er nicht dort sein sollte, wo er gerade war, in seinem schmuddeligen Bett nämlich, in dem er mit der Kellnerin der Ana Loulou Bar lag. Er sollte nicht hier sein, in seinem geordneten Leben, in dem alles seinen gewohnten Gang ging, während andere Menschen um ihr tägliches Überleben kämpfen müssen. Wenige Hundert Kilometer weiter im Norden, dort wo die Berge anfangen, sterben Menschen bei blutigen Gefechten, und der Gedanke daran, welche Rolle er in all dem Drama hat, ließ Dror mitten in der Nacht mit klopfendem Herzen und kaltem Schweiß auf der Haut aufwachen. Er wachte so gründlich auf, dass er sich aufrecht im Bett aufsetzte und sich fühlte, als hätte er soeben eine ganze Kanne schwarzen Kaffees getrunken. Er löste sich aus der zärtlichen Geiselhaft seiner Freundin, die ihn mit vom Schlaf schweren Armen umklammert hielt und öffnete das Fenster, um Luft herein- und die Angst hinauszulassen. Dror war sich der Ironie des Schicksals nie bewusster als in diesem Augenblick, als er ohne jeden Grund aufwachte und darüber nachdachte, dass ein einziges Häkchen im Dienstplan über Leben und Tod entscheiden kann. Wäre er an jenem Tag an der Reihe gewesen, dann hätte er auf den Engel geschossen, dessen ist er sich sicher. Die blutigen Unruhen sind ein Unglück, die nächste Stufe der Eskalation in diesem nie enden wollenden Konflikt, doch was nützt es, darüber nachzudenken? Was bringt es, sich davon aus dem Takt bringen zu lassen? Und doch war genau das passiert – Dror war aus seinem Rhythmus geraten, und sein Herz schlug unregelmäßig, als er dort am Fenster stand und das Ende der Nacht beobachtete. Er zog sich an und hinterließ eine hastig hingekritzelte Notiz für die Frau in seinem Bett auf dem Nachttisch. Als er im ersten Licht des Morgens auf den leeren Highway einbog, hatte er das gute Gefühl, das Richtige zu tun.

Dror hatte vorgehabt, schnurstracks zum Haus von Khaddija Sabateen zu fahren und sie um Vergebung zu bitten. Er redete sich ein, dass ihn das von dem allgegenwärtigen Schuldgefühl befreien könnte, das er hatte, seit er das Bild des Engels in den Händen hielt. Er scherte sich einen Dreck darum, was seine Kollegen von ihm dachten, und es war ihm auch egal, dass sie ihn für einen Verräter halten würden, wenn sie erfuhren, dass er die Familie des Engels besucht hatte. Vielleicht war die Geste läppisch, egoistisch sogar. Vielleicht ging es ihm tatsächlich nur darum, von Khaddija Sabateen eine Art Absolution erteilt zu bekommen, doch Dror war entschlossen, es durchzuziehen. Er wusste, dass ihn die meisten Leute für arrogant, eitel und vergnügungssüchtig hielten, und vielleicht war er das auch. Doch aus irgendeinem Grund war es Dror nicht mehr möglich, die Welt so einzuteilen, wie er es bisher tat. Noch bis vor einigen Wochen wusste er, wer der Feind war, doch nun ertappt er sich dabei, dass er aufgehört hat, in solchen Kategorien zu denken. Khaddija Sabateen war für ihn nur noch eine Mutter, der man das Kind genommen hat, und das war der Grund, warum er zu dieser frühen Stunde auf dem Highway war und fuhr, als wäre der Teufel hinter ihm her.

Doch als er nach Jerusalem kam, nahm er den Fuß vom Gas und dachte nach. Einer Eingebung folgend, beschloss er, vor seinem Besuch bei Khaddija noch einen Sixpack Bier für sich und Lior zu kaufen und vielleicht ein paar Donuts dazu. Immerhin war Lior sein bester Freund, und auch wenn das keiner von ihnen beiden zugeben würde, so hatten sie sich in letzter Zeit doch voneinander entfremdet. Ganz unmerklich waren sie in unterschiedliche Richtungen abgebogen, aber nun hatte Dror auf seinem Weg kehrtgemacht. Die Donuts sollten ein Signal sein, dass sie wieder in die gleiche Richtung fuhren. Anstatt also den Weg in die Altstadt einzuschlagen, parkte er seinen Wagen in der Nähe des Yehuda Marktes und betrat Bernstein's Bakery. Er war gerade dabei, sich zwischen Geleedonuts und Krapfen mit Streuseln zu entscheiden, als ihn die Druckwelle vom Boden hob. Er wurde in die Luft geschleudert, wo er sich einmal um seine eigene Achse drehte, so hoch, dass er die Auslage sehen konnte, in der sich die Brotlaibe stapelten. Er riss überrascht die Augen auf, und bevor das Bild auf seiner Netzhaut verblassen konnte, sah er unter sich und über sich und überall um ihn herum die bunt glasierten Kuchen, die durch die Luft flogen und mit seinem blutüberströmten Körper zur Erde sanken. Die Bombe riss außer dem Verkäufer auch noch eine arabische Familie mit in den Tod, die gekommen war, um die Torte für die Hochzeit ihrer ältesten Tochter abzuholen. Die Tochter hatte sich eine Buttercremetorte mit Himbeeren gewünscht, und jedermann wusste, dass es sie in Bernstein's Bakery in der besten Qualität gab.

* * *

Am Tag nach dem Anschlag legte sich eine bleierne Trauer über das Land. Der Schock saß so tief, dass die Menschen nach Luft rangen, als sie die Nachrichten hörten, doch schon am nächsten Tag gewann der Zorn die Überhand. Überall im Land gingen Menschen auf die Straße, um gegen die Gewalt zu protestieren, die sich in ihre Mitte gedrängt und sich dort niedergelassen hatte, als wäre das Land dazu auserkoren, in einer Wolke aus Pulverrauch dem Abgrund entgegenzutrudeln. »*Halas!*« – »Aufhören« – riefen die Mütter und Töchter auf Arabisch, während sie Transparente schwenkten. »*Dai!*« – »Stop« – riefen die Schwestern und Ehefrauen auf Hebräisch und hielten sich an den Händen. »Wir haben genug davon.« Und natürlich haben sie das. Beinahe täglich gibt es schlimme Nachrichten, jeden Tag wird der Hass gekocht, als wäre er ein Tellergericht, das es mittags billiger gibt.

Als Lior die Nachricht bekam, war er überzeugt davon, es sei ein Irrtum. Er war sich sicher, es handle sich um eine schreckliche Verwechslung, selbst dann noch, als Drors Schwester anrief und ihn mit erstickter Stimme bat, der Familie Drors Sachen zu schicken. Lior musste sich selbst überzeugen, dass sein bester Freund tot war, und daher wählte er mit zitternden Fingern die Nummer von Drors Arbeitsstelle, wo man ihm versicherte, alles wäre so schnell gegangen, dass er vermutlich nicht einmal mitbekommen hatte, dass er starb. Nach diesem Gespräch blieb Lior lange in der Küche sitzen und starrte aus dem Fenster. Ihm war übel und kalt, und ab und zu stand er auf, um die Tür zu Drors Zimmer zu öffnen und eine Weile hineinzustarren. Dann drehte er sich um und setzte sich wieder an den Küchentisch, nur um diesen Vorgang kurze Zeit später zu wiederholen, viele, viele Male. Drors letzte Nachricht lag noch immer auf dem Nachttisch: *Musste weg, bin heute Abend zurück. Kuss, Dror.* Obwohl die Nachricht nicht für ihn bestimmt gewesen war, wartete Lior den ganzen Abend, und erst als der Himmel dunkel wurde, zog er sich an und fuhr hinüber zu Drors Eltern, wo sich bereits die ganze Nachbarschaft versammelt hatte.

Seither fühlt er sich so leer, als hätte jemand ein Loch in ihn geschossen. Die Leere fühlt sich an wie ein Vakuum. Während er im Wohnzimmer von Drors Eltern sitzt und dem Weinen zuhört, denkt Lior, dass er womöglich der einzige Mensch war, der Dror wirklich gekannt hat. Lior Orly hat den größten Teil seines beruflichen Lebens damit zugebracht zu verstehen, was die Menschen im Innersten zusammenhält. Lange Zeit war er davon ausgegangen, dass das Bewusstsein des Menschen im Gehirn sitzt, doch nun kann er Dror neben sich lachen hören, und plötzlich ist er sich nicht mehr so sicher. Er kann sogar Drors Aftershave riechen, ein Duft, von dem er immer behauptet hatte, er bewirke, dass Frauen sich bereits das Höschen ausziehen, ehe er sich ihnen auch nur vorgestellt hat. Lior könnte schwören, dass Dror hier neben ihm steht und sich ansieht, wie jedermann um ihn trauert, und obwohl er weiß, dass das nur Wunschdenken ist, hält er sich an dem Gedanken fest, aus dem einfachen Grund, weil er sonst auf der Stelle zusammenbrechen würde.

Layla erfuhr von dem Anschlag aus den Nachrichten. Als sie Drors Gesicht in der Zeitung sah, traf der Schock sie wie ein Schlag in den Nacken und ihr wurde eiskalt, wirklich eiskalt, sie hatte das Gefühl, alles sei ins Rutschen geraten, und sie musste sich am Küchentisch festhalten, da ihre Knie plötzlich nachzugeben schienen. Dieselbe Zeitung informierte sie auch darüber, dass sie gewonnen hatte: Malek Sabateen, der Engel, soll der Obhut seiner Familie übergeben werden, da die Obrigkeit befunden hat, er sei unschuldig.

Lange saß sie da und starrte die Zeitung an, die auf einer Handvoll Seiten die schlimmste und die beste Nachricht versammelte. Die ganze Nacht über lag sie wach und dachte an Lior. Sie wollte ihn anrufen, doch sie wusste nicht, was sie hätte sagen sollen, und so ließ sie es bleiben. Dror, da war sie sich sicher, war ein guter Mensch. Er hat ihr geholfen, obwohl er keinen Grund dazu gehabt hätte. Obwohl er Laylas Vorhaben nicht unterstützte, hat er sich mit ihr hingesetzt, ihr alle Informationen gegeben, die sie brauchte, um ihren Artikel zu schreiben, und Layla glaubt, den Grund dafür zu kennen. Dror mochte Layla nicht, das konnte sie spüren, und doch hat er ihr geholfen, weil Lior sein bester Freund war und weil dieser Layla liebte. Wer so einen Freund hat, kann sich glücklich schätzen, und wer einen solchen Freund verliert, wird nie wieder derselbe sein. Noch fühlt sie den Abdruck von Liors Händen auf ihren Schulterblättern, und noch immer hat sie seinen Geruch in der Nase – er roch wie der Regen auf dem heißen Asphalt. Es tut ihr leid, was sie zu ihm gesagt hat, Layla kann sehen, wie ungerecht sie war, als sie ihn vor zwei Tagen dort auf dem Parkplatz stehen ließ. Und sie kann den verletzten Ausdruck in seinem Gesicht nicht vergessen. Als sie den Entschluss fasst, hat der Himmel die Farbe von Karamellbonbons angenommen, und die Sandsteinhäuser sind in ein honiggelbes Licht getaucht, das sich malerisch über die Stadt ergießt, doch die Menschen im Land kennen die Anzeichen für Sandstürme und schlechte Zeiten. Layla muss rennen, um den Bus nicht zu verpassen, und als sie im Stadtzentrum ankommt, verpasst sie zwei Abzweigungen, ehe sie den Friedhof findet. Sie hofft, sie kommt nicht zu spät, doch vor dem Friedhof parken eine Menge Autos und auch einige Polizeiwagen, und als sie durch das Tor tritt, prallt sie gegen eine unsichtbare Wand aus Trauer und Schmerz, und da weiß sie, dass sie zur rechten Zeit kommt.

* * *

Der mutigste Junge Jerusalems kennt die Regeln, denn er hat sie selbst aufgestellt: Weinen ist verboten, unter allen Umständen. Und er gestattet es sich nicht, darüber nachzudenken, was in den letzten Monaten passiert ist. Seit er aus dem Jugendarrest entlassen wurde, ist Omar eine Berühmtheit geworden. Die anderen Kinder auf der Straße sehen zu ihm auf und haben ihn zu ihrem Anführer erkoren, doch sie wissen nicht, was er weiß. In seinem Innersten weiß er, dass all die Aufmerksamkeit und die Bewunderung, in der er sich sonnt, falsch sind, so wie Zorn und Hass falsch sind. Der mutigste Junge von Jerusalem hat noch immer Angst vor der Dunkelheit, aber das lässt er niemanden wissen. Er will nicht, dass sie sich um ihn Sorgen machen. Das passiert, wenn du die Welt durch die Augen eines anderen betrachtest. Du fängst an zu verstehen, dass sich die Welt nicht nur um dich dreht.

»Ich habe dich dazu angestiftet«, weinte Tarik, als Omar nach Hause kam, doch natürlich hatte er das nicht, genauso wenig wie Vögel einander anstiften, von den obersten Zweigen der Platanen zu fliegen. Es war sein eigener Zorn, der Omar dazu gebracht hatte, wie der Blitz durch die Menschenmenge zu rennen und sich den Soldaten entgegenzustellen. Er hatte einfach wissen wollen, wozu er fähig war. Doch ganz gleich, was Omar sagte, Tarik war nicht von dem Gedanken abzubringen, er sei für seine Verhaftung verantwortlich.

Und darum nimmt Omar Tarik stets bei der Hand, wenn

sie vor Youssef Abouds Teppichladen nach Kundschaft Ausschau halten. Zu zweit stehen sie vor den metallenen Ständern mit Postkarten und Kühlschrankmagneten und beobachten die wenigen Touristen, die sich trotz der angespannten Lage in die Altstadt von Jerusalem trauen. Inzwischen ist der Sommer zu Ende gegangen, doch noch immer kommt es zu Zusammenstößen zwischen der Polizei und den Demonstranten, obwohl der Engel längst frei ist. Es ist, als ob der Zorn sich verselbstständigt hätte, doch Omar ist kein Teil mehr davon.

Jetzt gerade, während er eine Gruppe Backpacker durch das arabische Viertel von Jerusalem führt und sie am Ende zielstrebig in Youssef Abouds Teppichladen lotst, wo sie sanft, aber bestimmt genötigt werden, Wandbehänge, Teppiche und gehäkelte Platzdeckchen zu erwerben, denkt er daran, was Layla zu ihm gesagt hat, nachdem sie ihn einige Monate zuvor von seiner Gerichtsverhandlung abgeholt hat.

Rache, so hat sie ihm erklärt, bedeutet Gift zu schlucken, während man hofft, dass der andere daran stirbt.

Das leuchtet ihm ein, denn es war genau das, was ihm Majed eingeschärft hatte, in dem einzigen Brief, der ihm erlaubt war zu schreiben: »Konzentriere dich auf dich selbst«, hatte Majed aus dem Gefängnis geschrieben, »und schere dich nicht darum, was andere sagen.«

Seit er weiß, dass sein Bruder Majed bei guter Führung in einigen Jahren entlassen werden könnte, fühlt Omar sich besser.

Layla, die sich bei Omars Verhandlung vor Gericht als Journalistin akkreditieren ließ, hat ihm alles erzählt, was in den zwei Wochen seiner Haft geschehen war. Sie hat ihm von dem schrecklichen Anschlag erzählt und davon, dass der Engel endlich aus Mangel an Beweisen freigesprochen wurde, und seither konzentriert Omar sich darauf, einen Schritt nach dem anderen zu machen.

Seine Anhörung fand wenige Tage nach diesem Anschlag statt, und als er in den Saal geführt wurde, fühlte er sich klein und so eingeschüchtert, dass er Layla, die in der zweiten Reihe neben Yvonne Mousaid und Youssef Aboud saß, beinahe nicht bemerkt hatte. Doch dann war er aufgestanden und hatte allen im Saal zugerufen, er sei unschuldig, und wer das nicht einsehe, sei ein Blödian, und mit Blödianen wolle er nichts zu tun haben, bis einer der Menschenrechtsanwälte ihn auf seinen Platz zerrte und ihn anherrschte, den Mund zu halten. Unter dem gestrengen Blick der Menschenrechtler im Saal, die darauf hinwiesen, dass der Junge weder mit Steinen, Stöcken oder sonstigen Gegenständen bewaffnet war und sich lediglich des Vergehens schuldig gemacht hatte, einen Soldaten anzuschreien, wurde Omar mit der Auflage entlassen, sich regelmäßig zu Sitzungen mit einer Sozialarbeiterin einzufinden – was er mit einem mürrischen Stirnrunzeln quittierte – und eine Geldstrafe von dreitausendfünfhundert Schekel zu bezahlen, was sein neu eingetragener Vormund Youssef Aboud für ihn übernahm. Als die Anhörung zu Ende war, beglückwünschten sich die Mitarbeiter der Menschenrechtsorganisationen. Nachdem sie einander ausgiebig die Hände geschüttelt und Omar gönnerhaft den Kopf getätschelt hatten, machten sie sich eiligst auf und davon und verschwanden mit ihren imposanten Aktentaschen und klappernden Absätzen. Zurück blieben Layla, Youssef und Yvonne, die den erschöpften Omar in ihre Mitte nahmen und mit ihm ein Eis essen gingen.

Seither ruft Omar Layla beinahe täglich an. Am liebsten redet er über Lior, von dem Layla nur so viel erzählt hatte, wie nötig war, doch Omar hatte den Braten sofort gerochen. »Lior, hm?«, fragte er nach der Gerichtsverhandlung und linste mit einem wissenden Blick zu Layla, sodass sie ihm einen schroffen Klaps auf den Hinterkopf gab.

Eine halbe Minute schaffte Omar es zu schweigen. Dann fragte er: »Und, wie ist dieser Lior so?«

Layla seufzte. »Merkwürdig.«

»Passt zu Ihnen … Ich sag ja nichts.«

Doch Omar hat gelernt, in Gesichtern zu lesen, und das, was er im Gesicht von Layla las, brachte ihn auf eine Idee. Und so hat er sich kürzlich die Nummer von Liors Arbeitsstelle herausgesucht, und während das Freizeichen ertönt, legt Omar sich ganz genau zurecht, was er zu Lior sagen wird.

* * *

Am Strand, genau in der Mitte zwischen dem Wellenbrecher und der Hütte der Rettungsschwimmer, findet Lior den perfekten Stock. Ein Stück Treibholz, abgeschliffen von Wasser, Salz und Wind. Der Stock fühlt sich so glatt in seiner Hand an, als hätte ihn jemand lange und gründlich poliert. Es ist heute so derart hell am Strand, dass sogar die Vögel nicht aufsteigen, aus Angst, ihre Flügel unter der stechenden Sonne zu versengen. Geister winden sich um die mit Algen bewachsenen Felsen und um die Kaimauern, die mit bunten Graffiti bemalt sind.

Vor nicht allzu langer Zeit hat Lior die Dinge für selbstverständlich gehalten. Er hatte sich sogar den Luxus gestattet, sein Leben eintönig zu finden. Er denkt an all die Tage, die er und Dror Bier trinkend vor dem Fernseher verbrachten, benebelt von Langeweile und Marihuana und gleichgültig gegenüber allen Dingen im Universum, die sich außerhalb ihres Horizontes bewegten. Nun wünscht er sich, er hätte diese Zeit besser genutzt.

Lior ist nicht mehr derselbe Mensch wie vorher. Es gibt nichts mehr, wovor er sich fürchten müsste oder was er bedauern könnte, denn das Schlimmste ist bereits eingetreten, das ist eine schreckliche Tatsache. Seit jenem Tag ist die Haut an seinen Füßen hart und unempfindlich wie Leder, weil er jeden Tag ein Dutzend Kilometer läuft, und er hat so viel Zeit damit verbracht, seine Muskeln zu stählen, dass er einen Stock weiter werfen kann, als er es je für möglich gehalten hat.

Der Hund hat sich vor ihn hingesetzt, und sein Schwanz schlägt schnell auf den Boden, weil er sich auf das Rennen freut. Es ist heiß, doch dem Hund ist das egal. Er winselt und stupst mit der Nase Liors Bein an. Lior streckt die Hand aus und streichelt den Hund hinter den Ohren. Sein schwarzes Fell fühlt sich seidig und weich an und es riecht nach Algen und dem Hundeshampoo, mit dem er ihn am Tag zuvor gebadet hat. Der Hund stemmt die Vorderpfoten in den Sand und bellt kurz, es ist ein hoher, auffordernder Ton. Lior begreift, dass der Hund ihn so sieht, wie er wirklich ist: Er ist der Mann, der stets dieselben alten Turnschuhe trägt, weil sie ihn an eine Zeit erinnern, in der er glücklich war. Er ist der Mann, der so viel über das menschliche Gehirn weiß, dass er genau versteht, wie Mitgefühl und Liebe und Furcht und Hass und Dankbarkeit entstehen. Er ist ein Mann, der nachts ohne einen einzigen schlimmen Traum durchschlafen kann, aus dem einzigen Grund, weil er sich vor dem Einschlafen das Gesicht der Frau in Erinnerung ruft, die drüben auf der Terrasse des Cafés Eistee in hohe Gläser füllt.

Lior, der sein Leben lang damit gehadert hat, dass das Leben an sich nicht perfekt ist, hat sich verändert. Nun sieht er, wie dumm er war. Akzeptanz, das hat er begriffen, ist eine Superkraft, und es kommt ihm vor, als könnte er plötzlich im Dunkeln sehen. Obwohl er sich immer für einen bescheidenen Menschen gehalten hat, glaubt Lior, etwas zu wissen, was andere nicht wissen: Er hat erkannt, woraus das Leben besteht. Traurigkeit und Freude sind, ebenso wie Hitze und Kälte, ein und dasselbe, nur in unterschiedlichen Graden. Das Leben, dessen ist Lior sicher, will zum Ausdruck gebrachte Freude sein.

Jetzt holt er aus und lässt den Stock fliegen. Der Hund beginnt schon zu rennen, bevor das Stück Treibholz Liors Hand verlassen hat, und er jagt über den Strand, dass der Sand spritzt. Er rennt so schnell, dass seine Pfoten kaum den Boden berühren, und als er den Stock im Flug fängt, springt er so hoch, dass es aussieht, als stürzte er über den Rand der Welt.

Epilog

Du wirst doch wohl nicht schlappmachen«, fragt Amal leise, als sie in Ephraims Lieferwagen auf die Landstraße Richtung Kfar Jalah einbiegen. Layla schaltet in den dritten Gang, um die Steigung zu bewältigen. Es ist acht Uhr am Morgen, und das Licht ist noch sanft und mild. Vor siebenundzwanzig Jahren hätte sie überall landen können, stattdessen wurde sie hier geboren, am heißesten Ort des Landes.

»Vielleicht bist du diejenige, die schlappmacht«, antwortet Layla. »Schon mal daran gedacht?«

»Das ist der Nikotinentzug«, sagt Amal und angelt im Handschuhfach nach einer Packung Zigaretten. »Kfar Jalah, igitt.« Sie lässt das Fenster herunter. »Ich sollte etwas anderes rauchen, das würde die Sache erträglicher machen.« Während Amal damit beschäftigt ist, sich trotz des Fahrtwindes eine Zigarette anzuzünden, lenkt Layla den Wagen den Hügel hinauf, darauf bedacht, die Schlaglöcher zu vermeiden. Sie kennt diese Straße in- und auswendig, doch das bedeutet nicht, dass sie nicht vorsichtig sein muss. Früher wäre sie die Serpentinen hinaufgerast, ohne nach links und rechts zu blicken, mit derselben Todesverachtung, mit der sie sich Nacht für Nacht ihren Albträumen stellte, doch nun ist sie klüger geworden. Sie hat zu viel vom Tod gesehen, und darüber hat sie das Leben endlich schätzen gelernt. Sie hat erlebt, was geschehen kann, wenn man sich nicht vorsieht:

eine falsche Bewegung und das Leben ist zu Ende. Layla hat gesehen, was das mit Menschen wie Lior anrichten kann: Seit Drors Tod vor drei Monaten läuft Lior kilometerlang den Strand hinauf und hinunter, und es kümmert ihn nicht, wenn seine Muskeln verkrampfen oder seine Füße wund werden und bluten. Von Ephraims Imbissbude aus kann Layla ihn sehen, wenn sie die Gäste auf der Terrasse bedient. Seit der Beerdigung haben sie kaum miteinander gesprochen, doch Layla sieht ihn jeden Tag, denn er läuft immer den ganzen Weg von Tel Aviv bis hinunter nach Jaffa und wieder zurück, und immer hält er vor Ephraims Imbissbude an. Wann immer sie ihn sieht, hebt sie die Hand und winkt ihm zu, und jedes Mal bleibt er für einen Augenblick stehen und sieht sie an. Sein Gesicht ist noch immer grau vor Trauer, und seine Augen sind dunkel wie schwarze Austern. Dann dreht er sich um und läuft denselben Weg durch den Sand zurück. Er läuft dort, wo die Gischt seine Fußspuren verwischt.

Die Verluste sind allgegenwärtig. Nimm Omar beispielsweise, der im Juni, kurz nach Drors Beerdigung, aus dem Jugendgefängnis entlassen wurde. Seither kann er keine Minute still sitzen und stürzt sich fieberhaft in Aktivitäten, so als wollte er all das Versäumte nachholen. Daher wundert es Layla nicht, dass er nun dort vorne an der Mauer ihres Elternhauses steht und ihnen zuwinkt. Sein Gesicht ist weiß und angespannt, aber er hat die Daumen in die Hosentaschen gehakt und ein Grinsen aufgesetzt.

Heute Morgen ist Omar, lange bevor der Morgen dämmerte, aufgewacht, als der Mond noch am Himmel stand. Er hat schon wieder von den Schüssen geträumt, und als er wach wurde, raste sein Herz. Omars Schultern schmerzen noch immer vor Anspannung. In seinem Schlafanzug ging er durch das verdunkelte Zimmer über dem Teppichladen, das Youssef Aboud für ihn hergerichtet hat, und durch den Flur in den Lagerraum. Behutsam strich er über die aufgerollten Teppiche, die nach Staub rochen. Um diese Zeit ging im Jugendgefängnis immer das grelle Neonlicht an, doch heute wartete Arbeit auf ihn. Er zog sich an, und dann stieg er in den Bus und fuhr nach Kfar Jalah, wo bereits viele Menschen zusammengekommen waren. Jetzt, da er hier steht und darauf wartet, dass Layla und Amal den Wagen parken, merkt er, dass die Luft von dem Duft von Limetten und Zypressen erfüllt ist.

Layla parkt vor dem Haus unter dem Zitronenbaum, steigt aus und schließt den Kofferraum auf. In all dem Chaos hat niemand daran gedacht, die Zitronen zu ernten, und nun ist das Gras mit aufgeplatzten Früchten und Ameisen bedeckt. Im letzten April haben all diese Bäume nur ein paar kümmerliche Knospen hervorgebracht, und Layla war mit Eimern voller Wasser angerückt, um sie vor dem Austrocknen zu bewahren. Sie weiß ganz genau, wie viel Wasser ein Baum benötigt, um Früchte zu tragen. Deshalb schleppte sie all diese Eimer, um zu verhindern, dass die Gluthitze alles zunichtemachte, die sich wie ein Feuerring über das ganze Land legte. So fühlt sie sich auch jetzt, als sie ihre Tasche aus dem Auto hebt und zum Haus geht. Es ist, als würde sie Eimer um Eimer Wasser tragen, um die Gemüter zu kühlen, die vor Schmerz und Wut so erhitzt sind, dass sie genauso gut in Flammen stehen könnten.

Als Sabah die Mädchen sieht, rafft sie die Röcke und schießt wie der Blitz aus dem Haus, und die Jahre fallen von ihr ab wie die trockenen Häute einer Zwiebel. Sabahs Umarmung ist fest und so kraftvoll, wie man es bei einer so kleinen Person wie ihr nicht vermuten würde. Sie küsst ihre Tochter auf beide Wangen und umarmt Amal, und dann winkt sie Omar zu sich, der schüchtern am Verandageländer steht. »Der Bursche hier ist kräftig«, sagt Sabah und zwickt ihn in den Oberarm. »Der wird uns gut helfen können.«

»Danke, dass du gekommen bist«, sagt Layla zu Omar, der verlegen an seinem T-Shirt herumnestelt. Er ist dünn geworden, erschreckend mager sogar. Seine Schlüsselbeine stehen hervor, und seine dunklen Augen liegen tief in den Höhlen, doch natürlich lässt er sich nichts anmerken. »Oliven ernten! Das würde ich mir doch um nichts in der Welt entgehen lassen, *Sayeda*«, sagt er und rollt mit den Augen. Obwohl der Sommer vorbei ist, fühlt er sich, als würde er unter Strom stehen: An manchen Tagen ist er so angespannt, dass er sich kaum aus dem Haus traut, doch nun steht er hier, in Laylas Schuld und in ihrem Olivengarten. »Kommt mit, es sind schon alle da«, verkündet Sabah und führt sie den ganzen Weg bis in die Hügel, wo bereits das halbe Dorf auf den Beinen ist.

»Es war ein so merkwürdiger Tag«, erzählt sie. »Und es war heiß. Es war der Tag, bevor dieser Anschlag passierte. Ich kenne ja die Leute hier, aber diese Frau habe ich noch nie zuvor gesehen. Nun, da war ich und dachte an nichts Besonderes, und plötzlich stand sie da.«

»Ich kann nicht fassen, dass du mir davon nichts erzählt hast«, sagt Layla. Sie ist tatsächlich verletzt.

»Na, du warst doch da unten damit beschäftigt, deine Arbeit und all das zu tun«, wischt Sabah den Einwand beiseite. »Dich hat nicht einmal interessiert, dass der Sohn von Abu Hossein geheiratet hat, obwohl er doch diese Hasenscharte hat. Jedenfalls wusste ich, dass etwas passieren würde. Und natürlich hatte ich recht. In derselben Nacht hörte ich draußen im Hof jemanden rufen.« Layla dreht sich zu ihrer Mutter um. Sie spürt, wie sich die Haare in ihrem Nacken aufrichten. »Es war so ein Rufen, bei dem man weiß, etwas ist nicht in Ordnung. Ganz und gar nicht in Ordnung. Ich war noch halb im Schlaf, aber ich wusste, dass da draußen jemand ist. Es war stockfinster, aber ich schlüpfte in meinen Morgenrock und machte die Tür auf. Und da war sie. Sie hatte dieses Ding dabei, diese Gehhilfe. Und sogar im Dunkeln konnte ich sehen, dass sie ihr Nachthemd trug. Vermutlich hätte ich die Polizei rufen sollen, aber was hätten die schon getan. Also holte ich sie herein und wusch und fütterte sie. Sie war klein wie eine Zwergin, und sie redete immerfort in irgendeinem Kauderwelsch, das ich nicht verstehe. Sie war seine Großmutter, wisst ihr? Die Großmutter dieses getöteten Polizisten. Wer hätte das gedacht, was? Irgendwie muss sie gespürt haben, dass das passieren würde, und wollte jemanden warnen, aber wohin hätte sie gehen sollen? Danach hörte ich sie jeden Tag im Garten. Sie kommt immer den Weg vom Kibbuz hinauf. Vermutlich gefällt es ihr da unten nicht.«

»Donnerwetter!«, entfährt es Amal, und sie bleibt stehen. Dort auf der niedrigen Mauer, die den Olivenhain umgibt, sitzt eine winzig kleine Frau und winkt ihnen begeistert zu. Maryam Rosenbaum hat sich nicht verändert, seit Layla sie zuletzt sah, an jenem Tag im April, bevor all das hier begonnen hat. Layla erinnert sich so genau an diese Begegnung, dass sie Gänsehaut auf den Armen bekommt. Maryam trägt dasselbe geblümte Kleid, und als sie aufsteht und ihre Gehhilfe ergreift, wirkt sie so zerbrechlich, dass Layla zu ihr hinüberläuft, um sie zu stützen. Sie sieht Dror kein bisschen ähnlich, bis auf die wasserblauen Augen. Als Maryam die Griffe ihres Wägelchens packt, kann Layla die eintätowierte

Nummer auf ihrem Arm sehen. Layla schnappt nach Luft und schließt die Augen. Sie rechnet so fest damit, ohnmächtig zu werden, dass sie überrascht ist, als das Schwindelgefühl ausbleibt. Als sie die Augen wieder öffnet, sieht sie, wie Maryam schnurstracks auf Omar zumarschiert, der mitten auf dem Weg stehen geblieben ist. Doch der Junge bleibt, wo er ist, trotz der stechenden Sonne und des unbehaglichen Gefühls in seinem Magen.

Als Maryam ihn erreicht, streckt sie den Arm aus und berührt sein Gesicht. »Simon«, sagt sie.

Omar hat keine Ahnung, was passiert, aber er bleibt tapfer stehen und lässt zu, dass sie ihm immer wieder über den Kopf streicht und ihn ansieht, als würde sie ihn seit Beginn ihres Lebens kennen.

»Die ist völlig gaga«, schlussfolgert Amal und betrachtet die alte Dame aus sicherer Entfernung, doch Layla weiß, was hier geschieht. Layla kann es sehen, und als Omar aufblickt, ist passiert, was er die ganze Zeit verzweifelt versucht hat zu vermeiden. Sabah reicht ihm ein sauberes Taschentuch, und er benutzt es, um sich die Wangen abzuwischen. Danach gibt er das Taschentuch zurück, und als er fertig ist, strafft er die Schultern und macht sich an die Arbeit. Es ist so lange her, dass er geweint hat, dass er geglaubt hat, er habe es verlernt. Doch obwohl er nicht genau weiß, warum, fühlt er sich stärker als je zuvor, als er mit dem Weinen fertig ist.

* * *

Das ganze Dorf ist zusammengekommen, um die Oliven zu ernten, die jetzt im Herbst reif sind, und selbst die Bewohner des Kibbuz unten am Hang helfen mit. Amal und Layla haben die Aufgabe, die Netze auszulegen, während Laylas

Vater Mahmoud das ganze Unternehmen von seinem Rollstuhl aus überwacht. In vollem Bewusstsein seiner Autorität rollt er von einer Ecke des Feldes zur anderen und bellt Befehle, sodass Amal und Layla Mühe haben, ihr Lachen zu unterdrücken. In dem Moment als die ersten Fässer bereits voll mit Oliven sind und die Männer aus dem Dorf die Kohlefeuer anzünden, hält Omar plötzlich inne und deutet auf die Straße.

»Hey, *Sayeda*. Ist das nicht Ihr Freund, von dem Sie mir erzählt haben? Der Loverboy aus Tel Aviv?«

Es kann nicht wahr sein. Es ist schlichtweg unmöglich. Aber was Layla sieht, ist Lior, der den Hügel hinaufklettert.

»Na, da sehen Sie mal, *Sayeda*!«, sagt Omar erfreut, als er ihre Reaktion sieht, »er ist es wohl tatsächlich.«

»Woher weiß er, dass wir hier sind?«, fragt Layla verblüfft. »Er muss zufällig hier vorbeigekommen sein.« Sie kann nicht fassen, wie leer ihr Kopf sich plötzlich anfühlt.

»Ist er nicht«, sagt Omar zu Layla.

Doch Layla kommt nicht auf die Idee, dass Omar vorige Woche Liors Telefonnummer herausgesucht, ihn angerufen und gefragt hat, worauf in aller Welt er denn nun seit drei Monaten warte. Sie hat keine Ahnung davon, dass Lior, der seit Drors Tod jeden Tag kilometerweit joggt, nur um nicht nachdenken zu müssen, auf Omars Drängen hin die Adresse von Laylas Familie notiert und sich den Weg eingeprägt hat.

Als Layla ihm langsam entgegengeht, sieht sie ihm die Erschöpfung an. Ihr ist egal, was alle anderen denken, wichtig ist nur, dass er hier ist. Sie weiß, wie sich Trauer anfühlt, und deshalb versucht sie gar nicht erst, tröstende Worte zu finden, als sie ihn dort unten im Schutz der Zypressen umarmt. Alle arbeiten, bis der Abend anbricht, und als sie fertig sind, sind vierzig Olivenbäume abgeerntet und dreißig neue

Bäume eingepflanzt, die noch Jahre brauchen werden, um Früchte zu tragen. Jahre, in denen alles Mögliche passieren kann: Es könnte Krieg geben. Man könnte ihnen ihre Häuser wegnehmen und die Bäume herausreißen, um Parkplätze auf dem Feld zu errichten. Alles könnte in Flammen aufgehen. Doch wie Amal bemerkt, haben sie keine Wahl, als weiterzumachen. »Sollen wir etwa herumsitzen und jammern?«, sagt sie, während sie ihren Spaten mit Wucht in die Erde rammt, sodass Erdkrumen und Steinchen in alle Richtungen fliegen. »Der beste Widerstand ist immer noch die Tat«, erklärt sie und wischt sich den Schweiß von der Stirn.

***

Am letzten Freitag im Oktober stellt Layla fest, dass sie keine Angst mehr hat. Als sie die Tür zu ihrem eigenen Büro aufsperrt, malt die Sonne goldene Streifen in die Luft, in der Staubteilchen schweben. Ihr Büro ist nur eine kleine Kammer über Ephraims Imbissbude, die er ihr für eine sehr geringe Miete überlassen hat, doch es ist ihres, und sie ist ihr eigener Boss. Während sie den Rechner hochfährt und ihr Mikrophon einschaltet, denkt Layla an ihre nächste Reportage, die sie in Tel Aviv machen wird. Sie möchte ihren Hörern die vielen Gesichter der Stadt zeigen und Interviews mit einigen der interessantesten Bewohner führen, mit den jüdischen und den arabischen. Das Internetradio ist ein voller Erfolg, und sie hat bereits mehr Zuhörer, als sie zählen kann, einige von ihnen stammen sogar aus so weit entfernten Orten wie Florida, wo, wie man hört, die Moskitos groß wie Hummeln sind. Während sie die Moderation für die nächste Musikshow einspricht, die sie am Nachmittag senden wird, denkt sie, dass der Name ihres Senders nicht besser gewählt sein könnte. *One Voice Radio* ist erst seit zwei Monaten auf Sendung, doch bereits jetzt bekommt sie so viel Hörerpost, dass sie gar nicht dazu kommt, all die E-Mails zu beantworten. Layla hat sich überlegt, Omar für das Beantworten der Mails einzustellen, doch wie sich herausgestellt hat, hat er einen Hang zu unanständigen Wortspielen, und das besiegelte das Ende seiner Karriere als Assistent. Layla lädt die Sendung auf den Server, und währenddessen geht sie in Gedanken die Liste mit möglichen Themen durch.

Noch immer tobt der Konflikt mit unverminderter Intensität – schließlich stehen die nächsten Wahlen an, und es geht um viel. Selbst drüben in der Ana Loulou Bar, wo an Wochenenden Rock und Soul gespielt werden, wird gestritten. Amal und Lior haben es sich zur Gewohnheit gemacht, sich samstags, wenn unbekannte Indie-Bands auftreten, messerscharfe Kommentare an den Kopf zu werfen, während Layla auf einem Barhocker daneben sitzt und in ihr Notizbuch kritzelt. Eigentlich ist alles wie immer, denkt sie, und trotzdem weiß sie, dass sich etwas verändert hat. Vielleicht ist die Veränderung nicht augenfällig, womöglich ist sie nicht einmal bedeutsam. Doch für Layla steht fest, dass etwas anders geworden ist. Wenn sie aus dem Fenster sieht, kann sie zusehen, wie sich die dünnen Wolken in der heißen Luft auflösen. Sie weiß, dass die Temperatur morgen fast dreißig Grad betragen wird, und sie ist sicher, dass dies für den Rest des Jahres so bleiben wird. Nun, da der Sommer zu Ende ist, kann sie mit der Hitze leben. Die Leute gewöhnen sich schließlich daran, so wie man sich an die Unruhe gewöhnt, die einen befällt, wann immer man einen Checkpoint oder eine Straßenkontrolle passiert. Man muss es einfach überstehen. Es kommt nicht darauf an, wie lange es dauert, bis es vorbei ist. Es kommt darauf an, wie man damit umgeht. Frieden − das hat Layla gelernt − ist nicht das, was passiert, wenn ein Krieg zu Ende geht. Frieden ist ein geistiger Zustand.

Layla geht pünktlich um vier Uhr, denn wie sich herausstellte, ist das die Stunde, die sie am meisten liebt. Das Licht ist klar und gelb wie Butter, und jetzt, Ende Oktober, liegt bereits ein Hauch von Abend in der Luft. Sie hält beim Supermarkt, um Mineralwasser und ein Netz Limetten zu kaufen, und dann fällt ihr ein, dass Freitag ist, und sie packt noch eine Schachtel Pralinen ein. Doch als sie die Yefet Street erreicht, bleibt sie beim Uhrenturm stehen, anstatt in Richtung Hafen abzubiegen. Es ist die Zeit, in der man die Stille herabsinken spürt, obwohl der Himmel noch voller Licht ist. Sie kann sich beinahe vorstellen, wie es hier in Jaffa früher war, bevor es Einkaufszentren und Fastfood-Restaurants gab. Layla dreht sich um und geht die Straße hinunter. Als sie ankommt, sausen Möwen im Sturzflug durch die Luft und lassen sich unten auf den Pflastersteinen nieder. Liors Fahrrad steht nicht vor der Tür, aber Layla setzt sich trotzdem auf die Stufen. Sie hebt die Arme und öffnet ihren Haarknoten. Sie ist froh, dass sie sich das Haar hat schneiden lassen, es ist viel bequemer so. Ihre Locken reichen ihr jetzt noch bis zum Kinn, und sie genießt den Wind auf ihrem verschwitzten Nacken. Unwillkürlich starrt sie den Hund an, der an Liors Hausmauer pinkelt, er ist pechschwarz und hat nachdenkliche Augen. Lior hat schließlich angefangen, ihn mit koscherem Fleisch und Käserinden zu füttern, und seither weicht der Hund ihm kaum noch von der Seite. Überall in seinem schwarzen Fell sind Kletten, aber Layla pfeift trotzdem nach ihm. Wenn sie oft genug hierherkommt, wird der Hund sie bald kennen. Vielleicht wird er anfangen, sie zu mögen, und dann wird er vielleicht zu ihr kommen, wenn sie die Hand ausstreckt, um sich das Fell streicheln zu lassen. Als Lior auftaucht, ist er kein bisschen überrascht, sie hier zu finden, und genau das ist es, was ihm solche Freude macht: Es ist Freitag, und er hat sich bereits daran gewöhnt, sie jedes Wochenende auf den Stufen seiner neuen Wohnung vorzufinden, ganz so als würde sie hierhergehören. Die Wohnung ist klein und eng und lässt kaum Licht hinein, und er braucht ewig zur Arbeit, doch sie ist weit genug weg von der King George Street und seinem alten Leben. Noch immer trägt Lior die unbenutzten Karten für das Basketballspiel von Maccabi Tel Aviv in seiner Brieftasche, zu dem er mit Dror gehen wollte, und er wird sie auch dann noch bei sich tragen, wenn seine alte Wohnung endlich aufgelöst und wieder vermietet sein wird.

Als er und Layla mit dem *Sherut* in Jerusalem ankommen, ist es Abend geworden, und der Wind bringt Kühle von den Bergen her. Während sie sich auf den Weg zum Haus von Khaddija Sabateen machen, ist die Sonne gerade dabei unterzugehen. Dort oben auf dem Hügel sitzt der Engel auf einem Plastikstuhl vor dem Haus seiner Mutter und wartet auf die Pralinen, die Layla ihm jeden Freitag mitbringt. Die Brise ist stärker geworden. Sie lässt die Blätter der Olivenbäume rauschen, sodass es sich anhört, als würden die Bäume eifrig und begeistert miteinander flüstern.

***

Zur Abendessenszeit ist der Busbahnhof immer überfüllt. Wenn der Engel den Hals reckt, kann er die Mauern der Altstadt sehen, wo die halbwüchsigen Jungen Souvenirs an Touristen verkaufen. Er sitzt im Schatten der Platanen auf einem Stück Rasen, von wo aus er die Busse beobachten kann, die ankommen und abfahren. Der Engel hat das Gefühl, er könnte in den Himmel aufsteigen, wenn er gleichzeitig beide Füße vom Boden hebt. Die Bäume auf dem Parkplatz sind immer voller blauer Nektarvögel, vor allem jetzt am frühen Abend. Sie sind so zahlreich, wie sie da auf den Ästen sitzen, dass die Luft von ihrem Gesang vibriert, und wenn sie auffliegen, wird alles um ihn herum blau, bis man nicht mehr unterscheiden kann, wo die Erde aufhört und der Himmel anfängt. Soweit er zurückdenken kann, hat der Engel die Stimmen der Vögel verstanden. Er versteht sie auch jetzt, obwohl ihr Gesang vom Lärm der Autos überdeckt wird. Vielleicht ist das alles nur in seinem Kopf, und vielleicht ist es immer so gewesen, doch der Engel ist sicher, dass die Vögel etwas wissen, was andere nicht wissen. Vielleicht kommt es daher, dass sie die Welt von oben betrachten, womöglich liegt es auch an der Art, wie sie die Flügel ausbreiten, um den Wind einzufangen, doch aus irgendeinem Grund wissen sie, dass es keine Trennung zwischen den Dingen gibt. Alles verändert sich fortwährend und für alle Zeit. Alles außer dem Engel. Er ist noch immer so neu, dass sein weißes Hemd ganz sauber ist, es leuchtet in der Dämmerung. Er steht auf und geht durch das Gras, und sein Lächeln wird breiter, als ihm die Busfahrer auf die Schultern klopfen und die Händler ihm Honignüsse und Datteln zustecken. Diese Männer haben nie etwas Schöneres gesehen als ihn, und auch wenn sie einen Fahrplan einzuhalten oder ihre Waren zu verkaufen haben, bleiben sie stehen und hören ihm zu, wenn er von der Grenzenlosigkeit der Dinge erzählt, in heiser gemurmelten Worten, die sie nicht verstehen. Sie bleiben stehen und zünden sich eine Zigarette an und sehen dem Engel dabei zu, wie er mit zurückgelegtem Kopf in den Himmel blickt. Und wenn sie sich schließlich hinter die Steuer ihrer Busse und Taxis setzen, haben sie das Gefühl, etwas zu haben, was andere nicht haben. Gelassenheit vielleicht. Oder Hoffnung. Als es dunkel wird, geht der Engel vorbei an den Platanen und den Akazienbäumen, vorbei an den Palmen unten im Kidrontal und hinauf auf den Berg, wo wilder Thymian und Rosmarin wachsen. Er braucht keine Taschenlampe, weil er seinen Heimweg kennt. Er hat ihn immer gekannt.

Glossar

Ahlan (arab.): Willkommen

Al-Qamar (arab.): Fiktiver arabischer Radiosender in Israel. Übersetzt bedeutet der Name *Der Mond* – als Reminiszenz an den real existierenden Sender As-Shams (Die Sonne).

Alhamdulillah (arab.): Gott sei Dank

Ammo (arab): Bruder des Vaters. Auch Ehrenbezeichnung für nicht verwandte ältere Männer

Boker Tov (hebr.): Guten Morgen

B'chaim lo (hebr.): Nie im Leben

Dabke (arab.): Traditioneller Kreistanz mit komplizierter Schrittfolge, der überall im Orient getanzt wird

El-Al (hebr.): Israelische Airline

Galabiya (arab.): Bodenlanges Gewand arabischer Männer

Grüne Linie: Die Grenze zwischen Israel und dem Westjordanland

Haaretz: Linksliberale israelische Tageszeitung

Hijab (arab.): Von muslimischen Frauen getragenes Kopftuch

IDF (Israeli Defense Force): Armee des Staates Israel

Inshallah (arab.): So Gott will

Intifada (arab.): Aufstand. Die erste (1987–1991) und die zweite (2000–2005) palästinensische Intifada forderten Tausende Todesopfer auf beiden Seiten.

Issa (arab.): Jesus. Im Islam wird Jesus als Prophet verehrt. Zahlreiche Koransuren beschäftigen sich mit Geburt, Leben und Tod Jesu.

Kefije (arab.) Auch: **Kufia**: Traditionell besticktes Baumwolltuch mit typischem schwarz-weißem oder rot-weißem Muster. Als »Palästinensertuch« wurde die traditionelle Kopfbedeckung vor allem vom PLO Führer Yassir Arafat bekannt gemacht.

Kfar (arab.): Dorf z. B. Kfar Kanna

Kibbeh (arab.): Gericht aus Hackfleisch, Bulgur und Zwiebeln

Kibbuz (hebr.): Israelische Kollektivsiedlung mit basisdemo-kratischen Strukturen, in der sich die Bewohner ihr Eigentum gemeinschaftlich teilen. In Israel gibt es derzeit etwa 300 Kibbuzim.

Krav Maga (hebr.): Israelische Selbstverteidigungssportart, die als Nahkampfart weltweit ausgeübt wird.

Likud: Größte konservative Partei Israels mit nationalistischer-neoliberaler Ausrichtung

Marhaba (arab.): Guten Tag

Mashallah (arab.): Etwa: Mein Gott!

Meschugge (jiddisch, ugs.): Etwa: Bescheuert, bekloppt

Nakba (arab.): Katastrophe. Mit Nakba ist die Flucht und Ver-treibung von etwa 700 000 Palästinensern aus dem früheren Britischen Mandatsgebiet Palästina gemeint, als dort am 14. Mai 1948 der Staat Israel gegründet wurde. Die Mehrheit dieser Flüchtlinge und ihrer Nachkommen zogen in den Libanon und in benachbarte arabische Länder und sind bis heute staatenlos.

Palästinenser: In Israel sind etwa 20 % der Gesamtbevölkerung arabischer Abstammung, das sind ca. 1 213 000. Etwa 3 700 000 Palästinenser leben im Westjordanland und im Gazastreifen. Laut UNRWA sind weitere 3.7 Millionen Palästinenser als Flüchtlinge anerkannt. Viele Araber mit israelischem Pass definieren sich selbst als Palästinenser, andere als israelische Araber oder als ara-bische Israelis. Der Identitätskonflikt, den viele Palästinenser mit israelischer Staatsbürgerschaft haben, klingt in Laylas Geschichte an.

Qubbat-as-sachra (arab.): Felsendom. Der Felsendom mit der goldenen Kuppel steht auf dem Tempelberg und ist eines der Haupheiligtümer des Islam. Politisch brisant ist die Tatsache, dass der Felsendom an der Stelle steht, an der in der Antike das bedeutendste Heiligtum der Juden – der Tempel von Jerusalem – stand.

Ramadan (arab.): Muslimischer Fastenmonat

Reshet Aleph (hebr.): Israelischer Radiosender

Sayeda (arab.): Dame. Wird auch als ehrenvolle Anrede für Frauen verwendet.

Shalom Chaverim (hebr.): Jüdisches Kinderlied

Sherut: Sammeltaxis, die rund um die Uhr im ganzen Land fahren. Es gibt jüdische und arabische Sherut, die ihre eigenen festen Routen haben.

Shin Bet (hebr.): Israelischer Inlandsgeheimdienst

Souk (arab.): Markt

Tabouleh (arab.): Salat aus Minze, Petersilie, Bulgur und Tomaten

Umm (arab.): Mutter. Im arabischen Kulturraum erhalten Eltern bei der Geburt ihres ersten Sohnes den Namen ihres Sohnes als Ehrentitel. Z.B. Umm Malek, Mutter von Malek; Abu Malek, Vater von Malek.

Umm Kulthum (1889–1975): Berühmte und in der gesamten arabischen Welt verehrte ägyptische Sängerin

Yalla (arab. ugs.): Etwa: Komm schon! Los geht's!

Wallah (arab. ugs.): Etwa: Bei Gott. Oder: Ich schwöre.

NAMEN:

Die meisten Namen in diesem Buch sind nicht zufällig gewählt, sondern aufgrund ihrer Bedeutung.

Layla (arab.): Nacht

Al-Riadh (arab.): Garten

Lior (hebr.): Licht

Orly (hebr.): Licht

Dror (hebr.): Freiheit

Oron (hebr.): Fröhlich

Samir Alim (arab.): Der weise Unterhalter

Omar (arab.): Der Langlebige

Majed (arab.): Der Tüchtige

Amal (arab.): Hoffnung

Malek (arab.): Engel

Chaim (hebr.): Leben

Levy (hebr.): Verbundenheit

ANMERKUNG ZU SCHAUPLÄTZEN UND SCHREIBWEISEN:

Beim Schreiben dieses Romans habe ich mich bemüht, in den wesentlichen Dingen Genauigkeit walten zu lassen. Viele der Orte und Schauplätze, die in diesem Buch beschrieben werden, sind real, darunter die Ana Loulou Bar in Jaffa. Einige Orte jedoch habe ich aus Gründen der künstlerischen Freiheit erfunden, so zum Beispiel Kfar Jalah, das Dorf, aus dem Layla und Amal stammen.

Alle im Roman geschilderten Begebenheiten und Figuren sind ebenfalls rein fiktiv. Das gilt auch für die Beschreibung des Justizapparats, bei denen ich mir künstlerische Freiheit genommen habe.

Beim Transkribieren von Begriffen und Namen aus dem Arabischen beziehungsweise dem Hebräischen lässt es sich nicht vermeiden, dass Ungenauigkeiten auftreten. Für die im Buch vorkommenden Begriffe habe ich mich daher an den gängigsten Transkriptionen orientiert.

Dank

Es ist schwer, für einige Dinge die richtigen Worte zu finden.

Dankbarkeit ist eines dieser Dinge, für die Worte nicht ausreichen. Beim Schreiben dieses Buches hatte ich die Gnade und das Glück, von unzähligen Menschen Hilfe, Zuspruch und Kraft erhalten zu haben.

Mein innigster Dank gilt meiner wunderbaren Agentin Katharina Altas, ohne die dieses Buch niemals das Licht der Welt erblickt hätte. Ihrem kundigen Blick, ihrem Glauben an mich, ihrer unerschütterlichen Geduld und ihrem Einsatz ist es zu verdanken, dass es veröffentlicht wurde.

Meiner zauberhaften Lektorin im Verlag Hoffmann und Campe, Katharina Hierling, schulde ich ebenfalls den größten Dank – für ihre Begeisterung, ihr Engagement, ihr Verständnis und ihre achtsame Behutsamkeit, mit der sie mit mir gemeinsam an diesem Text gearbeitet hat.

Ebenfalls möchte ich dem gesamten Team des Hoffmann und Campe Verlages danken, besonders Birgit Schmitz, Laura Hage, Carola Brandt und Petra Reclam-Snidat.

Schreiben kann ein einsamer und zuweilen bizarrer Prozess sein. Auf diesem Weg, der sich über viele Jahre hinzog, haben mich zahlreiche Menschen begleitet, mir Mut zugesprochen und mich nach Kräften unterstützt. Ihnen allen gebührt der größte Dank:

Meiner Mutter, für die vielen Opfer, die sie für mich gebracht hat, für ihren Glauben an mich und ihre Stärke. Ihr verdanke ich alles.

Meiner gesamten riesengroßen Familie in Deutschland, im Libanon, in der Türkei, in den Vereinigten Staaten und in Frankreich – ohne euch wäre ich nichts. Ich liebe euch.

An dieser Stelle danke ich besonders meiner Cousine Zeynep, die sich mit mir auf den Weg nach Israel und Palästina machte, um einige der Abenteuer zu erleben, die in diesem Roman beschrieben werden.

Meinen FreundInnen und WeggefährtInnen, die stets hinter mir standen, mich anfeuerten, an mich glaubten und mich nach besten Kräften unterstützten; insbesondere meiner Freundin Isabel Oran und den vielen lieben Menschen, die hier nicht namentlich erwähnt sind: Ihr wisst, wer ihr seid.

Dank gebührt auch meinen MentorInnen und ersten LeserInnen: Jürgen vom Scheidt, Sabine Eva Rädisch und allen TeilnehmerInnen der wunderbaren Schreibwerkstätten. Ich danke auch Michael, G.J. und Sohie Z.

Vor allem jedoch gebührt mein größter Dank den Menschen, die mich zu diesem Roman inspiriert haben: Meinen ersten und besten israelischen Freunden Ronny Edry und Michal Tamir, die mich nicht nur in ihr Heim in Tel Aviv eingeladen haben und zu einem Teil ihrer Familie machten, sondern mit der Initiative »The Peace Factory« (www.thepeacefactory.org) mein Leben und das zahlreicher anderer Menschen von Grund auf veränderten. *Todah, shukran,* ich danke euch.

An der Entstehung dieses Romans waren unzählige Menschen beteiligt, die mir auf verschiedenste Weise geholfen haben, Fakten, Fiktion, Schauplätze und Figuren miteinander in Einklang zu bringen. Meinen Freunden in Israel und Palästina danke ich von Herzen für ihre Hilfe bei der Recherche zu diesem Buch, für ihre Tipps und vor allem für die geduldige Beantwortung unzähliger Fragen rund um Politik, Justiz, Schauplätze und Historisches, die ich zu jeder Tages- und Nachtzeit an sie richten durfte: Angy Shavit, Yvonne Sabah, Alexander Topaz, Ahmad Maswadeh und Ahmad Mansour. Des weiteren danke ich der Universität von Tel Aviv, der Universität von Jerusalem, Noam Nemelstrich Lathar vom Daniel Pearl Institut der Universität von Herzliya und dem Everest Hotel in Beit Jalah.

Augenzwinkernder Dank geht an meine kleinen palästinensischen Freunde Tarek und Mohammad, die die Vorbilder für Omar waren.

Zu guter Letzt danke ich den Menschen, die mir Raum zum Schreiben gaben: den freundlichen BibliothekarInnen der Bayerischen Staatsbibliothek für ihre kundige Hilfe und Rosa Casalino von Brown's Tea Bar in München für die unzähligen liebevollen Tassen Tee, ohne die ich nicht hätte schreiben können.